中央编译局文库出版工作领导小组（编委会）

主　任：贾高建
副主任：俞可平　魏海生　陈和平　柴方国　杨金海
委　员：崔友平　沈红文　杨雪冬　季正聚　陈家刚
　　　　赖海榕　郗卫东　张文成　刘明清

中央编译局文库出版工作领导小组办公室

主　任：薛晓源
成　员：徐向梅　苗永姝

中央编译出版社文库编辑中心编辑小组

刘明清　苗永姝　李媛媛　盛菊艳　薛迎春　董妍

马克思主义经典著作研究读本

主　编　杨金海　李惠斌

恩格斯《国民经济学批判大纲》研究读本

姜海波

《马克思主义经典著作研究读本》顾问委员会

贾高建　俞可平　柴方国　庄福龄　陈先达　赵家祥　詹汝琮
李洙泗　张钟朴　冯文光　安启念　韩庆祥　李小兵　张曙光

《马克思主义经典著作研究读本》编委会

主　　编　杨金海　李惠斌
副主编　　薛晓源　林进平
编　　委　（按姓氏拼音排序）
　　　　　曹典顺　冯　章　韩立新　江　洋　姜海波
　　　　　李百玲　吕梁山　苗永姝　聂锦芳　闫月梅
　　　　　杨学功　姚　颖　张　盾　张云飞　郑　锦

总　序

呈献给读者的这套"马克思主义经典著作研究读本"丛书，旨在立足于21世纪中国和世界发展的现实，对马克思、恩格斯、列宁重要著作以及有关专题思想重新进行较为深入的研究和解读，供广大读者特别是致力于深入研究马克思主义经典作家原著的读者阅读使用。计划出版40种，三年内陆续完成编写和出版工作。

马克思主义经典著作是学习和研究马克思主义理论的基础文本，历来为人们所重视。在我国学术史上，曾编写和出版过不少关于经典著作的读本，包括各种注释性读本和导读性读本，对学习和研究马克思主义理论发挥过重要作用。然而，随着时代的发展，这些读本也越来越显出历史局限性。比如，以往对经典著作的解读视角较旧，对马克思主义理解不够全面；解读的经典著作范围较小，视野有限；解读所依据的文献不足，深度不够等。进入新世纪以来，特别是自2004年中央实施马克思主义理论研究和建设工程以来，马克思主义经典著作的教学、研究以及普及工作不断加强，这就迫切要求对经典著作重新进行解读。

同时，这些年我国学界有关经典著作的翻译和研究成果不断推出，为更好地解读经典著作提供了可能。改革开放以来，特别是进入新世纪以来，随着我国社会主义现代化建设以及人类文明的深入推进，我们对马克思主义的理解以及对经典著作的研究不断深化，解读视角发生重大转变，对马克思主义的理解更加全面。例如，以往由于受革命实践的影响，我们较多地从社会主义"革命"视角去解读，而较少从社会主义"建设"视角去解读，因此，较多地注重研究其中的阶级斗争、无产阶级革命和无产阶级专政等理论，而较少研究社会和谐发展、人的全面发展等思想。革命胜利后,仍然沿袭了这种解读模式。这就造成了对马克思主义理解的片面性。实际上,马克思主义经典著作中有丰富的新社会建设思想,恰恰是这些长期被忽视的思想对我们今天的社会主义建设实践来说更有意义。近些年来,我国学者自觉地从"建设"视角研究经典著作基本观点,取得了一系列可喜成就。又如,过去对经典著作的解读主要限于对若干重要经典著作的解读,如对《共产党宣言》等五六部名著有较为详细的解读,对其他著作的解读不多。即使有收文较多的导读性读本,但常常由于篇幅所限,也只能对这些著作进行简要介绍,不可能对每一部著作展开研究。近些年来,这种情况在逐步发生变化。研究经典著作的专题成果越来越多。再如,近年来新的经典著作编译成果和相关研究成果不断推出,大大拓宽了人们对经典著作基本观点的理解。加之这些年我国学界一大批优秀的中青年学者成长起来,他们的外语水平较高,知识储备较多,研究方法较新等,对经典著作的研究和理解也更有新意。这些都为更好地解读经典著作提供了新的时代条件。

为了继承前人研究的成果,弥补以往研究的不足,总结这些年我国学界编译、研究经典著作的成果和经验,比较全面系统地解读和阐释经典著作的基本观点,中央编译局专门成立了"马克思主义经典著作及其重大理论问题研究"课题组,并对该项研究提供了基金资助。课题组不仅在局内组织力量进行研究,而且向社会公开招标,争取到社会力量的支持,一批有造诣的中青年专家参与到课题研究中来。经过课题组同仁两年多努力,已经形成一批研究成果,并将继续补充、完善并陆续推出。这套"马克思主义经典著作研究读本"丛书就是这些成果的集中体现。

本丛书力求体现如下特点,这也是丛书编著工作所力求遵循的原则:第一,体现全面性和系统性。本丛书不仅对经典作家的名著进行解读,也对其他重要著作进行解读,还要对经典作家的一些重要思想,如马克思的人类学思想、列宁的新经济政策理论等,进行专题梳理和解读。不仅从"革命"视角,而且从"建设"视角,全面、系统地梳理经典作家的思想观点。力求使这套丛书成为收文最全面、解读最系统、最能够反映经典作家著作全貌的学术成果。第二，突出文献性和考证性。每一研究读本的写作，力求充分反映国内外有关研究成果，特别是要充分反映我国新时期在经典著作翻译和研究方面所发现的新文献、取得的新成果。在此基础上，要对经典著作形成的历史背景、国内外传播、原著重要思想观点及其流变，以及后人对这些观点的理解等，进行考证研究。如果说过去的解读主要是"注"的话，那么，这套读本则要进一步体现"疏"的特点。通过这种"注疏"性考据研究，不仅使读者知其然，也知其所以然。这样，也能够为学界进一步研究提供尽可能丰富的文献资料。第三，力求权威性和准确性。一方面，研究读本所依据的经典著作文本力求具有权威性和准确性。主要依据中央编译局所编译的最新译本，如《马克思恩格斯全集》第二版、《马克思恩格斯文集》、《列宁全集》第二版、《列宁专题文集》等。对还没有新译文的文本，可以采用旧译文。同时，适当参照外文版本，进行比较研究。另一方面，所依据的其他文献资料，也力求具有权威性和准确性。要选择国内外在该研究领域最具权威性的专家学者的最具代表性的观点和最有影响力的文章。

基于上述考虑，本丛书采取大致统一的研究和写作框架。除导论外，各个读本均有五个部分组成。一是历史考证部分，其中包括写作背景、国内外主要版本和传播考证等；二是研究状况部分，包括对国内外已有的研究情况进行梳理；三是当代解读部分，包括对经典著作的内容简介，对已有研究观点的疏正，对重要理论观点及其当代意义的阐述；四是原著选编部分，根据经典著作的不同情况，或采取全选的形式，或采取节选的形式，均采用中央编译局的最新译本，个别读本同时选编原著的旧文本，以方便比较研读；五是附录部分，包括3到5篇关于本著作的国内外有一定权威性的研究文章，以及进一步研究需要参考和阅读的文献资料。

需要说明的是，对于经典著作的研究，往往会有仁者见仁、智者见智的情况。所以，尽管我们在组织编写工作中努力体现上述原则，但这些读本的观点不一定都具有代表性，更不可能与每一位读者的观点完全一致。加之作者研究角度不同，水平各异，每一读本的结构、篇章、内容、观点都不尽相同，其权威性程度也不尽一致。其中很可能有疏漏和错误之处，谨请读者批评指正。

该丛书在编写和出版过程中，得到了各个方面的大力支持。中央编译局对此项工作高度重视，始终给予鼎力支持。国家出版基金将该丛书列入2012年资助项目。中央编译出版社为该丛书申报国家出版基金项目并最终立项，以及为丛书出版做了大量工作。本丛书中收入的译著和文章的译者、作者和出版者同意我们使用相关的著作版权。该项目顾问委员会的专家对丛书的编写工作给予热情指导，编委会成员和课题组同仁为丛书的编写付出了辛勤劳动。在此一并致以衷心的谢意！

《马克思主义经典著作研究读本》

编辑委员会

2013年6月16日

目 录

导 论 ··· 1

第一部分 历史考证 ·· 7

第一章 写作背景 ·· 9
一 社会历史背景 ·· 9
二 恩格斯的个人经历 ··· 12

第二章 传播考证 ··· 34
一 《国民经济学批判大纲》在国外的传播 ··················· 34
二 《国民经济学批判大纲》在国内的传播 ··················· 39

第二部分 研究状况 ··· 43

第三章 国外研究状况 ··· 45

第四章 国内研究状况 ··· 52
一 关于马克思主义政治经济学的方法 ························ 52
二 关于《国民经济学批判大纲》中的价值理论 ············· 57
三 关于国民经济学的诸范畴 ··································· 61
四 《国民经济学批判大纲》对《资本论》的贡献 ·········· 66

第三部分 当代解读 ··· 69

第五章 内容解读 ·· 71
一 国民经济学的产生、发展与实质 ··························· 71

二　批判国民经济学诸范畴 ································· 76
　　三　资本主义经济与道德、科技 ··························· 85
第六章　重要观点 ··· 87
　　一　私有制必然引发社会革命 ······························ 87
　　二　竞争必然导致商业危机 ································· 91
　　三　生产力是推动社会历史发展的动力 ·················· 93
　　结　语 ·· 96

第四部分　经典著作选编 ·· 99
　恩格斯　国民经济学批判大纲 ··································· 101
　马克思　弗里德里希·恩格斯《国民经济学批判大纲》一文
　　　　　摘要 ··· 127

第五部分　附　录 ·· 129
　附录Ⅰ　研究文献精选 ·· 131
　　一　〔苏〕马雷什：《第一部马克思主义政治经济学著作》 ··· 131
　　二　〔德〕图赫舍雷尔：《恩格斯的〈政治经济学批判大纲〉
　　　　及其对马克思经济观点的形成的意义》 ············· 148
　　三　〔法〕科尔纽：《德法年鉴》（节选） ················ 163
　　四　〔美〕特雷尔·卡弗：《"从另一条道路"》 ········· 175
　　五　〔日〕山之内靖：《恩格斯的〈政治经济学批判大纲〉
　　　　及其思想圈》 ·· 194
　附录Ⅱ　延伸阅读书目 ·· 202
　　一　关于恩格斯的传记 ······································· 202
　　二　关于古典政治经济学 ···································· 203
　　三　已有的国外同类成果 ···································· 205
　　四　我国学者的研究成果 ···································· 206
　　五　关于马克思经济学著作之间的内在关联 ············ 207

导　论

《国民经济学批判大纲》首次发表于1844年2月的《德法年鉴》第1、2合刊号上，署名：弗里德里希·恩格斯，写于1843年9月底10月初至1844年1月中旬，原文是德文。这是恩格斯与马克思合作之前，独立研究并撰写的一篇经济学著作，它在一定程度上反映了恩格斯独立研究所达到的水平。它是马克思主义形成过程中的重要里程碑，是马克思主义政治经济学的第一篇著作。

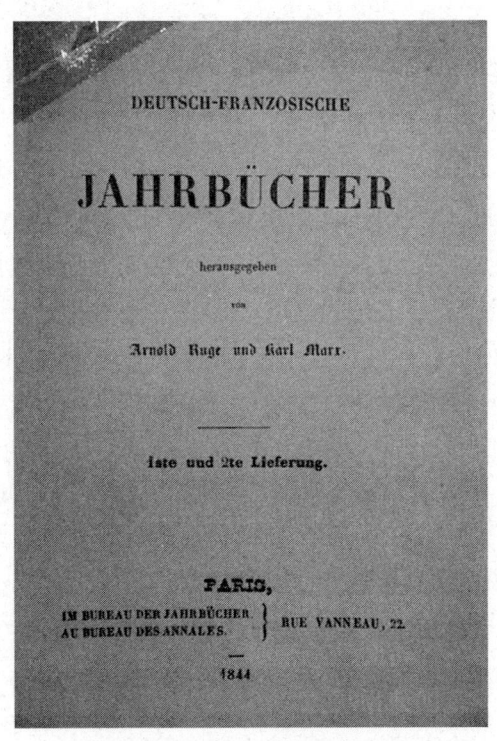

1844年出版的《德法年鉴》封面

马克思始终高度评价《国民经济学批判大纲》一书。根据马克思本人的回忆，1842—1843年间，莱茵省议会关于林木盗窃、摩泽尔农民状况、关于自由贸易和保护关税的辩论是促使马克思去研究经济问题的"最初动因"。1843年6月至9月间，马克思写作《黑格尔法哲学批判》时深深领悟到，应该通过政治经济学研究并理解市民社会。1843年10月，马克思来到巴黎，与卢格合作出版《德法年鉴》，恩格斯的《国民经济学批判大纲》是给杂志的投稿。从某种意义上说，恩格斯与马克思不谋而合，并且领先了一步。恩格斯的文章给马克思的印象十分深刻，甚至终生难忘。

在《1844年经济学哲学手稿》的序言中，马克思称《国民经济学批判大纲》是"内容丰富而有独创性的著作"[1]，他还对这篇文章专门做了摘录[2]。马克思在《神圣家族》中就肯定了恩格斯对经济学的贡献，比较而言，蒲鲁东没有将工资、商业、价值、货币等看做是私有财产的形式，就像恩格斯在《国民经济学批判大纲》中所做的那样，所以，蒲鲁东并未因否定私有财产而在理论上有所推进[3]。1859年，马克思在《〈政治经济学批判〉序言》中又指出，《国民经济学批判大纲》是"批判经济学范畴的天才大纲"[4]，这也是国内外学者纷纷引证的论述。1862年，马克思在写作《资本论》手稿的过程中思考李嘉图的地租理论，在谈到自己正在研究和证明的问题时特意致信恩格斯，他说："你早在《德法年鉴》中就已经正确地对这一点作了反驳"[5]。在《资本论（1863—1865年手稿）》中，马克思在写作"直接生产过程的结果"一章时引用了恩格斯在《国民经济学批判大纲》中的论述[6]，恩格斯在编辑《资本论》第3卷时将其原样刊出。在1867年公开出版的《资本论》第1卷中，马克思至少在四处引用了《国民经济学批判大

---

[1]《马克思恩格斯文集》第1卷，北京：人民出版社2009年版，第112页。
[2]《马克思恩格斯全集》第42卷，北京：人民出版社1979年版，第3页。
[3]《马克思恩格斯文集》第1卷，北京：人民出版社2009年版，第256页。
[4]《马克思恩格斯文集》第2卷，北京：人民出版社2009年版，第592页。
[5]《马克思恩格斯文集》第10卷，北京：人民出版社2009年版，第193页。
[6]《马克思恩格斯文集》第8卷，北京：人民出版社2009年版，第487页。

纲》的论述和观点①，而且马克思通常都是引用恩格斯的某些原理来论证自己关于经济理论方面最为重要的结论。1868年，马克思给恩格斯写信，就杜林的观点交换意见，他说："实际上，没有一种社会形式能够阻止社会所支配的劳动时间以这种或那种方式调节生产。但是，只要这种调节不是通过社会对自己的劳动时间所进行的直接的自觉的控制——这只有在公有制之下才有可能——来实现，而是通过商品价格的变动来实现，那么，结局就始终像你在《德法年鉴》中已经十分正确地说过的那样"②。1880年，马克思在《〈社会主义从空想到科学的发展〉法文版导言》中指出："弗里德里希·恩格斯是当代社会主义最杰出的代表人物之一，他在1844年就以他最初发表在马克思和卢格在巴黎出版的《德法年鉴》上的《国民经济学批判大纲》引起了注意。《大纲》中已经表述了科学社会主义的某些一般原则"③。这也是马克思生前对《国民经济学批判大纲》作的最后一次评价。从马克思对它的摘要、引用、评价中，我们可以清楚地看到，《国民经济学批判大纲》对马克思研究政治经济学起到了积极的促进作用。

恩格斯本人又怎样看《国民经济学批判大纲》呢？从1844年发表到1894年整整50年中，恩格斯在他的很多著作和通信中都提到了自己的《国民经济学批判大纲》。1845年，恩格斯在《英国工人阶级状况》中提醒读者，关于"自由竞争"可以"参看我在《德法年鉴》上发表的《国民经济学批判大纲》"④。1844年10月初，恩格斯给马克思写信说："《年鉴》至今仍然很畅销。我的评卡莱尔的文章，在'群众'中获得了极好的声誉——真是可笑——，而关于经济学的文章，却只有很少一些人读过。这是很自然的。"⑤ 1851年2月3日，恩格斯在另一封致马克思的信中非常谦虚的谈到，"你也许会记得，我在《德法年鉴》

---

① 《马克思恩格斯文集》第5卷，北京：人民出版社2009年版，第92、177、191、731页。
② 《马克思恩格斯文集》第10卷，北京：人民出版社2009年版，第276页。
③ 《马克思恩格斯文集》第3卷，北京：人民出版社2009年版，第491页。
④ 《马克思恩格斯文集》第1卷，北京：人民出版社2009年版，第406页。
⑤ 《马克思恩格斯文集》第10卷，北京：人民出版社2009年版，第18—19页。

上早已用科学耕作法的进步批驳过肥力递减论,——当然那是很粗浅的,缺乏系统的论述。你现在把这一问题彻底弄清楚了,这就更是你必须赶快完成并出版经济学著作的一个理由。如果能够把你的论述地租的文章发表在英国的一家杂志上,那将会产生巨大的影响。"① 1871年,李卜克内西打算重新出版《国民经济学批判大纲》,4月13日,他收到马克思和恩格斯各自的来信,恩格斯写道:"现在把《德法年鉴》上我的那篇旧文章重新刊载在《人民国家报》上是无论如何不行的。这篇文章已经完全过时,而且有许多不确切的地方,只会给读者造成混乱。加之它还完全是以黑格尔的风格写的,这种风格现在也根本不适用。这篇文章仅仅具有历史文件的意义。"② 马克思也说:"恩格斯要我转告你,他在《德法年鉴》上的文章现在只具有历史价值,因而已经不适用于实际宣传。相反,你应从《资本论》中选登较长的片断,例如关于《原始积累》一章的片断等等。"③ 1881年,恩格斯给茨基写信时,直接引用了《国民经济学批判大纲》中的论述,"其实,早在1844年我就谈过这个问题(《德法年鉴》第109页):'即使马尔萨斯完全正确,也必须立刻进行这种(社会主义)变革,原因是只有这种变革,只有通过这种变革来教育群众,才能够从道德上限制繁殖本能,而马尔萨斯本人也认为这种限制是对付人口过剩的最有效和最简易的办法。'"④ 1884年,叶甫盖尼娅·埃·帕普利茨建议把《国民经济学批判大纲》译成俄文出版时,恩格斯再次拒绝了。他回信说:"您认为把我那本《大纲》翻译过去是有益的,这使我感到非常荣幸。虽然我至今对自己的这第一本社会科学方面的著作还有点自豪,但是我清楚地知道,它现在已经完全陈旧了,不仅缺点很多,而且错误也很多。我担心,它引起的误解会比带来的好处多。"⑤ 1885年,恩格斯在《哲学的

---

① 《马克思恩格斯文集》第10卷,北京:人民出版社2009年版,第68页。
② 《马克思恩格斯全集》第33卷,北京:人民出版社1973年版,第209页。
③ 同上书,第208页。
④ 《马克思恩格斯文集》第10卷,北京:人民出版社2009年版,第456页。
⑤ 《马克思恩格斯全集》第36卷,北京:人民出版社1975年版,第172页。

贫困》德文版中加了一个注释,"劳动力的'自然'价格(即正常价格)和工资最低额相等,即和保证工人活命和延续后代所绝对必要的生活资料的价值相等;这一论点,是我首先在'政治经济学批判大纲'['德法年鉴'(《Deutsch‐Französische Jahrbücher》)1844 年巴黎版]和'英国工人阶级状况'中提出的。从本文中可以看出,马克思当时是采用了这个论点的"①,可以说,直到恩格斯的晚年,他仍然对《国民经济学批判大纲》中的某些观点充满信心。

由此可见,《国民经济学批判大纲》在马克思、恩格斯两位伟大革命导师的一生中都占有相当重要的地位,在整个马克思主义的形成和发展中曾起过非常重要的历史作用。同时代的卢格、黑贝尔、瓦尔德克等人也给恩格斯的这篇文章以极高的赞誉。卢格在给费尔巴哈的信中认为,恩格斯的文章"对封建的德国来说是滔天洪水";黑贝尔称赞这篇文章"揭露世界上各种交易的基础即令人难以置信的不道德";瓦尔德克认为,"同去年的恩格斯相对照,他已完成了一个真正的奇迹"②。列宁也高度评价了恩格斯的这篇文章,"还在《神圣家族》一书出版以前,恩格斯就在马克思和卢格两人合编的《德法杂志》上发表了《政治经济学批判大纲》一文,从社会主义的观点考察了现代经济制度的基本现象,认为那些现象是私有制统治的必然结果。同恩格斯的交往显然促使马克思下决心去研究政治经济学,而马克思的著作使这门科学发生了真正的革命。"③

对于我们来说,不了解恩格斯的著作,就不能了解和全面阐述马克思主义的发展史。不认真研读恩格斯的《国民经济学批判大纲》,就不能了解马克思主义政治经济学的形成史。

马克思在其广为流传的《〈政治经济学批判〉序言》中说:"自从弗里德里希·恩格斯批判经济学范畴的天才大纲(在《德法年鉴》上)发表以后,我同他不断通信交换意见,他从另一条道路(参看他的

---

① 《马克思恩格斯全集》第 4 卷,北京:人民出版社 1958 年版,第 94 页。
② 《马克思恩格斯全集》第 3 卷,北京:人民出版社 2002 年版,第 697 页。
③ 《列宁专题文集(论马克思主义)》,北京:人民出版社 2009 年版,第 56 页。

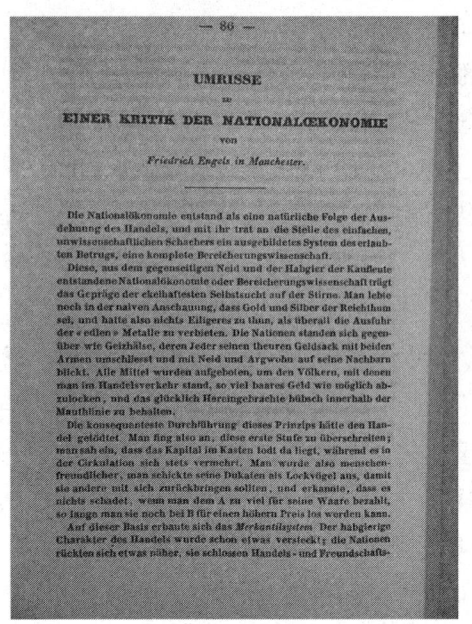

恩格斯发表在《德法年鉴》上的《国民经济学批判大纲》首页

《英国工人阶级状况》）得出同我一样的结果。"① 那么，恩格斯是如何走出这"另一条道路"的？恩格斯的亲身经历对于其思想的形成有何作用？恩格斯阅读以往文献的范围和深度对其思想的形成有何影响？恩格斯在《国民经济学批判大纲》中表述了哪些有创见的思想？这些思想如何在德国理论界兴起波澜？恩格斯达到了何种理论高度？等等。恩格斯的这篇文章所关涉的最为重要的理论问题是：恩格斯在《国民经济学批判大纲》中对资本主义的批判究竟是不是道德控诉？同样重要的问题是：马克思主义与道德是何种关系？对于这些问题的回答，只有回到马克思主义以前，并将恩格斯的著作当做恩格斯的著作来阅读，才能厘清恩格斯独特的理论贡献。

---

① 《马克思恩格斯文集》第 2 卷，北京：人民出版社 2009 年版，第 592—593 页。

第一部分　历史考证

第一章 写作背景

《马克思恩格斯全集》历史考证版第 2 版（以下简称 MEGA²）已经出版了青年恩格斯 1844 年 6 月之前的文章、论著、书信和笔记，为研究恩格斯的《国民经济学批判大纲》提供了权威的参考资料。中文第二版《马克思恩格斯全集》第 2 卷中刊载了恩格斯 1833 年 12 月至 1842 年 10 月的著作，主要是恩格斯在不来梅学习经商期间和在柏林服兵役期间的著作。由于《集权和自由》、《柏林杂记》等五篇文章目前尚不能确定是出自恩格斯的手笔，故此新版并未收录。第 3 卷刊载了恩格斯 1842 年 11 月至 1844 年 6 月在英国期间所写的著作。通过这些文献，我们可以清晰地梳理出青年恩格斯思想发展的脉络，包括写作《国民经济学批判大纲》的背景。

一 社会历史背景

弗里德里希·恩格斯于 1820 年 11 月 28 日诞生在德国普鲁士邦莱茵省巴门市。恩格斯出身于巴门的名门望族。恩格斯的曾祖父在 18 世纪后半叶创办一个纺织工场，几代相传，到了恩格斯的父亲手里时营业扩大，在巴门和英国曼彻斯特创办了"欧门—恩格斯纺纱厂"。因而英国和德国的现实状况对恩格斯的思想发展产生了重要影响。

19 世纪上半叶的英国是当时资本主义世界中最发达的国家，它的国内工业、国际贸易、航运在世界首屈一指，没有任何其他国家在势力和财富上能与之抗衡。早在 15 世纪 70 年代，英国开始进行资本原始积累；18世纪，英国在历经简单协作、工场手工业阶段以后，进入了大机器工业阶段。数据显示，从1840至1850年，蒸汽机总能力从60万马力增加到129万马力，即增加了1倍以上；从1836—1848年，铁路长度从251公里增加到8203公里，即增加了30倍以上。这时，英国工业产量占世界总产量一半，成为名副其实的"世界工厂"。当时伦敦已有居民350万人，曼彻斯特有40万人，格拉斯哥有30万人，英国的工业就集中在这几个大城市。就德国而言，19世纪初期以来，以莱茵地区为典型的资本主义工商业还是不断地有所发展，资本主义生产方式的发展要求与普鲁士落后的封建专制统治形成了尖锐矛盾，促使德国资产阶级进行反封建的革命斗争。1815年维也纳会议以后，国家继续陷于四分五裂。36个大小不同的邦国各有自己的海关、税制和货币，未能形成发展资本主义所需要的统一的国内市场，把持各邦政治统治权的封建贵族实行反动的专制统治，对资本主义工商业施加种种的限制和束缚；1830年以后，德国各地不断发生起义和骚动。随着资本主义工商业的发展，德国也出现了一批日益繁荣的城镇。恩格斯童年和少年时代生活过的巴门和爱北斐特就是新兴的工业中心。这两座紧邻的姊妹城市，位于莱茵河支流伍珀河的谷地。19世纪30年代，巴门和爱北斐特大约有居民4万人，中小型工厂200家，纺织工业十分发达，丝棉织品远销海内外，有"德国的曼彻斯特"的美称。恩格斯的故乡莱茵省最终成为德国资本主义最发达的地区。由于这里水路交通便利，煤铁资源丰富，特别是受到法国资产阶级革命的深刻影响，这里的封建农奴制已被彻底消灭，贵族特权已经被废除，发展资本主义的条件十分有利，因此，以机器装备的新式工业迅速发展起来。

　　资本主义发展的同时也带来了巨大的灾难，在英国，尤其是在工业发达的大城市，表现得特别明显和突出。资本家为了榨取更多的剩余价值，便尽量延长劳动时间。在资本主义工厂中，工人每天劳动时间长达12至14小时，有的部门和企业甚至长达16至18小时。许多工人为了维持生活，不得不几天几夜连续劳动，吃饭和睡觉的时间都被剥夺。资本家为了榨取更多的剩余价值，还不断提高劳动强度。他们通过增加工人管理机器的台数、加速机器的运转等方法,迫使工人在规定的劳动时间内付出更多的脑力和体力。例如从1815年到1844年,英国纺纱机的伸张次数增加近两倍,工人的劳动强度也相应增加。资本家为了榨取更多的剩余价值,还大量使用廉价的童工和女工。1839年,在英国产业工人中,年龄在18岁以下的童工和成年女工合计占全部工人的四分之三。在普遍使用童工和女工的情况下,劳动者家族中的一切成员,都成为资本家直接的剥削对象。资本家为了榨取更多的剩余价值,强迫工人在极端恶劣的条件下从事繁重的劳动,如在煤矿中,十几岁的童工在狭窄的坑道里,蜷曲着身子,用笨重的十字镐凿煤,有的则在腰间皮带上系上链条,四肢爬行,拉拽煤车。在资本主义的压榨下,工人阶级的生活条件日益恶化。从1802年到1833年,英国工人每周平均工资由29先令降低为5先令,降低了80%以上。工人们经常挨饿受冻,过着非人的生活。资本主义工业发展的灾难,在德国巴门和爱北斐特也是随处可见。机器大工业摧毁了以手工劳动为基础的手工作坊和家庭工业,大批手工业工人失业,被迫流浪街头。工人工资微薄,劳动条件恶劣。伍珀河谷的资本主义企业为了同占绝对优势的英国工厂竞争,对雇佣工人进行极其残酷的剥削。工人们被迫在低矮的厂房和混浊的空气里劳动,吸进的煤烟和粉尘远远多于氧气,肉体和精神遭受严重的双重折磨,许多人死于肺结核。德国的资本家为了获得更多利润,大量雇用女工、童工。仅爱北斐特地区,2500名学龄儿童中就有1200名未能上学,最大的童工14岁,最小的童工年仅6岁。微薄的工资,沉重的体力劳动,长达十几小时的工作时间,使他们失掉了童年的欢乐和朝气。工业生产带来的严重环境污染也像资本主义其他灾难一样,在伍珀河谷迅速蔓延,昔日的蓝天、青山、绿水已经不复存在。恩格斯在《伍珀河谷来信》中真实地描述了工人生活的惨状。工厂工人工资低微,劳动条件恶劣,普遍处于可怕的贫困境地,"用不了3年,他们的肉体和精神就会被毁掉;5个人中有3个人死于肺结核"[①]。手工业和家庭工业被大机器

---

① 《马克思恩格斯全集》第2卷,北京:人民出版社2005年版,第44页。

工业所排挤,手工工人的生活更为困苦,单干织工从早到晚蹲在自己家里,躬腰曲背地坐在织机旁劳动十几个小时。没有固定工资收入的搬运工人,只能栖身于草棚、马厩和楼梯间。吸吮工人血汗的工厂主生活舒适,轻松愉快。工厂制度带来的资产阶级与雇佣工人的尖锐对立,在伍珀河谷表现得十分明显。可见,在伍珀河谷这个德国资本主义最发达的地方,资本主义弊病也最为触目惊心。

再以恩格斯生活和工作过的曼彻斯特为例。曼彻斯特是英国仅次于伦敦的第二大城市,那里工业发达,在蒸汽机的使用和社会分工方面都达到一定高度,工人十分集中,总人口 40 万中工人占 35 万。特别需要提到的是,恩格斯在曼彻斯特工作的 1842 年是英国经济危机爆发的时期,工厂倒闭,市场萎缩,曼彻斯特至少有 116 家企业倒闭。这一年也是工人失业、贫困和饥饿问题最严重的一年。1842 年 5 月,英国失业总人口达到 100 万人以上,乞丐数目激增,导致社会矛盾极为尖锐。曼彻斯特是宪章运动的中心,有众多的社会主义者和强大的工会。

资产阶级的压迫和剥削,激起广大工人的反抗。起初是单个工人的自发斗争,捣毁机器;接着是工人的秘密结社,彼此支持;从 20 年代开始,工人阶级争取提高工资、缩短工时、改善劳动条件的斗争此起彼伏,不断扩大。19 世纪 30—40 年代发生的英国宪章运动、法国里昂纺织工人起义和德国西里西亚纺织工人起义,表明无产阶级已经以独立的政治力量登上历史舞台。恩格斯就是在这样一个革命的时代出生、成长,为无产阶级和全人类的解放贡献了自己的一生。

二 恩格斯的个人经历

1. 求学经历

恩格斯从小就有强烈的求知欲,有学习科学知识的强烈愿望,他天资聪慧、勤奋务实,所以能成长为一位伟大的革命导师。

在恩格斯的童年时代,伍珀河谷的社会生活各个方面都广泛流行宗教虔诚主义,其中,受虔诚主义影响最大的是教育。当地的许多学校都具有教会性质,这里除了教学生语言和数学计算以外,只向学生灌输宗教意识和教义。恩格斯最初就读的巴门市立学校,也受到宗教虔诚主义的影响,这种影响一直持续到恩格斯接触青年黑格尔派之前,恩格斯当时的一些诗作中明显地体现了宗教色彩①。1834年秋,恩格斯转到离家较远的爱北斐特中学求学。与伍珀河谷的中学相比,这所学校开设的课程较多,教学质量较高,被公认为普鲁士最好的中学之一。根据 MEGA^2 提供的考证资料,当时爱北斐特中学的代理校长是汉契克博士,拉丁文教员是艾希霍夫博士,他们都是有才能的优秀教师。而讲授德国历史、文学史和古典著作的克劳森博士更是学识渊博,并且教学态度极为认真,恩格斯在《伍珀河谷来信》中还念念不忘他的中学教师。在这些优秀教师的指导下,恩格斯学习并掌握了扎实的科学文化知识。

恩格斯的《中学肄业证书》表明,他"在高年级学习期间**操行优异**,特别是他的谦虚、真诚和善给教师们留下了良好的印象;该生不仅资质很高,而且表现出一种力求扩大自己的科学知识的值得赞许的**愿望**,因此取得了可喜的**进步**"②。

中学时期的恩格斯特别喜爱外语,他认真学习了拉丁语、希腊语、法语,并且是通过阅读和翻译原著来掌握外语词汇和语法知识,例如李维、西塞罗、柏拉图的著作、《荷马史诗》等。中学时期养成的学习外语的方法,为他日后继续学习外语打下良好的基础。对于学校开设的其他课程,无论历史和地理,还是数学和物理学,恩格斯都很用心学习。他也认真学习哲学和宗教基础知识,饶有兴趣地倾听实验心理学课程。总之,对一个中学高年级学生所必须具备的知识,他都很好地掌握了。少年恩格斯多才多艺,爱好音乐和绘图,喜欢爬山、骑马、击剑和游泳,也兴致勃勃地创作剧本、小说和诗歌。中学时期的作品,不仅反映了他开朗、勇敢的性格,而且表达了他反对压迫、追求自由的意向。在保留下来的写于1836年的一首诗《我看到远方闪烁的光芒》中,16岁

---

① 《马克思恩格斯全集》第2卷,北京:人民出版社2005年版,第23页。
② 同上书,第547页。

的恩格斯热烈赞扬德国文学作品中反对专制强暴的著名英雄退尔、齐格弗里特、浮士德和阿基里斯，为他们的英雄业绩欢欣鼓舞，渴望像骑士一样英勇战斗。①

有趣的是，恩格斯中学没有毕业就迫于父命辍学经商，1838年7月至1841年3月，恩格斯在不莱梅的一家商行当实习生。实习期间，恩格斯不忘学习知识，这也是恩格斯思想发生重大转变的时期。1839年4月，恩格斯在不来梅开始研究青年黑格尔派的著作，最早对恩格斯产生重大影响的是施特劳斯的《耶稣传》，恩格斯了解了施特劳斯宗教批判的观点，因而从宗教的疑惑中醒觉，这促使恩格斯摆脱伍珀河谷时的虔诚主义信仰。此后不久，恩格斯开始钻研黑格尔的著作，对黑格尔哲学发生兴趣。此后，他就把研究的重点放在对虔诚主义的评价和批判上，这一点明显地表现在恩格斯发表在《知识界晨报》上的一些文章中。1839年10月，恩格斯在给格雷培的信中说，"我正处于要成为黑格尔主义者的时刻。我能否成为黑格尔主义者，当然还不知道，但施特劳斯帮助我了解了黑格尔的思想"②，于是恩格斯逐渐接近了青年黑格尔派，他转而信奉无神论而且基本赞同他们的哲学和政治观点。恩格斯冒着风险走进黑格尔哲学的"迷宫"，发现了深藏在沉默的山底的熠熠生辉的珍宝，感到无限的幸福。他满怀激情地写道："当最了不起的一位哲学家的神的观念，十九世纪最宏伟的思想，第一次呈现在我面前的时候，一阵同样幸福的战栗在我身上掠过，宛如从晴空飘来的一阵清新的海风吹拂在我身上；思辨哲学的深邃，宛如无底的大海展现在我面前，使那穷根究底的视线，怎么也无法从海上移开。"③ 在黑格尔学派的解体过程中，恩格斯旗帜鲜明地拥护青年黑格尔派，反对老年黑格尔派。在他看来，黑格尔那些保守的学生们过多地损害了黑格尔的高大形象，只有少数人，也就是施特劳斯、鲍威尔、卢格等青年黑格尔派的思想家，才无愧于自己的导师。

---

① 《马克思恩格斯全集》第2卷，北京：人民出版社2005年版，第5—6页。
② 《马克思恩格斯全集》第47卷，北京：人民出版社2004年版，第224页。
③ 《马克思恩格斯全集》第2卷，北京：人民出版社2005年版，第176页。

1841年9月底，恩格斯孤身来到柏林服兵役，他亲身体验了普鲁士王国的兵营生活，被编入近卫炮兵旅第12步兵连，不久提升为炮手。服役6个星期以后，恩格斯在离兵营不远的地方租了一间楼房，为自己布置了一个雅致、温馨和舒适的住处。一年后，服役期满时，他得到"品德和执勤均表现优异"的评语。比评语远为重要的是，一年的军事学习，使他掌握了对今后革命斗争有用的军事知识，并且引起了他对军事科学的兴趣。后来，恩格斯深入研究军事科学和军事史，成为无产阶级最杰出的军事理论家。

在服兵役的一年时间里，恩格斯对哲学的兴趣与日俱增。柏林是具有悠久历史的古老城市，又是普鲁士的首都，活跃着各种政治派别和观点的代表人物，社会思想、政治生活领域的斗争十分复杂，这就为恩格斯仔细观察社会，参加德国舆论和思想界的斗争提供了十分有利的条件。特别要提到的是，柏林大学是德国学术活动的中心，也是争夺德国舆论统治权和政治统治权的重要阵地。这里有许多著名的教授，黑格尔哲学的后继者们分别代表着各种不同的政治和学术派别，当时的任何一所大学都没有像柏林大学那样屹立于当代的思想运动的顶峰，并且成为思想斗争的中心舞台。为了了解各种派别的学术观点，对当时的各种哲学思潮进行比较研究，年仅21岁的恩格斯以旁听生身份走进柏林大学的讲堂，聆听一些著名教授的讲课。

这时，正好德国著名哲学家谢林到柏林大学讲学。弗里德里希·威廉·谢林是德国古典哲学的代表人物，客观唯心主义者。早年他推崇自由与法治思想，为宣传辩证自然哲学，起过一定的进步作用。随着欧洲复辟势力的胜利，他转向封建专制制度，成为科学的敌人、宗教的拥护者、基督的哲学家。当19世纪40年代德国资产阶级民主革命运动兴起的时候，谢林以哲学为幌子，攻击黑格尔，攻击力图从黑格尔哲学中作出无神论和革命结论的青年黑格尔派，为普鲁士王朝的反动政治需要服务。我们知道，40年代初期，德国资产阶级民主革命运动重新高涨。斗争主要是在哲学领域进行，黑格尔的左派学生们，也就是青年黑格尔派，力图从导师的理论中作出革命的结论。为了压制正在兴起的资产阶级民主革命运动,对付青年黑格尔派,普鲁士政府把谢林请到柏林大学,以便"降伏黑格尔哲学这条喷吐不信神的火焰和把一切都投入昏暗的烟雾的凶龙"①。根据恩格斯的记述,1841年11月15日,柏林大学第六讲堂座无虚席。讲台上,谢林正在口若悬河地讲授他的启示哲学。恩格斯用心听讲,仔细地做着记录。当谢林肆无忌惮地对自己青年时代的老友、杜宾根神学院的同窗黑格尔大加攻击的时候,恩格斯下定决心,要替"伟大的死者"应战。谢林做梦也想不到,几个星期后,正是这个不被人们注意的旁听生,或许还是讲堂里最年轻的听众,将他的观点驳得体无完肤,而且向他提出严厉的挑战。

恩格斯还听了黑格尔的学生马尔海内克教授反对谢林的讲演。当讲到谢林等人对黑格尔的攻击时,马尔海内克态度冷静而略带讽刺地指出:"不错,现在谁也不会自认为才疏学浅,竟无能反驳黑格尔及其哲学……可是所期望的这种反驳现在还没有,而且,只要不是平心静气地对黑格尔进行科学探讨,而是采取激怒、仇视、忌妒,总而言之采取狂热的态度,只要有人认为有了神秘学说和幻想就足以把哲学思想从它的宝座上推下来,所期望的这种反驳也就不会有。这种反驳的首要条件当然是正确地理解对手,看来,黑格尔在这里的某些论敌好像是和巨人搏斗的侏儒,或者像那位更加著名的、同风车搏斗的骑士。"② 根据恩格斯在《一个旁听生的日记》中的回忆,马尔海内克讲课时,举止落落大方,没有那种埋头念讲稿的学究气,也没有故作姿态的手势,他的态度像年轻人那样豪爽,目光专注地望着听众,他讲得慢条斯理而又流畅通达,平铺直叙而又极富有深刻的思想,像黑格尔一样,马尔海内克的逻辑性极强,他的思想一个接着一个涌出来,后一个比前一个更能准确地击中目标。马尔海内克在讲台上充满信心地捍卫着黑格尔哲学,犀利地反击了谢林的诘难。柏林大学这种严肃的学术探讨,活跃的辩论气氛,扩大了恩格斯的视野。

---

① 《马克思恩格斯全集》第2卷,北京:人民出版社2005年版,第335页。
② 同上书,第426—427页。

另一方面，柏林是青年黑格尔派的活动中心。恩格斯到柏林后，积极参加青年黑格尔派博士俱乐部的活动，结识了著名的青年黑格尔派理论家布鲁诺·鲍威尔、弗里德里希·科本、埃德加尔·鲍威尔、爱德华·梅因、莫泽斯·赫斯、麦克斯·施蒂纳以及路德维希·布尔等人，当时这些青年黑格尔成员分别在宗教哲学、政治哲学、实践哲学等领域展开批判。恩格斯还与埃德加尔·鲍威尔合写了《横遭灾祸但又奇迹般地得救的圣经，或信仰的胜利》诗。遗憾的是，恩格斯在柏林的时候，马克思已经离开这里，两人错过了会面的机会。

但是，青年黑格尔派虽然在资产阶级民主革命运动的初期起过一定的进步作用，但他们在哲学上坚持唯心主义，宣扬观念改变世界，成为马克思和恩格斯在《德意志意识形态》中批判的对象。促使恩格斯与青年黑格尔派发生分歧的原因，是他这时已逐渐摆脱黑格尔唯心主义，转向唯物主义。实际上，恩格斯参加青年黑格尔派的活动不久，就与他们发生分歧。在柏林的时候，他积极研究哲学，大量阅读18世纪法国唯物主义者的著作。1841年，德国古典哲学的杰出代表、唯物主义哲学家路德维希·费尔巴哈的主要著作《基督教的本质》出版了。恩格斯认真研读了这部著作，受到深刻的影响。许多年以后，恩格斯在回忆这段历史时写道："这部书的解放作用，只有亲身体验过的人才能想象得到。那时大家都很兴奋，我们一时都成为费尔巴哈派了。"① 从此，恩格斯从黑格尔唯心主义转向唯物主义，同仍然坚持唯心主义的青年黑格尔派分道扬镳。概言之，通过人的理论、人的观念、自我意识等理解经济生活和社会生活是青年黑格尔派共有的特征，恩格斯也曾一度受其影响，费尔巴哈的《基督教的本质》一书就是这种影响的直接证明。恩格斯在《英国状况》中把黑格尔的概念辩证法称做"逻辑结构"，抽象概念严格说来不是实际存在的东西。可以说，《关于哲学改造的临时纲要》一文从理论上鼓舞了恩格斯，恩格斯在《国民经济学批判大纲》以及以后的著作中还让人们去参考它。恩格斯吸取了费尔巴哈的观点，

---

① 《马克思恩格斯文集》第4卷，北京：人民出版社2009年版，第275页。

即哲学的开端必然是有限、特定和现实的东西。

  恩格斯除了致力研究哲学思想，还大量地涉猎国民经济学。恩格斯阅读经济学文献的范围和深度也是把握与评价其思想的重要方面和环节，更是写作《国民经济学批判大纲》的重要理论背景。目前唯一保存下来的青年恩格斯经济学研究的读书笔记是《阿·艾利生〈人口原理及其和人类幸福的关系〉一书的摘录》，德文原文刊行在 MEGA^2 第Ⅳ部门第 2 卷中。但是，这个摘录的现存部分并不完整，恩格斯本人也没有标明摘录的时间。恩格斯在《国民经济学批判大纲》中首次提到艾利生的这部著作，他称艾利生是"最有才智的经济学家和统计学家"，他还转述了艾利生对马尔萨斯人口论的批判，因此 1843 年底恩格斯就已经读过艾利生的书，可能同时写了摘要。引起恩格斯兴趣的应该是艾利生这部著作中有关英国工人阶级状况的实际材料，当时最发达的资本主义国家的劳动者赤贫的原因及其解决措施。恩格斯在摘录中写道："第二章论述大城市的穷人，这一章非常重要，在利用时应尽可能再一次参照它"①。虽然恩格斯到英国以后才开始积极地研究国民经济学的成就，但这门学科对恩格斯来说并不陌生。在柏林时，恩格斯通过冯·亨宁了解到亚当·斯密及其继承者的理论成果，还了解了哈斯基森于 1824 至 1827 年担任英国政府大臣期间将斯密的原理作为改革实践的基础，这个情况保留在恩格斯的《一个旁听生的日记》中②。通过《伦敦来信》，我们知道恩格斯在 1843 年 5 月考察了"教授和实践政治家是怎么对待国民经济学这门科学的"，同时了解了斯密的"自由贸易"理论和马尔萨斯人口论的"荒谬结论"。恩格斯在《国民经济学批判大纲》中直接利用到的著作范围就很广泛，比如亚当·斯密的《国民财富的性质和原因的研究》、弗里德里希·李斯特的《政治经济学的国民体系》、大卫·李嘉图的《政治经济学和赋税原理》、汤普森的《真正的地租理论，驳李嘉图先生等》、马尔萨斯的

---

① 《马列主义研究资料》1984 年第 1 期，第 9 页。
② 参见《马克思恩格斯全集》第 2 卷，北京：人民出版社 2005 年版，第 427—428 页。

《人口原理》等等。实际上，自从恩格斯踏上不列颠国土之后，他在之前写作的一些论文中直接或间接提出的、而又未能及时弄清楚的许多问题都需要从国民经济学中找寻答案，因此，这对于恩格斯来说是非常重要的。

　　早在不来梅时期，恩格斯就通过白尔尼了解到法国的社会主义思想，在离开柏林之前，恩格斯研读了赫斯发表在《莱茵报》上的一篇充满社会主义思想的文章，即《共产主义原则的政体》。1843年，恩格斯阅读《法郎吉》、《伦敦法郎吉》和《独立评论》等傅立叶派和圣西门派的刊物，熟习了傅立叶关于生产者协作的思想。他在曼彻斯特第一次同欧文派社会主义者接触的时候，实际上已经很熟悉他们的思想了。恩格斯把圣西门喻为"一颗闪烁的流星"，在引起思想界的注意之后，很快就消失了。他认为，圣西门是一个大力主张社会改革的人。他对资本主义的批判，特别是对未来共产主义社会的描绘，闪烁着天才的光芒。但是，他的全部学说，都笼罩了一层不可理解的神秘主义的云雾，因此，起初也许还能引起人们的注意，可是最终便不能不使人大失所望。通过恩格斯的《伦敦来信》，我们知道他阅读了施泰因的《现代法国的社会主义和共产主义》一书，开始细致思考社会问题，并将注意力转向社会主义方面。《伦敦来信》反映了恩格斯批判地吸收和创造性地把握空想社会主义的基本理论。恩格斯不仅研究法国的社会主义，还钻研了德国的社会主义思想，他认为，魏特林创办的杂志《年轻一代》"虽然只是写给工人看的，文章也是由工人写的，但从一开始就胜过法国社会主义者办的大部分刊物，甚至胜过卡贝老爹办的《人民报》"[①]，在《国民经济学批判大纲》中，恩格斯直接利用了英国社会主义者的著作，如布雷的《对待劳动的不公正现象及其解决办法，或强权时代和公正时代》、汤普森的《最能促进人类幸福的财富分配原理的研究》、瓦茨的《政治经济学家的事实和臆想》、卡莱尔的《宪章运动》、威德的《中等阶级和工人阶级的历史》、尤尔

[①] 《马克思恩格斯全集》第3卷，北京：人民出版社2002年版，第487页。

的《工厂哲学：或论大不列颠工厂制度的科学、道德和商业的经济》，他还指出要"部分地参看傅立叶的著作"①，即《关于四种运动和普遍命运的理论》与《经济的和协作的新世界》。但是，传统共产主义者或社会主义者的主要缺点是对历史、国民经济学和实践的无知，而国民经济学又把私有制看做是天然合理的、无需反思的前提，它无法回答和澄清私有制的起源问题。在当时，能够有机联结共产主义、社会主义与国民经济学这两大领域的理论成果并提供研究思路和方法的就是德国的哲学。

总之，《国民经济学批判大纲》这篇文章的中心议题是国民经济学，从恩格斯的求学经历中可以看出，他是名副其实的"自学成才"，他独立突破了青年黑格尔派在理论上的主导方向，走进了当时德国研究十分薄弱的全新研究领域。而青年黑格尔派的其他成员和一些共产主义者对这个领域要么是一片混乱，要么一无所知。在这个意义上，恩格斯《国民经济学批判大纲》一文是当时思想界的一次学术创举。

2. 从商经历

恩格斯希望中学毕业后升入大学，在学业上继续深造，但他的父亲却另有打算。1837年，父亲与自己两个兄弟分了家，独自在巴门开设一家公司，并同彼得·欧门合资在英国曼彻斯特开设欧门—恩格斯棉纱厂。像巴门的其他资产者一样，老弗里德里希希望儿子步自己的后尘，做一个精明干练的生意人，过着富裕安稳的体面生活。于是，在中学毕业前一年，他决定让儿子弃学经商。1837年9月25日，恩格斯办完退学手续，拿到了肄业证书，走向社会。恩格斯离开学校后，在巴门父亲的事务所学习经商。1838年7月来到不来梅，在这里工作和生活了两年多。这段时间在他的一生中有着重要意义。正是在这里，他抛弃了伍珀河谷的信仰，成为反对封建专制制度的革命民主主义战士。

不来梅是德国北方著名的贸易港，与世界上许多国家和地区都有贸

---

① 《马克思恩格斯全集》第3卷，北京：人民出版社2002年版，第462页。

易往来。或许是自由贸易港的原因，不来梅的政治气氛比伍珀河谷地区远为开明和进步。一些严禁出版和销售的具有自由主义倾向的书籍报刊，在这里广泛流传。恩格斯实习的商行是父亲的一个教会朋友开办的，主要业务是贸易。商行将德意志北方的特产如粮食、麻布、酒类等运转到德国各地销售，再把其他地区的特产如咖啡豆、火腿、砂糖、雪茄烟等运进来销售。生意不仅限于国内，荷兰、古巴、东印度各岛屿也与这家商行有贸易往来。商行老板在业务上对恩格斯的要求十分严格，但在生活上却十分体贴，一方面，因为恩格斯是他的老朋友的儿子；另一方面，恩格斯聪明伶俐、办事干练，所以老板总是另眼相看。

商行实习生的工作十分枯燥。恩格斯每天例行的公事是抄写商务信函和票据，分送和支付账单，收发信件，捆扎包裹等等。实际上，他对经商毫无兴趣，有时抱怨工作太多、太烦。一旦商行里无事可做，他就摊开信纸，给妹妹和朋友写信，或者给在街上见到的各种人物画像，恩格斯这个时期的通信向我们提供了很多生活琐事的细节。可以看出，他常常想念故乡，想念故乡的亲人和学生时代的挚友。

然而，同巴门和爱北斐特比起来，不来梅的天地广阔多了。在这个国际性的港口城市里，恩格斯能够接触到各色各样的人物，大到政要、小到贫民，他基本熟悉了资本主义商业的详情细节，基本了解了商业运作的模式和规律，了解了资本家赚钱的方法，以及社会生活各方面的复杂情况。恩格斯十分用心地观察社会，从生动鲜活的现实生活中吸取丰富的思想营养。最使恩格斯欣喜异常的是，不莱梅随处都可找到来自英国、法国、荷兰、西班牙、意大利等国的报刊，读到各种文学的、哲学的、政治的书籍。他求知欲望非常旺盛，近乎贪婪地研读弄到手的一切著作，弥补未能完成学校教育的损失。

1841年3月底，恩格斯由不来梅返回巴门，恩格斯的父亲恰好外出办公务。于是，恩格斯利用新工作没有安排的时机去意大利、荷兰和英国作一次长途旅行。恩格斯的《风景》、《齐格弗里特的故乡》、《漫游伦巴第》等文章中记录了这次旅行的片断。1841年9月至1842年10月，恩格斯在柏林服兵役。1842年11月，恩格斯从巴门启程第二次到英国，不是旅行而是到父亲在曼彻斯特开办的工厂去工作。在去英国的途中，恩格斯取道科隆会见马克思，由于彼此不够了解，两人交谈不多。

恩格斯到曼彻斯特后，进入他父亲与人合股经营的"欧门—恩格斯棉纺厂"办事处工作。像在不来梅一样，他对经商毫无兴趣。唯一使他感兴趣的是"走进英国生活的深处"，了解这个资本主义典型国家的真情实况，认识现状，展望未来。曼彻斯特为恩格斯提供了仔细观察英国各阶层生活的有利条件。作为英国第二大工业城市，这里是英国工业及其所造成的严重恶果的典型，也是最坚强的工会的所在地，是宪章运动的中心，是社会主义者最多的地方。住在英国的 21 个月里，恩格斯除了例行公事地到办事处上班外，把自己的空闲时间几乎都用来和普通的工人交往。他走遍工人住宅区肮脏而弯曲的胡同和小巷，深入工人栖身的恶劣而潮湿的小屋，观察他们的日常生活，了解他们的痛苦和快乐，研究他们的要求和希望。恩格斯为《莱茵报》撰写的《英国对国内危机的看法》、《国内危机》、《各个政党的立场》、《英国工人阶级状况》和《谷物法》等文章反映了他考察英国社会状况后所取得的理论成果。资料显示，几乎恩格斯刚到曼彻斯特就着手调查和写作。

经过深入的调查，恩格斯获得了大量揭露资本主义工厂制度罪恶的实际材料。与伍珀河谷的工人相比，英国的工人状况更加糟糕，贫富差距十分明显，华丽舒适的花园别墅与肮脏潮湿的工人棚户就是最明显的证明。通过实际走访、调查，恩格斯了解到，有些工厂主强迫工人连续工作三四十个小时，这样的工作状况每周都有。夜以继日的工作使一些工人脊柱弯曲，双腿畸形。工人们穿的很差，衣服几乎不能按照季节更换，许多工人甚至连一件毛衣都没有。在饮食方面，恩格斯发现，工人吃不到新鲜的蔬菜、多数工人购买的是质量很差的土豆。还有许多被机器排挤而失业的人，靠拾马粪、用手推车运送货物、摆地摊或者打零工艰难度日。恩格斯在调查中发现，产业革命使英国整个经济生活和各种社会关系发生了根本性的变化。随着机器大工业迅速发展起来的生产力所创造的社会财富，本应属于所有人，特别是付出大量辛劳的工人。但由于私有制的原因，却为少数的资本家和工厂主独占，这些财富还进一步成为奴役工人的工具，导致贫富分化不断加剧。恩格斯发现，在这个物欲横流社会里，人与人的一切关系，都被归结为商品、交换和货币关系。恩格斯指出，资本主义工厂制度，是伪善的隐蔽的奴隶制，因而，斗争的矛头指向资本主义的生产方式。

那么，这些处于水深火热、饥寒交迫的工人，谁会管他们呢？恩格斯在调查中发现，政府对此没有任何作为，还利用各种罪名把他们抓进监狱，或者流放到外地。英国议会的下议院，与人民毫不相干，相反还随意践踏人民的意志。人民没有任何的政治权利和地位。

恩格斯在曼彻斯特生活期间，正值英国宪章运动高涨时期。1838年5月，伦敦工人协会公布争取普选权的六项要求，即凡年满21岁的成年男子都有普选权；议会每年改选一次；当选议员支给薪俸；实行秘密投票，平均分配选举区域和代表；废除议员候选人的财产资格限制。1840年成立宪章派全国协会。从1838—1842年，宪章运动达到顶点，几十万人参加宪章运动的集会。生活在宪章运动中心的恩格斯，积极参加宪章派的活动，与宪章派机关报《北极星报》建立联系，同宪章派领导人哈尼、李奇等人密切交往。他敏锐地认识到，宪章主义是工人反抗资产阶级的集中表现。恩格斯参加宪章派活动的同时，也十分重视英国的社会主义运动。他认为，欧洲三个文明大国——英国、法国、德国，都已得出这样的结论：在集体所有制基础上改变社会结构的革命已经急不可待，不可避免。各国社会主义者迫切需要互相了解，互相支持。为此，恩格斯同英国欧文派社会主义建立了联系，并且坚定地认为，改变英国现状的出路只有"革命"。

恩格斯认识到，一贫如洗的无产阶级将担负起革命的重任。由产业革命引起的生产发展和财富的增长，使上层阶级能够轻而易举地得到一切，过着养尊处优的生活。无论贵族还是资产者，整个英国上层阶级已萎靡不振。他们已经日暮途穷，没有希望。同上层阶级相反，英国的无产阶级有着远大前途。他们既是产业革命的产物，又是产业革命的受害者。工厂制度把他们集中起来，极端贫困引起他们对旧制度的强烈不满，反对资本家的共同要求使他们逐渐形成一股巨大的力量，而且革命的时代已经到来。

3. 政论经历

在目前所掌握的文献中，除了中学时期的几篇文学习作以外，恩格斯在不来梅时期的著述明确表明他信奉作为文学政治运动的"青年德意志"，这一运动的特点是反对文学界拘守古典主义和浪漫主义，并主张文学必须联系当代社会生活和政治问题。恩格斯在不来梅的业余时间都用来阅读文艺作品和政治著作，他一方面学习"青年德意志"的历史研究方法，并据此研究启蒙运动以来的进步思想；另一方面，恩格斯也和"青年德意志"一道同历史学派论战。当时的德国正处在资产阶级民主革命的前夜。许多进步的作家利用诗歌、小说等文学形式进行反对封建专制的斗争。卓越的民主派诗人海涅、白尔尼，在反封建斗争中发挥了重要的作用。恩格斯以文学形式来发表他对当时社会和政治问题的看法，如游记、小品、随笔和诗歌等。另外，恩格斯这一时期的所有文章都受到海涅和白尔尼的影响并具有民主主义的特点，即站在人民、穷人、被压迫者、工人、农民、小手工业者、徒工立场上。在最初写作的《海盗的故事》、《贝都因人》等诗篇中，恩格斯表达了对封建专制的不满和对自由的向往。从1839年春天开始，在《德意志电讯》、《德国科学和艺术年鉴》以及《雅典神殿》、《知识界晨报》、《知识界午夜报》等报刊上，登载了多篇署名弗里德里希·奥斯渥特（或弗·奥、弗里希·奥）的论文和诗歌。这个名不见经传的作者，针对当时社会政治生活中的重大问题，发表了很多深刻的见解，引起了德国思想界高度的重视。但却很少有人知道，奥斯渥特是恩格斯的笔名。

恩格斯第一篇政论文《伍珀河谷来信》于1839年3月刊载在青年德意志的机关报《德意志电讯》上。该文通过大量实际材料，揭露了资本主义制度的剥削罪恶和虔诚主义的伪善面目。恩格斯指出，宗教虔诚主义是资本主义剥削的辩护士。《圣经》宣扬，人们无法按照个人的意愿和期望来创造幸福，只能把所有的希望都寄托于上帝的恩赐。但是，能够得到上帝眷顾和青睐的人毕竟只是少数。因此，社会中只有少数人过幸福生活，更多的人永远受苦受难是天经地义的事，并没有什么可奇怪的。显然，以《圣经》的名义给出的这种说法，完全符合少数资本家和统治者的需要。恩格斯尖锐地指出，工厂主中对待工人最坏的就是"虔诚派教徒"，他们千方百计降低工人工资，还迷惑工人说这是为了工人的利益，使工人不致酗酒。在《伍珀河谷来信》中，恩格斯敏锐地将批判的矛头指向巴门的社会关系，他在这篇轰动巴门和爱北斐特的文章中写道，"下层等级，特别是伍珀河谷的工厂工人，普遍处于可怕的贫困境地"，究其原因，是工厂主"把工厂搞得这样乌七八糟"①。《伍珀河谷来信》在巴门和爱北斐特引起轰动，刊载这篇论文的《德意志电讯》很快被抢购一空。人们争相传阅，谁也没有猜到这篇如此激烈地鞭挞了资本主义和虔诚主义文章的作者，竟出身于巴门有名望的工厂主家庭。伍珀河谷的资产者竭力替自己辩解，指责这篇文章的作者歪曲事实。但这于事无补，恩格斯长期住在巴门和爱北斐特，具备十分有利的条件去仔细观察各阶层的生活。文中列举的事实数据翔实可靠，无法否认。

1839年4月，恩格斯了解了施特劳斯宗教批判的观点，因而从宗教的疑惑中醒觉，此后，他就把研究的重点放在对虔诚主义的评价和批判上，这一点明显地表现在恩格斯发表在《知识界晨报》上的一些文章中。1839年10月，恩格斯在给格雷培的信中说，"我正处于要成为黑格尔主义者的时刻。我能否成为黑格尔主义者，当然还不知道，但施特劳斯帮助我了解了黑格尔的思想"②，于是恩格斯逐渐接近了青年黑格尔派，他转而信奉无神论而且基本赞同他们的哲学和政治观点。《现代文学生活》这组文章能够证明，恩格斯在1840年春意识到"青年德意志"的局限性，并反思了自己与"青年德意志"的思想关系，同年底，恩格斯已经开始从革命民主主义的立场看待德国的前途和命运。在

---

① 《马克思恩格斯全集》第2卷，北京：人民出版社2005年版，第44页。
② 《马克思恩格斯全集》第47卷，北京：人民出版社2004年版，第224页。

《卡尔·倍克》、《普拉滕》、《伊默曼的〈回忆录〉》等文学评论文章中，恩格斯大胆地评论了作家及其作品的政治倾向，为争取自由、反对专制制度而斗争。在《恩斯特·莫里茨·阿伦特》中，恩格斯对国家四分五裂的现状很不满，他针对封建君主滥施暴政明确指出，只有通过法律的形式，才能限制君主的权力，因此必须首先废除一切等级，这也是当时革命民主主义者的共同心声，是德国民主改革的纲领。恩格斯以白尔尼为榜样，用笔杆作武器，向封建专制制度发起了攻击。

谢林正是为专制辩护的先锋，他在柏林大学讲授《启示哲学》后不到一个月，恩格斯就在《每日电讯》上发表了第一篇批判文章《谢林论黑格尔》；1842年春天，他又分别在莱比锡和柏林出版两本专著：《谢林和启示——批判反动派扼杀自由哲学的最新企图》、《谢林——基督哲学家，或世俗智慧变为上帝智慧》。实际上，批判谢林，反击谢林对黑格尔污蔑，就是间接地反对封建专制制度，反对普鲁士王朝。谢林的"启示哲学"背弃理性和科学原则，调和信仰和知识，这种哲学只能是普鲁士政府的御用哲学。恩格斯坚决维护黑格尔哲学，特别是辩证法思想，但是恩格斯也发现，黑格尔的辩证法与其落后、保守的政治观是矛盾的，他说，黑格尔"的政治观点、他的以英国为背景阐述的国家学说，明显地带有复辟王朝时期的烙印，他同样也无法理解七月革命的世界历史必然性。可见，黑格尔本人也要遵从他自己的下述名言：任何哲学都只不过是它所处的时代的思想内容"[①]。

恩格斯批判谢林的论著立即在社会上引起很大的轰动。卢格在《德意志年鉴》上发表评论，认为《谢林和启示》是了不起的作品；极端保守的柏林《福音派教会报》，也不得不承认这些论著击中了正统派的要害。由于第一篇文章是用弗·奥斯渥特的笔名发表的，后两部著作出版时又没有署名，人们纷纷猜测作者是谁。有的人说是《每日电讯》的主编谷兹科夫，有人以为是著名政论家卢格，没有人想到，把谢林驳得体无完肤、威信扫地的论著，竟然出自一个年仅21岁的青年人之手。

---

① 《马克思恩格斯全集》第2卷，北京：人民出版社2005年版，第338页。

卢格以为作者必然是一位"名家"或"博士",并在《德意志年鉴》上发表赞扬《谢林和启示》的书评,并写信询问恩格斯为什么不把这本小册子寄给《德意志年鉴》发表。恩格斯在回信中说:

> "您的信经过多次转递之后我才收到。为什么我不把《谢林和启示》寄给《年鉴》呢?(1)因为我原打算写成一本五六印张的书,经过同出版商谈判,才不得不把篇幅限制到三个半印张;(2)因为《年鉴》直到现在对谢林还总是有些保留;(3)因为这里有人劝我不要再在杂志上抨击谢林,而最好是立即写本小册子来反驳他。《谢林——基督哲学家》也是我写的。
>
> 顺便提一下,我不是博士,而且永远也不可能成为博士;我只是一个商人和普鲁士王国的一个炮兵;因此敬请您不要对我用这样的头衔。"①

虽然恩格斯的论著获得很大成功,在社会上有着很大影响,但他清醒地认识到,自己的知识还很有限,需要学习和掌握的东西还很多。因此决定在一段时间里完全放弃写作活动,以便集中精力进行学习。恩格斯批判谢林时,是以黑格尔哲学信徒的身份出现的。研究黑格尔哲学,参加青年黑格尔派博士俱乐部的活动,同青年黑格尔派的成员共同进行反对宗教和专制的斗争,是恩格斯革命历程的重要阶段,他同青年黑格尔派建立了密切联系,经常参加"自由人"小组的活动。从 1842 年春天起,恩格斯积极参与反对德国制度的政治斗争,他同"青年德意志"彻底决裂,脱离了"自由人"组织,开始为《莱茵报》撰稿,并通过一些报刊和著作密切注视欧洲各国社会主义和共产主义思想的发展。1842 年 10 月,恩格斯在科隆拜访了赫斯,给赫斯留下了"勤奋的共产主义者"② 的印象。

作为一个坚定的革命民主主义者,恩格斯与青年黑格尔派的分歧也越来越明显。1842 年 10 月,恩格斯写下《普鲁士国王弗里德里希-威廉四世》

---

① 《马克思恩格斯全集》第 47 卷,北京:人民出版社 2004 年版,第 298—299 页。
② 转引自〔苏〕列·伊利切夫等:《弗里德里希·恩格斯》,北京:人民出版社 1984 年版,第 30 页。

一文,他在文中指出,普鲁士的官僚国家、监督制度和国家机器,看起来很强大,其实都没有根基,更不稳固,普鲁士人民反对贵族特权,但贵族特权却得到国王的保护;人民痛恨教会,要求政教分离,但国王却顽强地力图按照《圣经》的道德戒条制定国家法律;人民要求出版自由和代议制,国王却是长期压制。毫无疑问,革命的风暴将推倒封建王朝。在此,恩格斯明确地揭示了反对封建专制制度的必然性。这篇文章刚劲有力且击中要害,已经胜过青年黑格尔派的那些空洞议论。

从不来梅到柏林,从文学到哲学再到现实政治,恩格斯始终关注工人阶级的生活境况。1842年11月以后的两年里,恩格斯居住在英国,这段时间对于恩格斯后来社会、政治和哲学观点的形成,特别是转向唯物主义和共产主义立场意义极其重大。实际上,恩格斯在迁居英国的曼彻斯特以前就开始从事研究工作,即熟悉英国状况,这一点在恩格斯给卢格的信中以及恩格斯自己的文章中都看得出来①,恩格斯在《〈刑法报〉的停刊》一文中首次分析英国的情况。但是,恩格斯"对英国的情况潜心研究一段时间"依据的是哪些资料目前还不能精确的确定。《伦敦来信》证明,恩格斯维护工人阶级利益,拥护实现这种利益的政治活动。恩格斯反复思考的是:"在英国发生革命是可能的?或者说,简直很有可能?这是一个决定英国未来命运的问题。"② 由于恩格斯处于"反谷物法"运动的中心,他很快就会发现并理解,现实社会中阶级冲突的基础不是思辨的精神原则,而是物质的和经济的根源。于是,恩格斯在1842年12月为《莱茵报》写的文章就已经开始阐述英国社会各阶级的物质利益和物质冲突。这已经同他从前所持的见解大不相同了。恩格斯也不像《伍珀河谷来信》中那样,把无产阶级的贫困状况看成是资本家管理工厂的"不合理方式"造成的,而是已经认识到资本主义生产关系的重要性。恩格斯指出,"革命将不是政治革命,而是社会革命"③。为了让英国社会主义者了解大陆社会主

---

① 参见《马克思恩格斯全集》第3卷,北京:人民出版社2002年版,第301—302页。
② 同上书,第407页。
③ 同上书,第412页。

义学说和运动的情况,他特意为欧文派机关报《新道德世界》撰写了《大陆上社会改革运动的进展》一文,详尽地介绍法国的圣西门主义、傅立叶主义、巴贝夫共产主义、卡贝的伊加利亚共产主义,勒鲁、乔治·桑、拉梅耐、蒲鲁东等人的学说,德国和瑞士流行的魏特林共产主义等,对各种空想理论的成就和缺陷,作了中肯的评论。值得注意的是,在这篇文章中,恩格斯第一次提到马克思等人从1842年秋天开始,已经认识到只实行政治变革是不够的,必须实行以废除私有制,建立集体所有制为基础的社会革命,开始从革命民主主义转向共产主义。

另外,恩格斯在1843年初与宪章派和英国空想社会主义者取得了私人联系,恩格斯与"正义者同盟"的领导人卡尔·沙佩尔、亨利希·鲍威尔、约瑟夫·莫尔等也有许多亲密接触,恩格斯回忆说,"1843年我在伦敦认识了他们三人,这是我遇到的第一批革命无产者",我"永远也不会忘记这三个真正的男子汉在我自己还刚刚想要成为一个男子汉的时候所留给我的令人敬佩的印象"。① 恩格斯认为,号称"第一个德国共产主义理论家和鼓动家"的魏特林把共产主义归结为基督教学说是不科学的,因而也是不可取的。

在英国的生活和思考,恩格斯逐渐将研究的焦点放在私有制上,写作《伦敦来信》时,私有制并未成为恩格斯独立研究的课题,1843年秋,恩格斯开始正面遭遇私有制,他了解了空想社会主义者欧文的主张,即私有制是社会灾难的主要原因。恩格斯在深入工人生活期间发现,曼彻斯特的许多工人在私有制问题上会同意社会主义者的看法。可见,此时的恩格斯必然要试图从理论上清理私有制,而对私有制的研究必须通过英国的国民经济学来把握,这个研究过程就是恩格斯独立逼近共产主义和历史唯物主义的过程。

恩格斯给《德法年鉴》共写作了四篇文章,《国民经济学批判大纲》和《英国状况。评托马斯·卡莱尔〈过去与现在〉1843年伦敦

---

① 《马克思恩格斯文集》第4卷,北京:人民出版社2009年版,第228页。

版》发表在第 1、2 合刊号上,另外两篇文章,即《英国状况。十八世纪》和《英国状况。英国宪法》由于《德法年鉴》的停刊,转而发表在 1844 年 8 月至 10 月的《前进报》上。本书不能完整介绍青年恩格斯的政论活动,特将其政论文章列举如下,供研究者参考。

恩格斯早期主要政论文章一览

发表刊物	文章标题
德意志电讯	伍珀河谷来信
	寄自埃尔伯费尔德
	德国民间故事书
	卡尔·倍克
	普拉滕
	时代倒退的征兆
	约埃尔·雅科比
	为德国《贵族报》做的追思弥撒
	风景
	齐格弗里特的故乡
	恩斯特·莫里茨·阿伦特
	伊默曼的《回忆录》
	谢林论黑格尔
莱茵报	北德意志自由主义和南德意志自由主义
	一个旁听生的日记(一、二)
	时文评注
	莱茵省的节日
	同莱奥论战
	普鲁士新闻出版法批判
	《斯彭讷报》的自由思想
	《刑法报》停刊

(续表)

发表刊物	文章标题
新道德世界	大路上社会改革运动的进展（一 法国、二 德国和瑞士）
	《泰晤士报》论德国共产主义（致《新道德世界》编辑）
	法国共产主义（致《新道德世界》编辑）
	大陆上的运动
埃尔伯费尔德日报	致埃尔伯费尔德的伦克尔博士先生
知识界午夜报	现代文学生活（一 剧作家卡尔·谷兹科、二 现代的论战）
知识界晨报	不来梅通讯（剧院。出版节、刊物）
	不来梅通讯（不来梅港纪行）
	不来梅通讯（理性主义和虔诚主义、航运规划。剧院。军事演习）
	不来梅通讯（教会论争。和文学的关系。音乐。低地德语）
总汇报	不来梅通讯（与关税同盟签订的通商条约。不来梅在同盟军队中的兵额）
	螺旋桨轮船及其在德国和美国之间的航运中的应用
	不来梅通讯（为法国军队运送马匹。手工业者联合会）
	不来梅通讯（不来梅港同纽约的轮船航运）
	不来梅通讯（威悉河泛滥）
雅典娜神殿	漫游伦巴第（一 翻越阿尔卑斯山）
莱比锡版	谢林和启示（单行本）
柏林版	谢林——基督哲学家，或世俗智慧变为上帝智慧（单行本）
德国科学和艺术年鉴	评亚历山大·荣克的《德国现代文学讲义》
来自瑞士的二十一印张	普鲁士国王弗里德里希-威廉四世
莱茵政治、商业和工业日报	英国对国内危机的看法
	国内危机
	各个政党的立场
	英国工人阶级状况
	谷物法

(续表)

发表刊物	文章标题
瑞士共和主义者	伦敦来信（一、二、三、四）
前进报	英国状况（十八世纪）
	英国状况（英国宪法）
北极星报	致《北极星报》编辑
	普鲁士局势
	德国消息
	一个叛徒的命运
	啤酒骚乱
	普鲁士的牧师专制
	圣彼得堡消息
	法国消息
	瓦莱内战
	普鲁士消息。离婚法和西里西亚骚乱
	西里西亚骚乱的详情
德法年鉴	国民经济学批判大纲
	英国状况（评托马斯·卡莱尔的《过去与现在》1843年伦敦版）

总之，恩格斯的求学、经商和政论经历使他有条件将当时无产阶级的现实状况与国民经济学、社会主义思想，尤其是青年黑格尔派的哲学整合起来，从而开启全新的学术探索。《国民经济学批判大纲》就是卓越的理论成果。恩格斯在1885年回忆说，"我在曼彻斯特时异常清晰地观察到，迄今为止在历史著作中根本不起作用或者只起极小作用的经济事实，至少在现代世界中是一个决定性的历史力量；这些经济事实形成了产生现代阶级对立的基础；这些阶级对立，在它们因大工业而得到充分发展的国家里，因而特别是在英国，又是政党形成的基础，党派斗争的基础，因而也是全部政治史的基础。马克思不仅得出同样的看法，并

且在《德法年鉴》(1844年)里已经把这些看法概括成如下的意思：决不是国家制约和决定市民社会，而是市民社会制约和决定国家，因而应该从经济关系及其发展中来解释政治及其历史，而不是相反。当我1844年夏天在巴黎拜访马克思时，我们在一切理论领域中都显出意见完全一致，从此就开始了我们共同的工作。1845年春天当我们在布鲁塞尔再次会见时，马克思已经从上述基本原理出发大致完成了阐发他的唯物主义历史理论的工作，于是我们就着手在各个极为不同的方面详细制定这种新形成的世界观了。"①

---

① 《马克思恩格斯文集》第4卷，北京：人民出版社2009年版，第232页。

第二章 传播考证

一 《国民经济学批判大纲》在国外的传播

1844年2月,《德法年鉴》第1、2合刊号印刷了1000册,几乎在巴黎的德国人人手一册,莱比锡、柏林、维也纳都有大批的进步人士要求订阅,反响非常好。

1844年《德法年鉴》目录

《德法年鉴》刚刚印刷完，普鲁士公使就向柏林当局汇报，并说该杂志"极端危险"，而且已经开始从巴黎蔓延。随后，1844年3月23日，柏林的枢密顾问官就《德法年鉴》起草了一份详细的备忘录。备忘录中说，《德法年鉴》的作者们的批判矛头主要是针对普鲁士政府，国王陛下因此遭到的侮辱是前所未有的，因此德国似乎面临着一场规模与英国革命相似，强度与法国革命相似的革命。以备忘录为主要依据，普鲁士内政大臣于1844年4月16日发布命令，如果"马克思、海涅和卢格以及《德法年鉴》的其他撰稿人"，包括恩格斯、赫斯、海尔维格等人，一旦踏上普鲁士领土，立即予以"逮捕"。① 普鲁士政府如临大敌，严密封锁边境，果然，当局在莱茵河畔入境船只中没收了100本杂志，在法国和其他各地没收了大约200本。马克思手里还有作为稿酬的杂志，要自己负责销售。马克思委托格奥尔格·荣克在莱茵省销售，但是刚过边境就被没收了。即便如此，《德法年鉴》的刊行仍然是巨大的胜利，1844年10月初，恩格斯给马克思写信说，"《年鉴》至今仍然很畅销。我的评卡莱尔的文章，在'群众'中获得了极好的声誉——真是可笑——，而关于经济学的文章，却只有很少一些人读过。这是很自然的。"② 《国民经济学批判大纲》发表后不久，即1844年7月9日，《哈茨山及其周围地区》杂志第28号转载了恩格斯这篇文章中有关"竞争"的段落。

《人民国家报》是德国社会民主党爱森纳赫派的机关报，在19世纪70年代，它是发表马克思和恩格斯著作的主要阵地。该报于1869年至1876年在莱比锡出版，由威廉·李卜克内西主编。该报还附设有出版社，负责出版一些革命书籍或小册子。马克思和恩格斯的著作占其中很大一部分，这些著作绝大多数是从《人民国家报》转载过来的。《人民国家报》附属出版社首次在德国实现了由党的机构大规模的出版马克思和恩格斯著作的计划。在此之前，马克思和恩格斯的著作在德国是由

---

① 曼弗雷德·克利姆：《马克思文献传记》，郑州：河南人民出版社1992年版，第124页。
② 《马克思恩格斯文集》第10卷，北京：人民出版社2009年版，第18—19页。

资产阶级的出版商出版的,而且只是出版《书报检查条例》允许出版的著作。在《人民国家报》上共刊载了马克思和恩格斯 20 多部的著作,其中有通信和给编辑部的信。在这里发表文章的主要是恩格斯的论著,因为马克思此时正全力从事《资本论》第 2 卷和第 3 卷的写作,几乎停止了全部政治性的写作活动。1871 年,李卜克内西打算重新出版《国民经济学批判大纲》,4 月 13 日,他收到马克思和恩格斯各自的来信,恩格斯写道:"现在把《德法年鉴》上我的那篇旧文章重新刊载在《人民国家报》上是无论如何不行的。这篇文章已经完全过时,而且有许多不确切的地方,只会给读者造成混乱。加之它还完全是以黑格尔的风格写的,这种风格现在也根本不适用。这篇文章仅仅具有历史文件的意义。"① 马克思也说:"恩格斯要我转告你,他在《德法年鉴》上的文章现在只具有历史价值,因而已经不适用于实际宣传。相反,你应从《资本论》中选登较长的片断,例如关于《原始积累》一章的片断等等。"② 1884 年,叶甫盖尼娅·埃·帕普利茨建议把《国民经济学批判大纲》译成俄文出版时,恩格斯再次拒绝了。他回信说:"您认为把我那本《大纲》翻译过去是有益的,这使我感到非常荣幸。虽然我至今对自己的这第一本社会科学方面的著作还有点自豪,但是我清楚地知道,它现在已经完全陈旧了,不仅缺点很多,而且错误也很多。我担心,它引起的误解会比带来的好处多。"③ 这样,恩格斯的《国民经济学批判大纲》未能在《人民国家报》的出版社刊印,但这里仍出版了恩格斯其他著作的单行本,如《论住宅问题》(1872—1873)、《行动中的巴枯宁主义》(1873)、长篇连载的《流亡者文献》(1874—1875),等等。

《新时代》杂志是德国社会民主党的理论性月刊,1883 年 1 月由社会民主主义著作的出版商约·亨·狄茨在斯图加特开始出版,这里是恩格斯晚年发表自己著作的主要刊物之一。主编卡·考茨基在 1882 年底

---

① 《马克思恩格斯全集》第 33 卷,北京:人民出版社 1973 年版,第 209 页。
② 同上书,第 208 页。
③ 《马克思恩格斯全集》第 36 卷,北京:人民出版社 1975 年版,第 172 页。

曾写信给马克思和恩格斯,邀请他们为杂志撰稿。但是由于马克思在写《资本论》,恩格斯在写《自然辩证法》,都忙于自己的著作,所以拒绝了考茨基的热情约稿。拒绝的原因或许如恩格斯所说:"越来越清楚,在德国党内绝大多数写文章的人都是一些机会主义分子和鬼鬼祟祟的人,在实行反社会党人法期间,尽管这个法令会使他们在收入方面颇不痛快,可是在写作方面却十分惬意;他们可以随意发表议论,我们却不能痛斥他们。"① 恩格斯的顾虑被证实了,即在《新时代》上除了马克思主义的著作外还刊出了许多非马克思主义,甚至反马克思主义的著作。直到 1885 年恩格斯才同意在这个杂志上发表文章。恩格斯生前在《新时代》上发表了约 20 篇马克思和他本人的著作,其中还有许多重要的著作,在《新时代》上还发表了恩格斯为马克思和自己的再版著作写的"序言"和"导言"。这些著作包括《路德维希·费尔巴哈和德国古典哲学的终结》(1886)、《德国的社会主义》(1891)、《法德农民问题》(1894)等,其中就有恩格斯的这本《国民经济学批判大纲》。1890 年,为了庆祝恩格斯 70 寿辰,在征得恩格斯的同意后,《新时代》杂志于 11 月 28 日重新刊登了恩格斯的《国民经济学批判大纲》,这是第二个版本。伊利切夫在《弗里德里希·恩格斯》一书中提到,这篇文章"后来由恩格斯亲自作了订正"②,但笔者并未查阅到恩格斯对该文作了何种修订。

1902 年,梅林编辑的《马克思恩格斯遗著》在德国的斯图加特出版,这一版的编辑计划是恩格斯在世时制定的,得到了恩格斯的许多指导和建议。该版收录了马克思和恩格斯在 1841 年至 1850 年的著作,因为对于 20 世纪初期的读者而言,这些半个世纪以前的著作几乎已经成为珍本。比如,梅林根据耶拿大学档案馆中保存的副本,第一次出版了马克思的博士论文,翻印了 1845 年以来从未再版过的《神圣家族》等。梅林编辑的《马克思恩格斯译著》分为 3 卷,第一卷收录 1841 至 1844

---

① 《马克思恩格斯全集》第 36 卷,北京:人民出版社 1975 年版,第 177—178 页。
② 列·伊利切夫等:《弗里德里希·恩格斯》,北京:人民出版社 1984 年版,第 46 页。

年的著作；第二卷收录1844至1847年的著作；第三卷收录1848至1850年的著作。恩格斯发表在《德法年鉴》上的《国民经济学批判大纲》被收录在第一卷中。梅林的版本是苏联时代以前，篇幅最大的马克思和恩格斯的文集，对于传播马克思主义起了十分积极的作用，是列宁学习和研究马克思主义的主要版本，列宁也在其著作中屡次引用这个版本。这一版本分别于1913年、1920年、1923年再版。

1905年以后，世界上第一个马克思主义团体，即"劳动解放社"，在俄国的统治下开启了马克思和恩格斯著作出版史的新篇章。当时的行政和司法机构开始大量取缔在革命年代中出版的马克思主义著作，没收出版的书籍，而且根据法庭的判决加以销毁。在革命年代出版的马克思恩格斯著作的将近160个版本中，根据司法机关的决定而被销毁的有27个版本。附有作者和译者的导言和序言的版本首先被取缔。那些"劳动解放社"翻印的国外出版物的版本也被销毁了。恩格斯的一些革命著作的个别版本被取缔了，包括《路德维希·费尔巴哈与德国古典哲学的终结》、《论俄国的社会问题》等，其中就有《国民经济学批判大纲》。

1930年，在梁赞诺夫的主持下，MEGA[1]第一部分第2卷发表了恩格斯的《国民经济学批判大纲》，由于这是恩格斯生前发表过而且再版过的著作，因而在"历史考证"方面几乎没有问题。1931年，童格编辑的德文版《恩格斯经济学小论文集》由国际工人出版社刊行，其中收录了《国民经济学批判大纲》。在该版中，为了帮助读者理解恩格斯写作的背景，编者加了一些注释，特别是英国古典经济学家的简介和一些基本经济学术语。此后，各种文字的《马克思恩格斯全集》都收录恩格斯的《国民经济学批判大纲》，如《马克思恩格斯全集》的德文第1卷，俄文第一版第2卷和第二版第1卷，日文版第1卷，英文版第3卷等均收录了恩格斯的这篇文章。

1985年，MEGA[2]第1部分第3卷出版了恩格斯《国民经济学批判大纲》，这是至今最权威的版本。该版编者在前言中详尽介绍了恩格斯这篇文章的主要观点和论证逻辑，尤其是与青年恩格斯其他著述之间的内在关联。编者还细致考证了恩格斯阅读文献的范围，根据恩格斯本人的藏

 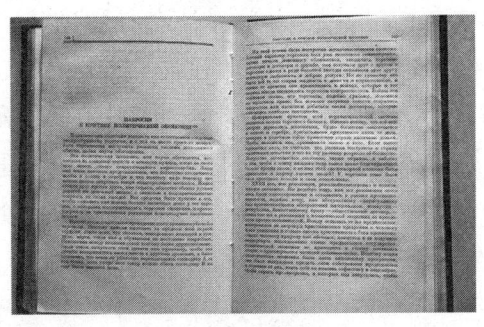

俄文第二版《马克思恩格斯全集》第 1 卷收录的《国民经济学批判大纲》

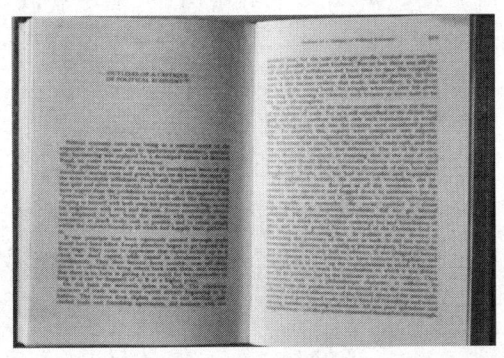

英文版《马克思恩格斯全集》第 3 卷收录的《国民经济学批判大纲》

书确定了 1843 年恩格斯写作时参照的原本。对于恩格斯这篇文章的理论定位,编者认为,《国民经济学批判大纲》"在工人阶级科学世界观的形成中具有重要意义。这篇文章标志着马克思主义政治经济学的真正开始"①。在这一卷的"附属材料"卷中,编者还特意做了"版本说明",考证出当年的印刷所没有"哥特体"活字,该版已经按照现在通行的印刷方式订正为"ä"和"ö"等,需要进一步研究的读者可自行参阅。

二 《国民经济学批判大纲》在国内的传播

《国民经济学批判大纲》的第一个中译本是何思敬翻译的。1931 年

---

① 中共中央编译局:《马克思恩格斯研究》1995 年第 21 期,第 7 页。

3至4月,广州中山大学《社会科学论丛》第3卷(第107—117页)和第4卷(第63—73页)刊载了部分译文,篇名为《国民经济学批判大纲》。近20年后的1950年,何思敬偶然翻阅起当年的译文,发现存在诸多疏漏之处,"看了很惭愧,于是决心重新翻译"①。

1951年3月,人民出版社以《国民经济学批判大纲》为题出版了单行本,竖排平装本32开,共58页,全书28000字。这一版包括恩格斯的《国民经济学批判大纲》和马克思的《弗里德里希·恩格斯〈国民经济学批判大纲〉一文摘要》,当时译作"马克思关于恩格斯著的《国民经济学批判大纲》做的一个分析表"。何思敬翻译的底本是童格编辑的《恩格斯经济学小论文集》,是国际工人出版社于1931年出版的德文版本。原德文版中添加的"附注",何思敬照样译出。何思敬还撰写了"译后记",并高度评价了恩格斯的这篇文章,称其为战斗的、

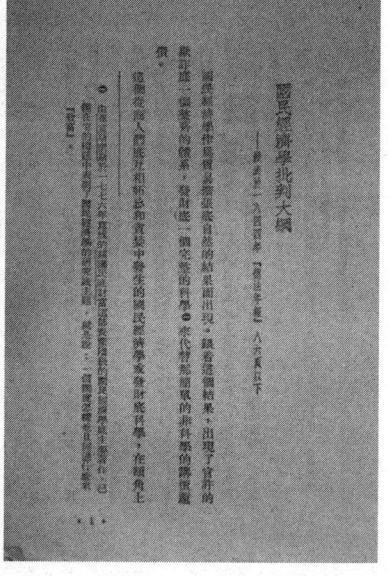

1951年版《国民经济学批判大纲》

---

① 恩格斯:《国民经济学批判大纲》,何思敬译,北京:人民出版社1951年版,第58页。

勇敢的、科学的、内容丰富的论文。他利用郭大力版《资本论》的译文，列举了马克思在《资本论》第一卷中四次引用《国民经济学批判大纲》的文本，并得出结论说，"马克思底一再引用恩格斯底这篇论文就可以令人设想它的价值"①。这一版于1953年9月第二次印刷，印数达20000册。除更换封面之外，其余均未变化。

1956年12月出版的中文第一版《马克思恩格斯全集》第1卷中收录的是第二个中文版本，当时将篇名译为"政治经济学批判大纲"。这一版参照的底本是《马克思恩格斯全集》俄文第2版，译文更加通顺、准确。在这一版的注释中，编者提到，"这一著作证明恩格斯已彻底从唯心主义转向唯物主义，从革命民主主义转向共产主义，但是它还没有完全摆脱伦理的'哲学的'共产主义的影响。很多地方恩格斯还是根据一般人类的道德和人道的抽象原则来批判资产阶级社会的"②，这样的理论评述在以后的中文版本中均被删除了。1972年和1995年出版的《马克思恩格斯选集》均未收录恩格斯的《国民经济学批判大纲》。2002年出版的中文第二版《马克思恩格斯全集》第3卷中也收录了恩格斯的这篇文章，篇名改回《国民经济学批判大纲》，这一版参照1985年出版的MEGA² 第1部分第3卷翻译的。中文版编者撰写了长篇"注释"，包括恩格斯写作的简要背景、理论准备的情况，写作时间，包括马克思在内的同时代学者的评价，该文出版的简要情况等等。在文中的"脚注"里，编者将恩格斯当时引用斯密、李嘉图、马尔萨斯、李斯特、傅立叶、布雷、费尔巴哈等人著作的原始版本和页码作了详细说明，充分体现了历史考证的性质。2009年版《马克思恩格斯文集》第一卷中收录了恩格斯的这篇文章，与2002年版相似，只是精简了该文的"注释"，增加了对何思敬版出版情况的简要说明。目前的中文版本与MEGA² 展现的内容基本相同，是研究者可信赖的版本。

---

① 恩格斯：《国民经济学批判大纲》，何思敬译，北京：人民出版社1951年版，第57页。
② 《马克思恩格斯全集》第1卷，北京：人民出版社1956年版，第733页。

第二部分　研究状况

第三章 国外研究状况

国外关于恩格斯的传记和思想研究,以及马克思和恩格斯思想的比较研究中无一例外地会谈到恩格斯的《国民经济学批判大纲》,主要涉及这篇文章的理论定位、学术贡献、对马克思的影响以及缺陷和不足等方面,却鲜有针对这篇文章的专门著作。或许是恩格斯的这篇文章的篇幅不足以支撑一个研究专著,或许是恩格斯这个时期的思想与马克思的《资本论》存在紧张关系,特别是对于"价值"概念的理解。因此,国外学界并未形成有逻辑的理论谱系,几乎全部的研究都是将恩格斯的《国民经济学批判大纲》作为马克思主义发展史的一个环节加以研究和探讨。

早期的马克思主义者梅林、考茨基、普列汉诺夫等人都曾专门讨论过恩格斯的《国民经济学批判大纲》。梅林在《德国社会民主党史》第一卷中"中规中矩"地解读了恩格斯的这篇文章,完全围绕恩格斯的论述,几乎没有什么发挥,甚至未做出任何的评价。考茨基则大胆地评价道,恩格斯的这篇文章"非常重要",因为恩格斯在这里"第一次尝试着为社会主义理论建立起政治经济学的基础。只是当时这种尝试还不够深入(恩格斯当时所了解的李嘉图的理论,仅仅是李嘉图的庸俗化者麦克库洛赫的一些东西)。因此,和马克思一起作为科学社会主义创始人的恩格斯,在这篇文章里尽管萌发了一些科学社会主义的思想,但仍然是表现出一些缺点来。只是由于恩格斯对他在英国认识的那种社会主义尚取赞成态度,才掩盖了自己的这些缺点"[①]。他们均是按照恩格斯生

[①] 〔德〕考茨基:《弗里德里希·恩格斯——生平、工作、著作》,载《恩格斯生平及他的理论贡献》,中央党校科研办公室内部资料1986年版,第7页。

前"谦虚"的说法来解读这篇文章。普列汉诺夫在《马克思主义基本问题》一文中则断言，马克思和恩格斯在《德法年鉴》的文章中坚持的是费尔巴哈的人道主义观点，也就是抽象博爱的观点①。随着后来的学者不断深入研究，这些结论也变成争论的要点。例如，马雷什明确表示，反对普列汉诺夫对《德法年鉴》的评价和定位，因为马克思和恩格斯已经明确地表示了无产阶级革命立场和唯物主义思想，特别是恩格斯，已经用内容十分丰富的经济分析来论证这一观点，所以，"马克思和恩格斯确实比费尔巴哈高出了一头"②。科尔纽却认为，恩格斯在批判资本主义制度时，"不是直接地站在纯道德的观点上，而是站在历史的观点上，力图指出共产主义如何必然从这一制度的辩证的对立中产生出来"③。纵观国外学者对恩格斯这篇文章的解读结论，我们可以简要概括为以下方面：

首先，关于恩格斯批判资本主义制度和国民经济学的立场与方法。斯捷潘诺娃在1936年出版的《恩格斯传》中谈到，恩格斯的《国民经济学批判大纲》"还不是成熟的马克思主义著作，它毕竟包含着天才思想的萌芽"④。她按照唯物史观的成熟表述形式看待恩格斯的这篇文章，并发现，恩格斯证明了人类所支配的生产力是无穷无尽的，必须有意识地利用这种生产力为人类自身服务，而这只有在消灭私有制的社会里才是可能的。因而，恩格斯的理论立场通过物质生产力的观点实现了从唯心向唯物的转变，并已经十分接近唯物史观。著名的恩格斯传记作家列·伊利切夫认为，恩格斯在英国居留期间，形成了关于"物质生产和经济关系是社会生活的基础"的思想，推动他本人去批判国民经济学，而《国民经济学批判大纲》就是最初的，也是最重大

---

① 《普列汉诺夫哲学著作选集》第3卷，北京：生活·读书·新知三联书店1962年版，第137页。
② 〔苏〕阿·伊·马雷什：《马克思主义政治经济学的形成》，成都：四川人民出版社1983年版，第56页。
③ 〔法〕奥古斯特·科尔纽：《马克思恩格斯传》，北京：生活·读书·新知三联书店1963年版，第609—610页。
④ 〔苏〕叶·斯捷潘诺娃：《恩格斯传》，北京：人民出版社1962年版，第25页。

的理论成果。他还认为,恩格斯是"第一个而且巧妙地应用辩证方法来剖析资产阶级社会的经济关系"①。"恩格斯通过对经济规律的唯物主义阐释和对经济规律的历史性质的着重说明,发现了一条摆脱资本主义矛盾'迷魂阵'的唯一可行的现实出路。这是一个重大的科学发现"②。在马雷什看来,恩格斯的《国民经济学批判大纲》的特点鲜明,与斯密、李嘉图为代表的国民经济学理论相比具有突出的优点。第一,恩格斯把批判私有制,尤其是资本主义的私有制形式,作为自己"批判资产阶级政治经济学的出发点",致力于揭示私有制造成的、不可避免的消极后果,而斯密和李嘉图的理论则缺乏历史性的视野,陷入次要的和派生的问题。第二,恩格斯是"一个自觉的辩证法家"③,他将黑格尔哲学中的合理成分创造性地加以运用,体现了优越的方法论,对立面之间统一和斗争的发展贯穿了全文。第三,恩格斯在《国民经济学批判大纲》中"明确地、毫不含糊地强调指出这种制度的不合理性和反人道主义的性质",例如将商业看做是一切社会邪恶的中心,道德衰败的根源。图赫舍雷尔认为,恩格斯所持的这种批判的出发点是他与当时的一些空想社会主义者和小资产阶级社会主义者所共有的,其中包括蒲鲁东,其著作《什么是财产?》首先不仅对恩格斯,而且对马克思都产生过深刻的影响,这一点也可以从恩格斯当时就推荐把蒲鲁东的著作译成英文这一事实中得到说明。尽管如此,恩格斯的批判从根本上来说还是同蒲鲁东的批判有区别的。蒲鲁东论证所有权是资本主义所有权,就是盗窃,而且在历史上、逻辑上、道德上及经济上是"绝对不可能存在的",由此他以唯心主义的方式认为,这种所有权已经被消灭了。蒲鲁东明确地反对那些从自己的批判中所得出的、实际的、政治的结论。与此相反,恩格斯已经认识到,"现代形态的私有制通过它的运动本身,

---

① 〔苏〕列·伊利切夫等:《弗里德里希·恩格斯》,北京:人民出版社1984年版,第42页。

② 同上书,第44页。

③ 〔苏〕阿·伊·马雷什:《马克思主义政治经济学的形成》,成都:四川人民出版社1983年版,第51页。

必然使现存的经济矛盾和社会矛盾尖锐化，从而导致社会革命，把私有制消灭"①。

其次，关于国民经济学诸范畴的解读。奥伊泽尔曼在《马克思主义哲学的形成》一书中也论述到恩格斯的《国民经济学批判大纲》，他明确表示，"价值问题是恩格斯研究的中心问题"②，恩格斯已经抛弃了斯密和李嘉图对价值范畴所下的定义，并得出他们抽象谈论价值的结论。恩格斯的《国民经济学批判大纲》一文的重大意义在于，他从无产阶级的立场出发批判了资产阶级的经济学，而且指出了建立真正的、科学的经济理论的必要性和可能性。马雷什则认为，从内容上看，恩格斯对于"竞争"的分析极具理论价值，是"恩格斯著作中最为成熟的部分之一"③，由竞争引申出的经济规律还为成熟时期的马克思所赞同。实际上，对国民经济学诸范畴的解读非常丰富，研究者的论证不可能离开恩格斯文章的主体部分，本书附录中已经摘选了部分经典的解读文章，可供研究者进一步研究时参阅，限于篇幅，这里不再赘述。

再次，关于《国民经济学批判大纲》的不足。这也是就恩格斯的这篇文章谈论热烈的问题。很多学者都谈到，恩格斯的这一著作证明，他已彻底从唯心主义转向唯物主义，从革命民主主义转向共产主义，但是《国民经济学批判大纲》还没有完全摆脱伦理的"哲学的"共产主义的影响。很多地方恩格斯还是根据一般人类的道德和人道的抽象原则来批判资产阶级社会的。奥伊泽尔曼指出，恩格斯的第一部经济学著作里，"无疑还存在着空想社会主义者的伦理概念和费尔巴哈的抽象人道主义的影响"。对于国民经济学中一些最为重要的理论的实质，恩格斯还缺乏透彻的认识。第一，它还不是一部马克思主义的成熟著作；第二，"没有采用唯物主义概念本身"，没有把自己的观

---

① 〔德〕瓦·图赫舍雷尔：《马克思经济理论的形成和发展（1843—1858）》，北京：人民出版社1981年版，第56页。
② 〔俄〕奥伊泽尔曼：《马克思主义哲学的形成》，北京：生活·读书·新知三联书店1964年版，第262页。
③ 〔苏〕阿·伊·马雷什：《马克思主义政治经济学的形成》，成都：四川人民出版社1983年版，第53页。

点表述为唯物史观；第三，没有明确划分斯密、李嘉图与庸俗经济学家之间的区别。马雷什也指出，"恩格斯在自己的文章中没有区分出资产阶级政治经济学的古典学派和庸俗学派。他还不清楚古典作家和庸俗作家之间的根本的、原则性的区别。他把他们通常混为一谈。此时，恩格斯尚未认清劳动价值论的科学意义。这就是《政治经济学批判大纲》的最主要的弱点之一。"① 图赫舍雷尔指出，恩格斯避尔不谈劳动决定价值，而把"生产费用决定价值"的理论作为他批判资产阶级经济学的出发点，究其原因，即使是资产阶级政治经济学中劳动价值理论的最优秀代表也听任他们的价值规定中的矛盾，他们始终弄不清价值的社会性质，因而，他们主要地局限于对价值的量和与价值有关的各种范畴的量的研究。但是，恩格斯作为辩证论者理解这些矛盾时，竟然没有看到：这些矛盾之所以产生，正是由于劳动价值的原理没有充分一贯地得到贯彻。另一个原因在于，恩格斯立即考察了由竞争所制约的价格出现于其中的流通领域的现象，而这个寓于价格中的内在的价值原理却不是直接可以看出来的，"恩格斯是把各种各样的价值概念，而不是把商品本身作为他研究的对象，同时从这些概念规定的矛盾中探索以更高度的辩证的统一来辩证地解决这些矛盾的方法"②。同时，图赫舍雷尔还认为，恩格斯在《国民经济学批判大纲》中还没有完全摆脱空想社会主义者的影响，这些空想社会主义者"显然是从人的本质、人的天然权利、正义和道德的立场出发，用资产阶级经济学家的武器，倒过来批判资本主义的"③。卢森贝认为，恩格斯的《国民经济学批判大纲》"还不是一本成熟的马克思主义的著作，而且包含着一些错误的观点"④。恩格斯的这篇文章是社会主义思想史上的一件大事，对当时先

---

① 〔苏〕阿·伊·马雷什：《马克思主义政治经济学的形成》，成都：四川人民出版社1983年版，第65页。
② 〔德〕瓦·图赫舍雷尔：《马克思经济理论的形成和发展（1843—1858）》，北京：人民出版社1981年版，第66页。
③ 同上书，第71—72页。
④ 〔苏〕卢森贝：《十九世纪四十年代马克思恩格斯经济学说发展概论》，北京：生活·读书·新知三联书店1958年版，第33页。

进的思想有重要的影响，而且对于马克思经济学思想的形成有重要的作用。恩格斯对国民经济学的批判是"建立在应用新的辩证法的基础上"①。在当时，辩证唯物主义学说虽然还没有充分发展，恩格斯的这篇文章使辩证的方法摆脱了唯心主义的外壳，他在资产阶级的意识形态背后发现了物质利益。"恩格斯本人当时还没有明了后来为马克思所揭露的市场价格和价值之间的内在联系，所以他就得不出正确的结论——否认后者的存在。"② 恩格斯的《国民经济学批判大纲》一书中"还有空想社会主义，尤其是它的英国流派的印记。恩格斯常在本书中从道德正义永恒规律的眼光批评资本主义；他往往用道德的谴责来结束对某些经济现象的深刻的理论分析。他从抽象的道德原则出发，给贸易、竞争和土地所有制等都下了判决"③。山之内靖将卢森贝的解读概括为两点：第一，恩格斯认为斯密和李嘉图的价值论是非现实的抽象。导致恩格斯的《国民经济学批判大纲》缺乏区分古典派经济学和通俗经济学的理论视角。第二，恩格斯未能对古典派经济学所包含的矛盾在经济学理论中进行深入挖掘，而是立足于道德和正义的永远的法则性这样的观点来指出这一矛盾，并从这一立场对资本主义进行了外在的、超越的批判。④ 原东德学者克莱恩等人在《马克思主义哲学史》一书中的评价是："尽管这部著作清楚地证实了恩格斯由唯心主义转变为唯物主义，由革命民主主义转变到共产主义，然而它还没有摆脱伦理—空想的与抽象—人道的观点的因素。"⑤

最后，恩格斯的《国民经济学批判大纲》对马克思的启示。伊利切夫说，恩格斯的这篇文章"引起了马克思极大地兴趣"⑥，而且这篇

---

① 〔苏〕卢森贝：《十九世纪四十年代马克思恩格斯经济学说发展概论》，北京：生活·读书·新知三联书店1958年版，第35页。

② 同上书，第38页。

③ 同上书，第49页。

④ 〔日〕山之内靖：《受苦者的目光：早期马克思的复兴》，北京：北京师范大学出版社2011年版，第89页。

⑤ 〔德〕马·布莱恩等：《马克思主义哲学史》，北京：中国人民大学出版社1983年版，第212页。

⑥ 〔苏〕列·伊利切夫等：《弗里德里希·恩格斯》，北京：人民出版社1984年版，第46页。

文章直接促使马克思去研究经济学。马雷什断言,"可以毫不夸大地说,《政治经济学批判大纲》是马克思主义政治经济学整座大厦的一块巨大的和非常坚实的石块。它是马克思和恩格斯在其所实行的经济科学革命变革道路上所迈出的坚定的第一步。由于这一著作及其中所阐述的论点,《德法年鉴》才作为最重要的和意义重大的里程碑之一载入马克思主义形成的史册。"① 山之内靖进一步认为,这篇文章"对构成早熟且先驱的资本主义社会特征的景气变动和经济危机的关注,是在以上认识框架内进行的,这一点不能忽略。对于这个在经济学上非常重要的问题,恩格斯先于马克思很多进行了彻底分析,对于这一做法的划时代意义应该给予认可,在这一点上应该给予恩格斯以充分的肯定",而恩格斯对黑格尔"市民社会"的理解是《国民经济学批判大纲》重要的理论来源,对写作这篇文章有重要的启示意义。影响很大的传记作家科尔纽从马克思和恩格斯学术思想关系的视角得出结论说,"在这篇文章里,恩格斯卓越地阐述了他在研究英国关系时所获得的那些成果,因此这篇文章和马克思的文章可以算是联璧之作。马克思十分出色地把辩证法应用于政治方面和社会方面,而恩格斯则在把辩证法应用于政治经济学方面做出了卓越的成就。"② 这篇文章对马克思的启发很大,它有力地推动了他的思想,帮助他克服了对资产阶级社会、无产阶级和共产主义的还有些抽象的理解。当代著名马克思学专家卡弗认为,《国民经济学批判大纲》"对马克思产生了巨大冲击","马克思对恩格斯的文章所做的摘要以若干压缩的短语预示了他终生工作的方向"③。可见,《国民经济学批判大纲》在马克思主义形成过程中的地位和意义是不言而喻的。

---

① 〔苏〕阿·伊·马雷什:《马克思主义政治经济学的形成》,成都:四川人民出版社1983年版,第66页。
② 〔法〕奥古斯特·科尔纽:《马克思恩格斯传》,北京:生活·读书·新知三联书店1963年版,第620页。
③ 〔英〕特雷尔·卡弗:《马克思与恩格斯:学术思想关系》,北京:中国人民大学出版社2008年版,第36、39页。

第四章 国内研究状况

如果按照时间脉络来梳理,国内学界对于恩格斯的《国民经济学批判大纲》(以下简称《大纲》)的研究始于20世纪50、60年代,到80、90年代达到了高峰。虽然专门以恩格斯的这篇文章作为研究对象的文献并不是很多,但是现有文献所涉及的主题丰富,分析深入,观点鲜明,不同观点之间形成了争论和交锋。因此对恩格斯《大纲》的研究不仅成为恩格斯研究的重要内容,也成为国内马克思主义理论研究的组成部分。综合分析这些文献,可以将现有的研究概括为四个主要方面:"关于马克思主义政治经济学的方法"、"关于《国民经济学批判大纲》中的价值理论"、"关于国民经济学的诸范畴"以及"《国民经济学批判大纲》对《资本论》的贡献"。本书将选取有代表性的文献,围绕这四个方面,对国内的研究状况作以简要综述。

一 关于马克思主义政治经济学的方法

对于这一问题,国内学者普遍认同《大纲》对于马克思主义政治经济学的形成和发展有着不可忽视的影响。其中一个重要的方面就体现在《大纲》的科学研究方法、鲜明的阶级立场以及尖锐的批判态度之上。恩格斯在《大纲》中,首次运用唯物辩证法,站在工人阶级的立场上,以批判为武器,分析研究了资本主义的经济关系,这对于马克思主义政治经济学的研究方法、阶级性质和一般风格的形成具有重大影响。①

---

① 谈罗秋:《〈国民经济学批判大纲〉对马克思主义政治经济学形成的影响》,载《岳阳师专学报》1985年第1期,第5页。

谈罗秋认为,作为恩格斯的第一本经济学著作,《国民经济学批判大纲》在发表之初就受到了马克思的高度重视和评价,马克思将之称为"天才的大纲"。它对于马克思后来转向政治经济学研究具有重要的启示意义。马克思在晚年的《资本论》中仍然多次运用其中的理论概念。谈罗秋认为,《大纲》标志着恩格斯完成了两个转变,唯物辩证法作为他在哲学方面的研究成果得到了广泛和充分的运用。首先,在揭示人类生产的一系列分裂活动时,恩格斯十分精彩地运用了对立统一规律。恩格斯认为人类生产原本是一个整体,后来,由于私有制的作用,它发生了一系列的分裂:人类生产分裂为人的活动和土地;人的活动分裂为劳动和资本;劳动又分裂为劳动和工资,资本分裂为原始资本和利润。从人类生产中分裂出来的土地、资本、劳动相互对立着。因此,消灭了私有制,这些对立面又会复归为一个统一体。

其次,在评价资产阶级经济学家的理论学说时,恩格斯同样立足于辩证的、历史的立场。"例如,他既指出以斯密的学说为基础的新的政治经济学的产生是新教的伪善代替了旧教的坦率,又肯定斯密的学说是一个历史的必要的进步。他还指责资产阶级经济学家以孤立的片面的观点来研究经济问题,例如在分析价值范畴时,说生产费用论者只注意生产费用,而不注意物品的效用,指出虽然花费了大量劳动和费用但毫无用处的东西是没有什么价值的。另一方面又驳斥效用论者萨伊,说根据萨伊的理论就会得出生活必需品比奢侈品具有更大价值的结论。恩格斯在全面地考察了商品的生产费用和效用之后,从二者联系的角度得出了'价值是生产费用对效用的关系'的定义,这个定义包含着使用价值是价值的物质承担者的思想萌芽。"①

最后,在《大纲》中,恩格斯还首次运用唯物辩证法来研究社会经济问题,这就在方法论上为马克思恩格斯在政治经济学中完成伟大的变革提供了一把钥匙。正是在此基础上,经过马克思恩格斯的共同努

---

① 谈罗秋:《〈国民经济学批判大纲〉对马克思主义政治经济学形成的影响》,载《岳阳师专学报》1985年第1期,第6页。

力,唯物辩证法得到了进一步的丰富和发展,被他们愈来愈广泛、愈来愈成功地用来研究社会经济问题。从这个意义上说,马克思主义政治经济学所取得的一切重大成果,都与这一科学方法的应用密不可分。

尹宣明指出,《大纲》第一次运用唯物主义辩证法的基本原理分析资本主义的经济制度,是历史唯物主义研究方法的最初尝试,为《资本论》的创作提供了科学的方法论基础。众所周知,唯物辩证法和唯物史观,是对资本主义社会和一切历史进行研究的唯一科学的方法。没有科学的假设,就没有科学研究的成果。马克思运用唯物辩证法的基本原理,解剖了资本主义生产方式。从这个意义上说,《大纲》从唯物辩证法和唯物史观的研究方法上,为《资本论》的创作提供了钥匙。而这些研究方法具体体现在:"他总是从经济问题的矛盾的两个方面去深入研究和分析,他不仅研究资产阶级政治经济学理论,而且还注重直接地深入英国的工人运动,了解工人阶级的现实生活状况,他既批判资产阶级政治经济学及其一系列基本范畴,同时又对资本主义制度、对资本主义生产和交换关系进行分析和批判。正如恩格斯在自己著作中阐明的那样:'我们在批判政治经济学时就要研究它的基本范畴,揭露自由贸易制度所产生的矛盾,并从这个矛盾的两方面做出结论'。在《大纲》中,恩格斯迈出了运用唯物辩证法剖析资本主义经济制度的第一步,这是具有深远历史意义的一步,它为马克思主义政治经济学的研究奠定了始基,马克思的经济学巨著《资本论》,正是建立在这个牢固基础之上的。"①

彭勋在《无产阶级政治经济学的开篇章——纪念恩格斯〈政治经济学批判大纲〉发表 140 周年》一文中指出,《大纲》的发表揭开了无产阶级政治经济学发展史的第一章。恩格斯站在无产阶级的立场上,用朴素的历史唯物主义观点,对资产阶级政治经济学进行了初步批判。"《大纲》主要是通过对资产阶级政治经济学的产生、发展及其趋势的

---

① 尹宣明:《恩格斯的〈政治经济学批判大纲〉对〈资本论〉创作的影响》,载《安徽大学学报(哲学社会科学版)》1985 年第 3 期,第 12—13 页。

分析批判，对资产阶级政治经济学基本范畴的分析批判等方面，为无产阶级政治经济学的建立开辟了道路。"①《大纲》坚持无产阶级立场，把政治经济学的产生同经济发展直接联系起来，指明了它得以产生的经济基础。《大纲》还指出，这种从商人中产生的政治经济学，是一种"私经济学"。由此，恩格斯一针见血地指出了资产阶级政治经济学的阶级实质，揭露了资产阶级政治经济学所谓超阶级的谎言。

彭勋进一步指出，《大纲》是无产阶级自己理论的初步概括。"《大纲》首先从资产阶级政治经济学的前提提出问题，即私有制的合理性问题，这就把无产阶级政治经济学和资产阶级政治经济学从根本上区别开来，从而为无产阶级政治经济学的建立指明了方向。资产阶级政治经济学是以资本家私有制为前提的，认为私有制是天经地义的用不着讨论的问题，所以，资产阶级的'政治经济学没有想到提出私有制的合理性问题'，它们只是'探讨了私有制的各种规律'，并为资本主义私有制所产生的各种矛盾进行掩盖或辩解。恩格斯站在无产阶级的立场，不仅首先提出私有制的合理性问题，而且通过对资产阶级政治经济学基本范畴的批判，分析和论证了资本主义经济各种矛盾的根源在于私有制。"②

张德林也高度肯定了《大纲》在运用新的世界观和方法论上的重要意义。他认为，恩格斯的《大纲》对资产阶级经济学做出的最初批判为政治经济学革命开辟了道路。他的方法论意义体现在：首先，恩格斯在《大纲》中，从唯物主义观点出发，指出了资产阶级政治经济学的一切概念和范畴都是以资本主义私有制为墓础的，揭露了资产阶级政治经济学为资本主义辩护的阶级实质。其次，恩格斯在《大纲》中，在论述资产阶级政治经济学起源和本质的基础上，考察和论述了资产阶级政治经济学发展的历史。再次，在《大纲》中，恩格斯还从资产阶级政治经济学的阶级实质和局限性出发，天才地预见了资产阶级政治经

---

① 彭勋：《无产阶级政治经济学的开篇章——纪念恩格斯〈政治经济学批判大纲〉发表140 周年》，载《经济研究》1984 年第 5 期，第 41 页。

② 同上，第 42 页。

济学发展的必然历史趋势。最后，恩格斯在《大纲》中还为马克思主义政治经济学提出了任务。①

张一兵教授认为，在传统马克思主义哲学史的研究中存在着忽视恩格斯的《大纲》对于马克思具有影响作用的现象。事实上，《大纲》在特定的时期中十分关键地影响了马克思，尤其体现在促使马克思站在无产阶级立场来研究经济学问题。不同于赫斯纯哲学的逻辑演绎，恩格斯在《大纲》中从政治经济学本身的直接批判出发，把资本主义的全部经济现象和资产阶级经济学的全部范畴和规律归结为私有制。恩格斯天才地指出资产阶级经济学理论的颠倒，他"早于马克思从经济学中指认出资本主义经济规律的不合理（这一点使他远远地超出了赫斯）。即在私有制的前提下，自由竞争为核心的市场经济的价值法则的不合理性"②。此外，恩格斯认为，在私有制条件下，原应统一的自然与人本身出现了分离和分裂的状态。先是自然与人的分离，然后是劳动的自我分裂。面对这种分裂，恩格斯始终坚持辩证统一的立场："面对这种本质分裂，恩格斯仍然坚持了辩证的统一总体性，重新达到这一总体的途径只有消灭私有制！恩格斯明确指出，消除了私有制，'所有这些反常的分裂现象就不会存在'。对于资本来说，没有私有制，利息与利润的差别就会消失，利润也不会从资本中分离出来，而成为它的'固有部分'，就像资本重新还原为它与劳动的最初统一体一样。而对于劳动本身来说，'只要我们消灭了私有制，这种反常的分裂状态就会消失；劳动就会成为它自己的报酬'，而分离出去的工资也会显示出它真正的意义。显然，正是这一源出于经济学视界的对资本主义生产方式的批判观点，后来由马克思以人本主义劳动异化理论的哲学投射更完整地表述出来了。"③ 这正是一种以现实总体统一性为逻辑尺度的辩证具体。因此，

---

① 参见张德林：《论〈政治经济学批判大纲〉对马克思主义政治经济学形成的意义》，载《吉林大学社会科学学报》1985年第4期。

② 张一兵：《政治经济学逻辑中的政治哲学颠覆——青年恩格斯的〈政治经济学批判大纲〉解读》，载《求实》1998年第6期，第13—14页。

③ 同上，第13页。

张一兵认为，青年恩格斯在《大纲》时期的研究方法是值得注意的，在他的批判方法中，占主导性地位的逻辑是从现实社会生活出发的客观逻辑，这种经济学的研究方法的意义是不容忽视的。

纵观相关文献可以发现，国内学界对于《大纲》中所体现出来的马克思主义政治经济学的研究方法给予了高度关注。学者们普遍认为，《大纲》是在马克思和恩格斯共同工作以前的著作，是属于恩格斯独创的无产阶级政治经济学和无产阶级革命理论的著作。恩格斯在《大纲》中鲜明的阶级立场和对唯物辩证法的运用对于马克思主义政治经济学研究方法的确立具有重要的意义。

二 关于《国民经济学批判大纲》中的价值理论

恩格斯《大纲》中对于价值问题的论述引起了国内学界的广泛争论。以经济学家孙冶为代表，很多学者肯定了恩格斯对于价值问题探讨的意义，主张为恩格斯价值理论的界定恢复名誉。但是更多学者认为，恩格斯在关于价值问题的理解上是存在缺陷甚至是错误的。当然，也有学者认为，恩格斯的论述中的确存在不确切的问题，但是与马克思的观点是根本一致的。

从20世纪50、60年代开始，对于恩格斯价值理论持不同观点的争论就已经展开。黄仲熊等学者不同意对恩格斯价值论保持的完全肯定或完全否定的观点，他们认为，这种争论似乎都忽略了马克思创立科学的劳动价值理论时，**破**资产阶级政治经济学和**立**无产阶级政治经济学这一历史过程中的批判继承关系。"在《大纲》中虽然还没有建立起科学地反映生产关系的价值范畴，但是我们却不同意这样的意见：认为恩格斯在这部著作中关于价值问题的论证，特别是他所提出的'价值'定义，仿佛是完全错误的，与马克思后来的科学价值理论没有任何联系。我们认为正确阐明《大纲》的'价值'定义与马克思在《资本论》中确立的价值范畴之间的关系，有助于我们深刻理解马克思主义的奠基人是怎样建立起自己的科学的价值范畴，并且辩证地看待这个范畴的历史命运的。"① 当然，他们也指出恩格斯的价值理论没有认识到价格摇摆不定和供求相互不能适应的客观规律是资本主义价值规律等缺陷。但是，他们更加强调，不应该把《大纲》中的价值概念不加分析地完全否定或肯定，而应该把它看做是马克思主义价值理论在形成道路上的一个起点、一个奠基石。

20 世纪 80、90 年代，关于恩格斯价值理论的争论成为《大纲》研究的一个热点问题。彭勋认为，恩格斯关于"价值是生产费用对效用的关系"的论述引起了学界的争论。他认为，恩格斯直到 1894 年还认为上述论点是正确的。因为《大纲》中关于价值的论述与《资本论》的有关论述并不是矛盾的，只是成熟的程度不同。或者说，不是命题的不同，只是论证与未论证的问题。他认为，恩格斯的论述的确存在不够确切的地方，但是他也指出："《大纲》有关价值的论述已包含了马克思劳动价值论许多重要思想的萌芽，例如没有使用价值的东西不会有价值，要以价值和使用价值的对比来衡量某个物品是否值得生产，只能以社会总劳动的一定量来生产某种使用价值，价值是一个历史范畴等思想，都在一定程度上接近了马克思的劳动价值论。"②

张德林指出，从恩格斯对价值的论述来看，他还没有正确地接受古典经济学劳动价值论的合理因素，同时，他把价值仅仅当做一种理论上的假定，而在实际中是不存在。这也表明他思想的不成熟之处就在于没有把价值和交换价值区分开来。但是，张德林也肯定了恩格斯对价值论述的科学贡献。"首先，他在揭示价值与使用价值即生产费用对效用的关系时，已有使用价值是交换价值的物质前提的萌芽思想。其次，他指出了价值是价格的源泉，价值是商品交换的基础的思想。再次，他否定了资产阶级经济学家把商品交换和价值看成是永恒的自然经济范畴的庸俗观点，认为私有制产生的最初结果是商业，而'商业形成的第一个范

---

① 黄仲熊、曾启贤、汤在新：《恩格斯〈政治经济学批判大纲〉一书中的价值理论》，载《经济研究》1963 年第 11 期，第 57 页。

② 彭勋：《无产阶级政治经济学的开篇章——纪念恩格斯〈政治经济学批判大纲〉发表 140 周年》，载《经济研究》1984 年第 5 期，第 43—44 页。

畴就是价值',并指出:'在私有制被消灭之后,就无须再谈现在这样的交换了。到那个时候,价值这个概念实际上就会愈来愈只用于解决生产的问题,而这也是它真正的活动范围。'这表明,他从共产主义者的立场和历史唯物主义的观点出发,指出了商品交换和价值是私有制的产物,是历史的范畴。"①

何钢不同意恩格斯否定了李嘉图的劳动价值论观点。在他看来,恩格斯在《大纲》中所批判的是"生产费用论"。而这种观点并不是古典学派的而是庸俗学派的价值理论。恩格斯对于李嘉图的观点非常鲜明,"认为生产商品的劳动,包括花费在制造生产资料上面的劳动,决定商品的相对价值。他是以'劳动价值论'著称的,和这里批判的'生产费用论'对不上号。看来至少他不是《大纲》的主要的,更不是唯一的批判对象。所以,与其说恩格斯把李嘉图和萨伊等量齐观,否定李嘉图的劳动价值论,还不如说他是批判了资产阶级庸俗经济学的两种价值论,更为切合实际。"② 此外,何钢认为,恩格斯在《大纲》中对价值的界定蕴含着十分丰富的理论内容,是青年恩格斯深刻的、独创性的奔放不羁的思想的体现,而且对于社会主义经济建设的实践也具有现实意义。"它超越单个商品价值的规定,而涉及每一种商品总量和社会总产品的价值规定;它超越了把价值主要视为流通领域的范畴的狭隘眼界,发现价值首先是生产领域的范畴,更重要的是解决生产的问题,它超越了以私有制为基础的商品经济中的价值,放眼未来,一直看到在商品经济消亡以后的共产主义社会里,'价值'还能够全留下来的东西及其重大作用。正因为如此,它对于我们当前社会主义经济建设的实践,有重大指导意义:它启示我们注意社会需要,注意产需平衡,注意合理地分配社会劳动,注意节约劳动时间,注意经济核算,这一切都有助于我们把经济工作转移到以提高经济效益为中心的轨道上来。在我看来,恩格

---

① 张德林:《论〈政治经济学批判大纲〉对马克思主义政治经济学形成的意义》,载《吉林大学社会科学学报》1985年第4期,第58页。
② 何钢:《关于恩格斯〈政治经济学批判大纲〉中的价值理论》,载《理论探索》1985年第5期,第15页。

斯的'价值是生产费用对效用的关系',是一个卓越的创见。"① 由此，何钢认为，恩格斯对于价值所做出的界定不仅不违反劳动价值论，而恰恰揭示出了使用价值和价值的关系等重要的思想内涵。

张一兵认为，《大纲》时期，恩格斯的经济学批判仍然是不准确的。在恩格斯眼里，资产阶级经济学家都是戴着"运用对立性"有色眼镜的虚假抽象者，李嘉图和麦克库洛赫片面地将抽象价值决定于生产费用，而萨伊则片面地押宝于效用。因此，恩格斯认为他们对价值的看法都是离开了竞争这一资本主义经济客观现实中"主要的东西"的抽象结果。基于这种观点，恩格斯把价值界定为是生产费用对效用的关系。实际上，价值是不可能从现实的竞争中抽象出来的，因为在竞争中真实出现的只是价格。正是在这个意义上，恩格斯指出，资产阶级的政治经济学是"本末倒置"的。对此，张一兵教授认为，恩格斯的价值理论存在缺陷和不足。"他肯定了价值的存在，但对价值的看法却是错误的，因为他还没有区分出李嘉图劳动价值论与萨伊庸俗效用论的根本不同点。所以很自然，恩格斯在这里是不可能科学地批判资产阶级经济学的，就是他直接遭遇到那个著名的命题：资本是积累起来的劳动！劳动价值论还是与他擦肩而过了。"② "在最初面对古典经济学时，也由于这种人本学的逻辑导引和共产主义的批判指向，恩格斯却没有正确地对待这一经济理论中的重要基础，即劳动价值论。恩格斯这时是站在资产阶级经济学的反面，以否定的立场来观察其一切维护私有制的理论逻辑的。他根本没有意识到，在他否定的经济学理论中正包含着消灭自身的基础"。③ 恩格斯否定了李嘉图等人的价值学说，将之视为一种脱离现实的抽象，然而，他确实忽视了这种抽象的理论必要性。

从这些学者的论述中可以发现，国内学界对于恩格斯《大纲》中

---

① 何钢：《关于恩格斯〈政治经济学批判大纲〉中的价值理论》，载《理论探索》1985年第5期，第17页。
② 张一兵：《政治经济学逻辑中的政治哲学颠覆——青年恩格斯的〈政治经济学批判大纲〉解读》，载《求实》1998年第6期，第13页。
③ 同上。

的价值理论所秉持的观点和争论的问题比较复杂。概括起来，焦点问题主要有三个：1. 如何评价恩格斯对于李嘉图等资产阶级经济学家价值论的批判；2. "价值是生产费用对效用的关系"是否符合马克思的劳动价值论；3. 恩格斯对于价格范畴与价值范畴是如何理解的。虽然学者们的观点不尽相同，但是，应该说，他们普遍采取一种辩证的、客观的角度。换句话说，既肯定了恩格斯在特定历史时期思想的创见性，也认识到了其理论的不足之处。这些论述提供给我们一种视角，即肯定恩格斯价值理论的原创性贡献，将之置于马克思主义政治经济学的发展过程中进行分析和评价，更有助于我们加深对这一范畴的深刻理解。

三　关于国民经济学的诸范畴

在《大纲》中，恩格斯在初步批判资本主义政治经济学的基础上提出了许多崭新的、富有启发性的观点。他对于国民经济学诸多范畴的论述为马克思主义无产阶级政治经济学的创立作出了理论贡献。学者们从工资、资本、竞争和垄断、经济危机等范畴入手，对《大纲》中的相关论述进行了分析。

（一）工资

李志远指出，恩格斯揭示了工资劳动的历史性，作为一个历史范畴，随着私有制的消亡，这种异化的形式也会消失的。此外，恩格斯把工资视为资本和劳动分离的结果："在工资量的决定上，恩格斯当时虽然还没有发现劳动力的价值，但他已把劳动生产物以工资形式和劳动相对立，而不直接归劳动者所有的现象，视为是资本和劳动分离的结果，并指出了工人所得的仅仅是'最必需的''生活资料'。"[①]

张德林指出，恩格斯在《大纲》中对工资的看法仍然尚未克服资

---

① 李志远：《无产阶级政治经济学的开端——读恩格斯的〈政治经济学批判大纲〉》，载《北京大学学报》1962年第1期，第55页。

产阶级古典经济学家把工资看做是"劳动的价格"的观点。但是他的进步性体现在:"首先,他克服了古典经济学把工资看成是永恒自然范畴的偏见,提出了工资是资本主义社会所特有的历史范畴的思想。他认为,工资是在资本主义私有制条件下劳动产品和劳动本身相脱离的结果。如果'消灭了私有制',那么,资本和劳动的分离,劳动的分裂,劳动产品和劳动本身的分离等'各种反常的分裂状态就会消失'。这样,劳动者的报酬也就不会再采取工资的形式。其次,他不是一般地把工资看成是'劳动的价格',而把工资看成是'劳动价格的最低额'。这种看法虽然不尽科学,但他却指出了在资本主义社会中,工人的工资实际上有经常接近最低额的趋势,在一定程度上揭示了工人和资本家之间的阶级对立关系。"① 因此,恩格斯对于工资的理解为马克思对工资的本质做出进一步论述奠定了基础。

(二) 资本

谈罗秋指出,恩格斯在《大纲》中深刻分析了"资本"范畴,在一定程度上揭示了资本的性质。首先,恩格斯探讨了资本产生的原因。"他把它归结为私有制,是私有制使人的活动分裂为劳动和资本。这比古典学派前进了一步……我们知道,资本在资本主义以前的私有制社会里并不存在,货币和生产资料转化为资本必须具有劳动力成为商品这个社会历史条件,而劳动力成为商品的一个必要前提是大多数劳动者失去了生产资料,一无所有。恩格斯在《大纲》中已经接触到了这个问题。"② 恩格斯通过对资本主义初期农民被迫出卖土地沦为雇佣工人的历史过程的概括,探讨了资本产生的原因。其次,恩格斯认为利润是资本在生产过程中的增殖。"这不仅表明恩格斯在当时对于利润的表述几乎接近于它的本质——剩余价值,而且对于资本性质的揭露又深了一

---

① 张德林:《论〈政治经济学批判大纲〉对马克思主义政治经济学形成的意义》,载《吉林大学社会科学学报》1985 年第 4 期,第 59 页。
② 谈罗秋:《〈国民经济学批判大纲〉对马克思主义政治经济学形成的影响》,载《岳阳师专学报》1985 年第 1 期,第 9 页。

步，恩格斯已经认识到了资本在生产过程中增殖自己，那么资本在生产过程中怎样增殖自己呢？他指出，资本只能在周转中、运动中增殖自己。"① 最后，恩格斯指出资本是一个历史范畴。不同于古典经济学家把资本理解为一个永恒的范畴，恩格斯揭示了资本与劳动之间的关系，认为没有劳动，资本就什么也不是。随着资本和劳动的分离在私有制的条件下日益加剧，阶级矛盾尖锐到不可调和的地步时，社会革命就会导致资本主义私有制的消灭。资本与劳动的分裂终将消失，因此，资本并不是一个永恒不变的范畴。

张德林则认为，恩格斯当时对资本的分析还没有完全摆脱资产阶级经济学家关于"资本是积累劳动"这一观点的束缚。恩格斯较资产阶级经济学家更进一步的观点在于，他不认为积累起来的劳动本身就是资本，而是从私有制的根源上剖析了积累起来的劳动如何成为与工人劳动相对立的资本。"积累起来的劳动之所以离开劳动者本身，不为劳动者所占有，是由资本主义的私有制造成的。资本与劳动的这种分离，使人类分裂成资本家和工人。"② 张德林也认为，恩格斯是从历史的角度来理解资本范畴的。他对资本与劳动关系等方面的论述表明他已经接近于对资本本质的认识，即资本是能带来剩余价值的价值、资本是对资本主义社会的经济关系的认识。

（三）竞争和垄断

彭勋指出，《大纲》中关于竞争和垄断的分析一直在马克思主义政治经济学中占有重要地位。"恩格斯指出，由于私有制产生的竞争，使社会生产处于无政府状态，'谁也不知需求和供应究竟有多大'，'商业危机像过去的大瘟疫一样按期来临'，'我们应该怎样理解这个只有周期性的革命才能给它开辟道路的规律呢？这是一个以当事人的盲目活动为

---

① 谈罗秋：《〈国民经济学批判大纲〉对马克思主义政治经济学形成的影响》，载《岳阳师专学报》1985年第1期，第9页。
② 张德林：《论〈政治经济学批判大纲〉对马克思主义政治经济学形成的意义》，载《吉林大学社会科学学报》1985年第4期，第59页。

基础的自然规律。'恩格斯不仅提出了供求规律在资本主义条件下只能以周期性经济危机才能为之开辟道路的原理,而且还深刻地阐明了经济活动在资本主义社会条件下只能自发地实现,即生产的参加者只能盲目地受规律的支配。马克思后来在《资本论》中引用了这个原理,并作了进一步的发挥。《大纲》中关于自由竞争和垄断的关系的论述尤为精辟。重商主义者主张垄断,自由主义经济学家主张竞争。恩格斯指出,这种对立是'空洞无物的',因为竞争迟早会转为垄断,'垄断也挡不住竞争的洪流'。后来,列宁在《帝国主义是资本主义的最高阶段》一书中关于自由竞争和垄断关系的论述,可以说是恩格斯的上述思想在新条件下的发展。"①

谈罗秋指出,恩格斯揭示了资本主义竞争和垄断之间的辩证关系。恩格斯认为,竞争是私有制的必然结果。私有制使徒弟、资本、劳动等要素彼此对立冲突。不仅如此,每种要素内部也充满了矛盾斗争。正是私有制为竞争提供了基础。"恩格斯认为,'竞争的对面就是垄断',垄断实质上是对财产所有权的垄断。他接着精辟地分析了二者的关系,指出:竞争引起集中,危机加速集中,集中产生财产垄断。'简言之,即竞争转为垄断,另一方面,垄断也挡不住竞争的洪流,而且,它本身还会引起竞争。'恩格斯认为竞争和垄断必须消灭,因为竞争使人类目前不道德的状况达到了顶峰,而垄断使社会遭受损失。要推翻竞争和垄断,'只有消灭产生这二者的原则'——私有制。"②

尹宣明在论述《大纲》对于《资本论》贡献时也指出,恩格斯分析了竞争的矛盾,指出竞争的矛盾和私有制本身的矛盾是一样的。此外,恩格斯还分析了竞争和垄断的关系:"指出'竞争建立在利害关系上,而利害关系又引起垄断。……垄断也挡不住竞争的洪流,它本身又会引起竞争。'恩格斯深刻指出:一种没有竞争的商业,就等于有人而

---

① 彭勋:《无产阶级政治经济学的开篇章——纪念恩格斯〈政治经济学批判大纲〉发表140周年》,载《经济研究》1984年第5期,第43页。
② 谈罗秋:《〈国民经济学批判大纲〉对马克思主义政治经济学形成的影响》,载《岳阳师专学报》1985年第1期,第10页。

没有身体,有思想而没有产生思想的脑子。一旦竞争被放在一边,也就没有任何保证使生产者恰恰按照他的生产费用来出卖商品。这里,恩格斯的分析没有继续下去,没有揭示竞争在价值规律实现方面的真正作用。这一任务,是由马克思完成的。"①

(四) 经济危机

谈罗秋指出,《大纲》中对资本主义经济危机的研究为马克思主义经济危机理论奠定了基础。恩格斯从经济危机的必然性、周期性及其后果三个角度进行了深入的分析。"恩格斯在《大纲》中,从竞争导致生产无政府状态,造成供求脱节的角度论述了资本主义经济危机的必然性。在恩格斯之前,小资产阶级经济学家西斯蒙弟已经从资本主义生产的无限扩张与大多数劳动者收入不足从而造成国内市场越来越狭窄的角度,肯定了资本主义经济危机的必然性。西斯蒙弟和当时的恩格斯虽然还不了解资本主义的基本矛盾是产生经济危机的根源,但是他们事实上各自把这种根源归为了资本主义基本矛盾的两种表现形式中的一种。"②马克思在此基础上最终彻底揭示了资本主义的经济危机的根源与资本主义生产社会化与生产资料私人占有之间的基本矛盾。同时,恩格斯指出经济危机反复出现,平均每五至七年就会发生一次。最后,恩格斯明确论述了资本主义经济危机的严重后果,即资本家破产、就业问题严峻、生产力遭到破坏、社会革命一触即发,等等。谈罗秋也指出,《大纲》中未及说明的一些问题在后来的马克思主义经济危机理论中得到了进一步的阐明。

张德林认为,针对当时资产阶级经济学家捏造种种理由否认经济危机存在的问题,恩格斯予以一一驳斥,发表了对经济危机的看法。在《大纲》中,恩格斯批驳了资产阶级经济学家的谬论,指出了"供求平

---

① 尹宣明:《恩格斯的〈政治经济学批判大纲〉对〈资本论〉创作的影响》,载《安徽大学学报(哲学社会科学版)》1985 年第 3 期,第 14 页。
② 谈罗秋:《〈国民经济学批判大纲〉对马克思主义政治经济学形成的影响》,载《岳阳师专学报》1985 年第 1 期,第 10 页。

衡论"、"买卖平衡论"等观点的错误,并围绕经济危机的周期性、发展趋势等问题进行了专门论述。

综合以上观点,学者们对《大纲》中诸多范畴的论述普遍给予了较高评价。虽然恩格斯对这些范畴的这些分析和论述还不是尽善尽美,而且有些观点还受到了空想社会主义的影响,甚至存在某些错误理解,但是,恩格斯对资本主义经济学范畴的重新阐释体现了许多闪光的科学见解,有的则作出了接近于经典性的论述。因此,学者们认为,这些范畴在理解和阐述上未及展开之处在马克思后来的论述中得到了完善和发展。因此,对于革命的、科学的马克思主义政治经济学的产生和形成来说,恩格斯对各种范畴的界定和分析起到了重要的基础和奠基作用。

四 《国民经济学批判大纲》对《资本论》的贡献

对于《大纲》对马克思《资本论》创作的影响,学者们都一致认同。认为恩格斯在《大纲》中提出的许多科学的政治经济学理论观点在马克思的《资本论》中得到了详尽阐释和进一步的完善发展。有学者甚至专门就恩格斯对于《资本论》各卷作出的贡献进行了分别论述。我们仅选取与《大纲》直接相关的研究展开介述。

李志远指出,恩格斯在政治经济学范畴的解读上对马克思的《资本论》产生了重要影响。一方面,是关于价值在社会主义和共产主义的生产中的意义问题。恩格斯认为在私有制消灭以后,价值这个概念实际上就会愈来愈只用于解决生产问题,而这也是它的真正活动范围。可以这样说,只有在社会主义和共产主义社会中,使用价值中对象化的社会必要劳动时间,才会愈来愈只被人们有意识地用来作为在各部门间分配社会劳动和核算经济效果的工具。这种观点在马克思《资本论》中有同样的论述。马克思认为,资本主义生产方式被废除以后,社会生产仍然要维持下去,价值决定在这个意义上仍然发挥作用。体现在劳动时间的调节和社会劳动在不同类生产之间的分配,等等。另一方面,关于资本、劳动的分离和分裂的观点。"恩格斯这些宝贵的思想都被马克思在

《资本论》中运用和发展了。马克思证明说：资本是由劳动者和生产资料分离而形成的特殊的历史生产关系。剩余价值的生产和资本的积累及剩余价值的分割为各个特殊形态，正是在这种生产关系基础上实现的。"①

尹宣明指出，马克思在《资本论》中发展恩格斯的思想主要体现在以下两个方面。一方面，关于资本主义社会的对抗性和矛盾性。恩格斯在《大纲》中指出，在私有制社会的一系列对抗性矛盾根源都在于私有制本身。"恩格斯在《大纲》中对这个问题的分析，贯穿着这么一种思想：那些产生出私有财产的条件，在社会发展的进程中，一定会导致私有财产的衰落；它要为另一种类型的社会关系所替代。恩格斯认为，私有制的发展'只不过是替我们这个世纪面临的大变革，即人类同自然的和解，以及人类本身的和解开辟道路而已'。"② 然而，恩格斯的这种论述还不够成熟，对私有制的考察还有待深入。马克思在《资本论》中正是吸取了恩格斯的这一科学思想，对资本主义生产方式所具有的矛盾性进行了深入研究。马克思指出，资本主义私有制同资本主义所创造的生产力性质本身发生了不可调和的矛盾，由此，私有制为生产力的发展戴上了枷锁。另一方面，马克思多次引用《大纲》中的论述。关于价值规律的论述，马克思为了更好地说明价值规律的作用，直接以注释的形式引用了《大纲》中的一段原文。此外"恩格斯在《大纲》中，对资本主义生产过程中的货币资本运动作了一些粗线条的论述：'资本又分为原始资本和利润，即资本生产过程中所获得的增殖，虽然实践立刻又将这种利润加到资本上，并把它和资本一起投入周转中。'恩格斯的这些论述，引起了马克思的注意，他在《资本论》第一卷'货币转化为资本'这一章里，又以注释的形式，援引了恩格斯的上述原文。马克思认为，'货币资本的运动是没有限度的，当货币运动终结

---

① 李志远：《无产阶级政治经济学的开端——读恩格斯的〈政治经济学批判大纲〉》，载《北京大学学报》1962年第1期，第55页。

② 尹宣明：《恩格斯的〈政治经济学批判大纲〉对〈资本论〉创作的影响》，载《安徽大学学报（哲学社会科学版）》1985年第3期，第13页。

时，又成为运动的新开端，资本的本性，不在于一次价值增殖，而是谋取利润的无休止的运动。资本在运动中才会生出金蛋来，由此得出了资本运动的总公式：G—W—G'。"①

梅荣政和王冲指出，恩格斯在《大纲》和随后的《英国工人阶级状况》中所阐发的许多思想都被马克思所吸收。因此，从这个意义上说，《大纲》推动了马克思的思想发展和对政治经济学的研究，促进了马克思经济观点的形成和发展，并成为《资本论》第1卷写作的重要参考文献。此外，恩格斯对《资本论》第1卷的创作和宣传也作出了重要的直接贡献。②

最后需要说明的是，黄楠森主编的8卷本《马克思主义哲学史》是国内马克思主义研究的权威著作，其中对于恩格斯《国民经济学批判大纲》的解读也是系统且准确的，从总体上看，该著的结论都是恰当的，它也是研究者不可忽视的重要文献。

---

① 尹宣明：《恩格斯的〈政治经济学批判大纲〉对〈资本论〉创作的影响》，载《安徽大学学报（哲学社会科学版）》1985年第3期，第14—15页。

② 梅荣政、王冲：《恩格斯对〈资本论〉第一卷的贡献》，载《经济思想史评论》2001年第2期。

第三部分　当代解读

第五章　内容解读

《国民经济学批判大纲》共分 15 个小节，恩格斯在每个小节之间用"——"标识，每个小节有一个中心内容，它们依次是：（1）政治经济学的产生和发展；（2）国民财富；（3）商业；（4）价值；（5）生产费用；（6）土地；（7）资本；（8）劳动；（9）竞争；（10）垄断；（11）商业危机；（12）人口；（13）财产集中；（14）道德；（15）科学技术。这 15 个部分紧密联系，形成一个有机的整体。从整体结构上看，《大纲》又可以分为 3 部分：第一部分包括（1）和（2），是国民经济学的产生、发展和阶级实质；第二部分包括（3）至（13），主要是批判国民经济学的基本范畴；第三部分包括（14）和（15），主要是讲资本主义经济与道德、科学技术的关系。本章将分三部分解读各小节的内容。

一　国民经济学的产生、发展与实质

在《国民经济学批判大纲》中，恩格斯开宗明义地指出：

"国民经济学的产生是商业扩展的自然结果，随着它的出现，一个成熟的允许欺诈的体系、一门完整的发财致富的科学代替了简单的不科学的生意经。"[①]

"经济"（economy）一词，来源于希腊文的 oikonomia，原意是家庭

[①] 《马克思恩格斯文集》第 1 卷，北京：人民出版社 2009 年版，第 56 页。

经济管理。"国民经济学（National Economics）"一词与政治经济学①（Political Economy）几乎同义。从历史上看，政治经济学这个概念产生最早，至少在 1615 年就已出现，法国重商主义者蒙克莱田在《献给国王和王太后的政治经济学》一书中首先使用了这个概念。1775 年，卢梭为法国《百科全书》撰写了"政治经济学"条目，把政治经济学和家庭经济区分开来。可知，政治经济学作为研究经济活动的理论科学的名称自 17 世纪就开始得到应用，流行于 17 至 19 世纪。国民经济学则是 19 世纪才出现，且主要集中于德国、奥地利等国。"经济学"一词则出现最晚，是由英国学者杰文斯在 1879 年提出以取代"政治经济学"。1890 年马歇尔的名著《经济学原理》出版之后，经济学才普遍流行。从内容上看，早期的政治经济学与国民经济学相近，但更近于"国家"经济学，后来的政治经济学则更近于宏观的理论经济学；而早期的国民经济学接近于政治经济学，后来的国民经济学则接近于应用经济学。我国学者大多使用"政治经济学"，但以国民经济学为题的译著，除恩格斯的《国民经济学批判大纲》之外，也翻译了一些，例如：

1915 年翻译出版的日本学者津村秀松所著《国民经济学原理》；

1914 年翻译出版的德国学者傅克斯所著《国民经济学》；

1938 年翻译出版的德国学者狄尔所著《国民经济学原理》；

1958 年翻译出版的奥地利学者门格尔所著《国民经济学原理》；

1981 年翻译出版的德国学者罗雪尔所著《历史方法的国民经济学讲义大纲》；

---

① 关于政治经济学的定义，萨伊认为是对财富的形成、分配和消费方式所作的解释；麦克库洛赫将其定义为一门关于调节那些对人必要的、有用的或适合的同时具有交换价值的物件或产品的生产、积累、分配和消费的规律的科学或价值科学；施托尔希说它是关于决定国家繁荣的自然规律的科学；西尼尔的意见是讨论财富的性质、生产和分配的科学；穆勒主张研究财富的性质，以及它的生产和分配规律；罗雪尔则着力于描述人的经济性质和经济欲望，研究涉及这些欲望的满足的制度的规律和性质，以及它们所获得成功的大小。

1962 年翻译出版的德国学者卢森堡所著《国民经济学入门》；

1983 年翻译出版的瑞典学者维克塞尔所著《国民经济学讲义》；

1987 年翻译出版的德国学者欧肯所著《国民经济学基础》。

在马克思和恩格斯的时代，国民经济学和政治经济学可以替换使用，本书对此也不做区分。

那么，国民经济学的产生与商业直接相关，是商人发财的实践的结果。简言之，国民经济学是早期的杰出人物在当时为数不多的商人和道德哲学家著述的指引下，对 17、18 世纪的经济问题所形成的全新的、系统的思维和研究方式。当重商主义者蒙克莱田最先使用政治经济学这一名称时，政治经济学还只限于研究流通领域的个别经济现象，因而还没有形成为独立的和真正的科学。这一领域的研究主题是"财富"，人们最初将财富理解为金银，即货币，各国都禁止贵金属出口，并且实行严格的贸易监管。因而，国家和个人都表现出"自私"和"守财奴"的特点。然而，长此以往，商业就不会有任何的发展，人们逐渐意识到，"放在钱柜里的资本是死的，而流通中的资本会不断增殖"[1]，财富的增长就是"贱买贵卖"，重商主义理论体系就建立在这种认识的基础上。于是各国开始贸易往来，开始缔结通商友好条约。虽然在交易过程中双方尽可能地亲近和友善，但实质上双方都是为了更多地获利，也"还是同从前一样贪财和自私"。交易过程中不可避免地会产生矛盾，直至发生战争。中国 1840 年经历的"鸦片战争"就是典型事例。这一重大历史事件表明，"贸易和掠夺一样，是以强权为基础的；人们只要认为哪些条约最有利，他们就甚至会昧着良心使用诡计或暴力强行订立这些条约"[2]。从理论上看，重商主义的要点在于"贸易差额论"，即贸易总额在输出大于输入时就是赢利的交易，反之则是财富外流。这样，国民经济学的研究目的就是使一国在年终岁末时获得贸易顺差。

---

[1]《马克思恩格斯文集》第 1 卷，北京：人民出版社 2009 年版，第 56 页。

[2] 同上书，第 57 页。

取代重商主义的经济学体系是重农主义，其代表人物是魁奈。魁奈认为，财富是农业生产的"净产品"，只有那些在土地上的劳动，即从事农业活动的人才是生产的，只有农业具备产出超过投入的特征，从而产生出盈余，这是重农学派的基本立场。重农学派一致认为，农业劳动是唯一的生产劳动，农业劳动是其他一切劳动得以独立存在的自然基础和前提，只有农业劳动者才是生产阶级，而那些从事非农业生产的劳动，诸如工业、商业以及精神劳动，如科学、艺术等等的人都不具有生产性，正如他所说，"问题在于这一切利益的本源，实际上是农业"①。恩格斯在《国民经济学批判大纲》中并未论述重农主义，但重农主义在事实上是国民经济学产生、发展过程中不可或缺的环节。

18世纪，国民经济学在斯密的主导下发生了革命。斯密在其1776年出版的名著《国民财富的性质和原因的研究》（以下简称《国富论》）一书中试图回答：财富是什么，财富的来源是什么，以及财富怎样才能迅速积累等基本问题。重商主义者强调财富只是货币，重农主义则认为财富来自生产纯生产物的农业劳动，被马克思称为"英国政治经济学之父"的威廉·配第提出财富来自"自然"和"劳动"，但他对于二者在生产过程中的关系没有交代清楚。斯密从商品价值形成的角度，把财富的来源理解为劳动，并且打破了重农主义所设定的农业劳动的禁锢。形象地说，斯密把魁奈原来描绘的关于农民、地主和手工业者的图景置换成工人、资本家和地主所组成的社会结构。斯密也由此成为恩格斯分析19世纪资本主义经济的引路人之一。

恩格斯发现，斯密以来的经济学体系中存在着致命的矛盾，即

"经济学没有想去过问私有制的合理性的问题。"②

发展着的资产阶级力图利用国民经济学去理解由它创造的经济关系

---

① 〔法〕弗朗斯瓦·魁奈：《魁奈经济著作选集》，吴斐丹、张草纫选译，北京：商务印书馆1979年，第65页。

② 《马克思恩格斯文集》第1卷，北京：人民出版社2009年版，第57页。

和社会关系，并对抗封建主义的思想家。不容否认的是，以亚当·斯密和大卫·李嘉图为代表的国民经济学与重商主义相比，无疑是必要的进步，它突破了财富就是金银的狭隘视野，确立了劳动在财富创造中的作用。斯密在18世纪末就抛弃了关于创造财富活动的一切规定性，也抛弃了把农业这种特定形式的劳动看做财富源泉的重农主义者的规定性，而把每种与资本相交换的雇佣劳动都视为创造价值和剩余价值的生产活动。按照恩格斯的看法，私有制导致的真实后果是大多数人的贫困，为了掩盖这一真相，国民经济学发明了诡辩和伪善的词句，新的国民经济学不能正确评判重商主义，它也同样是伪善的和不道德的，而且与自由的人性处于对立的地位，国民经济学仅仅是"一门完整的发财致富的科学"。国民经济学无反思地以私有制为前提，恩格斯通篇详尽阐释消灭私有制的必要性。

斯密把财富的原因和性质从主观方面来理解，认为它是创造剩余价值的活的劳动。因此，恩格斯把他称为"经济学中的路德"。斯密把人和劳动直接地置于私有制的规定中，这样就把私有制，商业等等人道化了。斯密曾详细地研究过分工，他第一次规定了资本主义社会中的各个阶级，即工人、资本家和土地占有者，而在这些阶级中间，主要是一致的共同的利益占统治地位。生活在工业革命时代的李嘉图比斯密前进了一大步。他从剩余价值是由劳动决定的这一关键认识出发，揭露了各个阶级的利益的对立，并有意识地把阶级利益的对立，把工资、利润和地租的对立，当做他的研究的出发点。但是，斯密把阶级看做是自然的、永恒的现象，同样，李嘉图也把阶级对立看做自然的、永存的现象，他们当然也把资本主义私有制算在这类现象之内。这两位理论家认识不到资本主义社会是历史地形成的，是暂时的。因此，时代越发展，经济学为私有制辩护的水平就越高，离工人阶级解放和人类解放的目标就越远。这种科学内容随着资本主义制度的社会矛盾和政治矛盾的发展越来越平庸了，而这些理论家也越来越堕落成资产阶级及其物质利益的纯粹的诡辩家和献媚者。穆勒和麦克库洛赫代表了国民经济学的衰落，甚至不能有效解释社会现象。在这个意义上，恩格斯说："李嘉图的罪过比亚当·斯密大，而麦克库洛赫和穆勒的罪过又比李嘉图大。"①

在恩格斯看来，国民经济学以财富增长为研究目的，因而，"国民财富"这个概念具有较大欺骗性，是谁的财富呢？回答只能是资本家的财富。为此，恩格斯专门用一个部分来说明国民经济学的实质，他指出：

> "国民财富这个用语是由于自由主义经济学家努力进行概括才产生的。只要私有制存在一天，这个用语便没有任何意义。英国人的'国民财富'很多，他们却是世界上最穷的民族。人们要么完全抛弃这个用语，要么采用一些使它具有意义的前提。国民经济学，政治经济学，公共经济学等用语也是一样。在目前的情况下，应该把这种科学称为私经济学，因为在这种科学看来，社会关系只是为了私有制而存在。"②

因此，国民经济学研究的仅仅是私有制的规律，而没有给人，特别是穷人以应有的地位，国民经济学的混乱概念中隐藏着"虚伪的人道"。

二 批判国民经济学诸范畴

恩格斯在《国民经济学批判大纲》中着力批判的经济学范畴包括：商业、价值、地租、资本和劳动、竞争、垄断，并据此揭露出私有制造成的现代资本主义社会中的诸般对立，从而论证共产主义的必然性与合理性。

1. 商业

恩格斯认为，商业是私有制产生的最直接的结果。在私有制的条件

---

① 《马克思恩格斯文集》第1卷，北京：人民出版社2009年版，第59页。
② 同上书，第60页。

下，商业活动是经商者收入的直接源泉，每个人要尽量设法贱买贵卖，因此，买卖双方总是以绝对对立的利益相对抗。商业所产生的后果：一方面是互不信任，另一方面是为这种互不信任辩护，是一种"合法的欺诈"。而在重商主义时代，经济学家并不隐瞒商业的不道德本质，斯密以来的经济学就具有人道精神了，在理性发挥作用之际，道德也开始要求永恒的权利，通商条约或商业战争中发生了激烈冲突，这种冲突集中体现在"斯密问题"，即"理性人"和"道德人"之间的冲突。斯密虽然强调商业的人道化，但是这种人道也是以获得更多的利润为目的，是为了高价销售廉价的商品，因此，经济学家在讲道德的时候是出于利己的和不道德的动机，实质上是图谋私利和发财致富。斯密的经济学仍然拥护私有制，货币、私有财产仍是人们崇拜和追逐的对象，人被描述成"拜物教徒"，在这个意义上，恩格斯将斯密称为"经济学的路德"。恩格斯一针见血地指出："经济学家自己也不知道他在为什么服务。他不知道，他的全部利己的论辩只不过构成人类普遍进步的链条中的一环。他不知道，他瓦解一切私人利益只不过替我们这个世纪面临的大转变，即人类与自然的和解以及人类本身的和解开辟道路。"[①] 恩格斯的这段论述明显地流露出费尔巴哈式的人本主义思维范式，是从人学视角对国民经济学的批判。

2. 价值

恩格斯指出，"商业形成的第一个范畴是价值"[②]，对于价值问题，经济学领域一直存在争论，斯密和李嘉图认为价值取决于生产"费用"，萨伊认为价值取决于"效用"。是否有人会按照生产费用或低于生产费用出售自己的商品呢？因而价值不能离开费用；是否有人会买一件毫无用处的商品呢？因而价值不能离开效用。国民经济学家们使用"抽象价值"、"实际价值"、"交换价值"、"比较价值"、"构成价值"、

[①] 《马克思恩格斯文集》第1卷，北京：人民出版社2009年版，第63页。
[②] 同上。

"成交价格"等概念使问题变得复杂且抽象。当然，马克思后来用"价值"、"使用价值"和"价格"这三个概念澄清了这个问题。

在恩格斯看来，价值首先是用来决定某种物品的效用是否能抵偿生产费用，然后才谈得上交换。如果生产费用相等，效用就是价值的决定性因素。因而生产费用也要建立在竞争基础上。那么，物品的效用由谁来决定呢？是否有一种不取决于交换双方而只以物品固有的效用为依据的规定呢？效用是主观的，在私有制的前提下，竞争关系是唯一能较为客观地确定某物品效用的因素。争论的双方都是将费用和效用这两个因素强行拆开，这就脱离了实际经济生活过程。恩格斯指出，价值是"生产费用对效用的关系"①。一方面，价值是决定着某种物品是否应该生产，也就是这种物品的效用是否能够用来抵偿生产费用。另一方面，是运用价值来进行交换。如果生产费用相等，那么物品的效用就是确定价值的决定性因素。恩格斯在这里要做的是"把这两个跛脚的定义扶正"。如果考虑竞争的因素，国民经济学中的对立就十分明显了，在斯密和李嘉图那里，竞争代表效用而与生产费用相对立，而在萨伊那里则相反，竞争带来生产费用而与效用相对立。在私有制为前提的国民经济学中，这种对立是不可避免的，物品固有的实际效用和这种效用的规定之间的对立，以及效用的规定和交换者的自由之间的对立都是私有制条件下的对立。

恩格斯对价格和价值还提出了许多非常好的设想和想法。他已经认清并指出价格和价值的区别，他指出，价格在每一具体场合是处于市场的作用下，感受到供求的影响的。《政治经济学批判大纲》中这一有关部分，马克思未加任何注释就引用到《资本论》第一卷中。关于价值和价格的关系，恩格斯则是利用费尔巴哈的"主谓颠倒"的逻辑指出，价值是源泉，它决定价格，而国民经济学家则本末倒置，认为价格决定价值。恩格斯还提醒读者参阅费尔巴哈的著作，其中对黑格尔哲学的批判正是"主谓颠倒"的思维方式。

---

① 《马克思恩格斯文集》第1卷，北京：人民出版社2009年版，第65页。

3. 生产费用

国民经济学家将生产费用分解为三个要素：地租、资本及其利润、劳动或称工资。但资本和劳动是同一的，因为斯密已经承认，资本是"积蓄的劳动"。这样，剩下两个要素：土地和劳动，劳动中包括资本。恩格斯指出，国民经济学家有一个重大疏漏，即科学发明和思想这一精神要素也是生产费用的要素。恩格斯举例说，贝托莱、戴维、李比希、瓦特、卡特赖特等人的发明使生产都提到空前未有的高度，"仅仅詹姆斯·瓦特的蒸汽机这样一项科学成果，在它存在的头50年中给世界带来的东西就比世界从一开始为扶植科学所付出的代价还要多"[①]。这样，生产要素包括自然即土地和人，而后者还包括他的肉体活动和精神活动。

4. 地租

如果土地像空气一样，那就不会有人支付地租。在私有制条件下，被占有的土地是有限的，那人们就要为被占有的土地支付地租。李嘉图认为，地租是付租金的土地的收入和值得费力耕种的最坏的土地的收入之间的差额，这个定义没有包括地租产生的原因。斯密认为，地租是谋求使用土地者的竞争和可支配的土地的有限数量之间的关系，但这个解释没有包括土壤肥力的差别，正如价值的定义中忽略竞争一样。恩格斯要将两个片面的因而是不完全的定义结合起来，以便得出一个正确的定义。恩格斯指出，地租是"土地的收获量即自然方面（这方面又包括自然的肥力和人的耕作即改良土壤所耗费的劳动）和人的方面即竞争之间的相互关系"[②]。土地占有者将土地当做利益的源泉进行掠夺，利用土地不劳而获，攫取租地农场主的种种改良的成果。人口的增长又加剧了竞争，从而抬高了土地的价值。大土地占有者的财富日益增长的秘密

---

① 《马克思恩格斯文集》第1卷，北京：人民出版社2009年版，第67页。
② 同上书，第69页。

就在于此。恩格斯强调,如果废除私有制,地租也就恢复它的本来面目,为地租而与土地分离的土地价值,就回到土地本身。地租就是依据面积相等的土地在花费的劳动量相等的条件下所具有的生产能力,即产出数量来计算的。

5. 资本和劳动

资本和劳动最初是同一的,资本可以被看做是劳动的结果,它在生产过程中立刻又变成了劳动资料,于是,资本和劳动在生产过程中短暂分开。国民经济学家坚持这两者的分裂,只在资本是"积累起来的劳动"这个理解中承认两者的统一。资本和劳动的分裂,不外是劳动本身的分裂。但是,分开考察土地、资本和劳动是不可能的,因为无法确定在某种产品中土地、资本和劳动各占多少分量,这三个量是不可通约的。土地出产原材料,但没有资本和劳动无法产出,资本增殖必须以土地和劳动为前提,劳动过程也要以土地和资本为前提。三者的作用截然不同,无法用共同的尺度来衡量。因此,在私有制的条件下,这三要素之间就没有固有的尺度。如果撇开私有制,那么所有这些反常的分裂就不会存在。对于劳动而言,它是生产的主要要素,是"财富的源泉",是人的自由活动,但却在国民经济学的视野之外。

6. 竞争和垄断

恩格斯指出,竞争是经济学家"最宠爱的女儿,他始终娇惯和爱抚着她"[①]。只要私有制存在,一切都会归结为竞争。他认为,竞争作为私有制的规律贯串了生活的各个方面,造成人们当前相互奴役的状况。具体说来,私有制首先将生产分裂为两个对立的方面,即自然的方面和人的方面;其次,人的活动又分解为彼此敌视的劳动和资本;再次,这三种要素彼此斗争而不是相互支持;最后,私有制使这三种要素内部分裂,一块土地与另一块土地对立,一个资本与另一个资本对立,一个劳

[①] 《马克思恩格斯文集》第1卷,人民出版社2009年版,第72页。

动力与另一个劳动力对立。换句话说，因为私有制把每一个人隔离在他自己的粗陋的孤立状态中，土地占有者敌视土地占有者，资本家敌视资本家，工人敌视工人。竞争是资本主义制度的一部强大的机器，是受私有制制约的人们利害关系的"敌对状态"，对立的"极点"就是竞争。

竞争和垄断是对立面，竞争的矛盾与私有制本身所蕴含的矛盾如出一辙，在私有制的条件下，任何垄断都无法排除竞争，如小生产和大生产之间、各买主之间、工人和资本家之间、普遍利益和个人利益的对立，等等。垄断和竞争作为私有制的产物是彼此互为条件的。恩格斯认为，每个资本家都力争取得垄断地位来对付所有其他的人，这样，竞争就转为垄断；另一方面，"垄断挡不住竞争的洪流；而且，它本身还会引起竞争"①。因此，在恩格斯看来，国民经济学家关于垄断和竞争相互排斥的一切理论都是空洞的，这些理论不触及私有制。不论是竞争还是垄断都必须推翻私有制，才能扬弃二者之间的对立。

7. 商业危机

恩格斯认为，竞争的规律是谋求需求和供给的平衡，但双方始终处于尖锐的对立状态。供给总是紧跟着需求，不是太多，就是太少，从来没有刚好满足需求的情况。如果需求大于供给，价格就会上涨；只要供给增加，价格又会下跌；如果价格下跌，需求又会增长；情况总是这样。这个规律永远起着平衡的作用，然而，恩格斯坚信，这是一个产生革命的规律。在马尔萨斯之流的国民经济学家证明生产永远不会过剩时，实践上却发生商业危机，"这种危机就像彗星一样定期再现，在我们这里现在是平均每五年到七年发生一次。80年来，这些商业危机像过去的大瘟疫一样定期来临"②。恩格斯设想，生产者是分散的和无意识的，不可避免地会导致周期性的商业危机。而且每一次商业危机必定比前一次更普遍、更严重，必定会使小资本家变穷，使劳动阶级人数大比

---

① 《马克思恩格斯文集》第1卷，北京：人民出版社2009年版，第73页。
② 同上书，第74页。

例增加，从而使失业和无业人数显著增加。同时，竞争关系使道德完全丧失，不可能建立道德基础上的交换，每个人都力图在最有利的时机进行买卖，每个人都企图不劳而获，损人利己，或利用偶然事件甚至不幸事件发财。例如，纽约大火灾发生后，许多投机者进行不道德的交易，发灾难财。这种情况"必定引起一场社会革命，而这一革命，经济学家凭他的书本知识是做梦也想不到的"①。

恩格斯指出：

"竞争关系的真谛就是消费力对生产力的关系。在一种与人类相称的状态下，不会有除这种竞争之外的别的竞争。社会应当考虑，靠它所支配的资料能够生产些什么，并根据生产力和广大消费者之间的这种关系来确定，应该把生产提高多少或缩减多少，应该允许生产或限制生产多少奢侈品。但是，为了正确地判断这种关系，判断从合理的社会状态下能期待的生产力提高的程度，请读者参看英国社会主义者的著作并部分地参看傅立叶的著作。"②

恩格斯的这段论述十分接近唯物史观，特别是生产力和生产关系矛盾运动的理论。而这一理论的雏形来自李嘉图社会主义者。从恩格斯引用的情况上看，他利用了布雷的《劳动的不公正现象及其解决办法，或强权时代和公正时代》、汤普森的《最能促进人类幸福的财富分配原理的研究》、瓦茨的《政治经济学家的事实和臆想：科学原则述评，去伪存真》等著作，以及傅立叶的《关于四种运动和普遍命运的理论》和《经济的和协作的新世界，或按情欲分类的引人入胜的和合乎自然的劳动方式的发现》，这些著作均强调"生产力"的作用。例如，汤普逊指出："真正积累起来的财富，就它的重要和对于人类幸福的影响来说，和无论处于什么文明情况的同一社会的生产力比较，甚至和那个社会的即使是纪念的真正消费量比较都是微不足道的了。所以立法者和政治经

---

① 《马克思恩格斯文集》第1卷，北京：人民出版社2009年版，第75页。
② 同上书，第76页。

济学家应该特别注意'生产力'和它将来的自由发展，而不是像以前那样只是注意惹人注目的积累起来的财富。"① 汤普逊长期生活在英国资本主义经济较为发达的城市，他看到了产业革命促进生产力发展的繁荣景象，也注意到了同时引发的社会问题，比如工人受到机器的排挤而失业，工人的劳动条件和生活条件极为恶劣，乃至生产过剩和经济危机。在他看来，社会分为两种人，一种就是劳动者，他们"除了劳动生产力之外一无所有"②；另一种是资本家，他们拥有土地、厂房、机器设备、原材料等等，这就是资本主义制度下的资本和劳动的分离。劳动生产力只有依附资本才能生存。总之，李嘉图社会主义者在生产力发展的趋势中看到了资本主义制度的弊端。生产力和劳动热忱之间的矛盾会随着资本主义的剥削不断加深，直到没有任何劳动积极性，那时，生产力也就达到它的界限不再发展，人类的需要也就不会得到满足了。英国的社会主义者（还包括傅立叶派）主张，应从全社会角度考虑，现有的生产资料能够生产什么和生产多少，要根据生产力和广大消费者之间的这种关系来确定，但是，为了正确地判断这种关系，就要判断从合理的社会状态下能期待的生产力提高的程度。恩格斯指出，如果生产者了解消费者的需要，并且把生产合理组织起来，并且在他们中间进行分配，就不会有竞争引起的波动甚至消除竞争引起的商业危机。

8. 人口

资本对资本、土地对土地、劳动对劳动的斗争产生了怪诞的现象，如果资本不最大限度地获得利润，它就经不住其他资本的竞争；如果土地的生产力不经常提高，耕种土地就会无利可图；如果工人不全力劳动，他就对付不了其他劳动者。在生产发展过程中必定会出现生产力大大过剩阶段，人们纯粹由于过剩而饿死，或者出现繁荣和危

---

① 〔英〕威廉·汤普逊：《最能促进人类幸福的财富分配原理的研究》，北京：商务印书馆1986年版，第454页。
② 同上书，第143页。

机、生产过剩和停滞的反复交替。为了解释这种状况,马尔萨斯发明了荒谬的人口论,他把自己的理论建立在数学计算上,即人口按几何级数 $1+2+4+8+16+32$……增加,而土地的生产力按算术级数 $1+2+3+4+5+6$ 增加。马尔萨斯断言,工人阶级的贫困受"自然规律"支配,因为人口的增长大大超过生活资料的生产。为了阻止工人阶级的过度增长,他建议实行道德节制,如有可能就要不结婚,为了防止其增长,需要有害健康的职业以及疾病,直到战争消灭。

恩格斯认为,"过剩"的问题很容易解释,他利用了"最有才智的经济学家和统计学家"艾利生的调查和研究数据,根据艾利生在其《人口原理及其与人类幸福的关系》一书中所作的计算,只要大力发展农业生产,就能够在十年之内使自己的粮食产量达到足以供养 6 倍于现有人口的水平。他一方面充分肯定艾利生因诉诸土地的生产力而动摇了马尔萨斯的理论,从而说明人口不是社会发展和进步的最终决定因素;恩格斯另一方面还强调,艾利生没有深入到事物的本质,因而他未能驳倒马尔萨斯据以得出他的原理的事实。那么什么是艾利生未能驳倒的马尔萨斯"据以得出他的原理的事实"呢?

恩格斯指出,"人类支配的生产力是无法估量的"①。由此,恩格斯十分看重科学,他对科学充满信心,因为仅仅一门化学,仅仅汉弗莱·戴维爵士和尤斯图斯·李比希两人,就使 19 世纪的农业获得长足进步,可见科学发展的速度至少也是与人口增长的速度一样的,因此,科学也是按"几何级数"发展的。在恩格斯看来,人口过剩或劳动力过剩是始终同财富过剩、资本过剩和地产过剩联系着的。只有在生产力强大的地方,人口才会过多。英国这样人口过剩的国家的情况,极其明显地证实了这一点。

9. 财产集中

恩格斯认为,财产集中资本与资本、劳动与劳动、土地占有与土

---

① 《马克思恩格斯文集》第 1 卷,北京:人民出版社 2009 年版,第 77 页。

地占有之间的竞争必然后果，是各方的力量的角逐，而力量较强的在斗争中会取得胜利。首先，土地占有者或资本家比劳动者有优势，因为工人要生活就必须工作，而土地占有者可以靠地租过活，资本家可以靠利息过活。结果就是：劳动得到的仅仅是必需品，大部分则被资本家和土地占有者获得。同时，较强的工人排挤较弱的工人，较大的资本排挤较小的资本，较大的土地占有排挤小土地占有，并且实践证实了这个结果。于是就产生了财产集中，在商业危机时期，这种集中进行得更快。这种财产的集中是私有制所固有的，最终导致中间阶级消失，直到形成严重的贫富两极分化，因而，社会革命在资本主义制度下是必然的和不可避免的。

三 资本主义经济与道德、科技

道德和科学技术不属于国民经济学的范畴，因而本书将恩格斯的这篇文章分为三个部分，这部分篇幅仅占全文的十五分之一。

恩格斯在第（14）节中试图证明，"竞争也扩展到了道德领域，并表明私有制使人堕落到多么严重的地步"[①]。因为竞争已经渗透到全部生活关系中，造成了人们之间相互奴役的状况。而在资本主义社会中，犯罪年年增加，犯罪行为此起彼伏，甚至严酷的工厂制度也会引起犯罪行为的增加。大城市或者地区每年发生的刑事案件，如凶杀、抢劫、偷窃等事件的数字都是有规律的增加，能够被精确地预计。这种规律性足以证明，犯罪也受竞争支配，证明资本主义制度产生了犯罪的需求，一些人刚刚被释放或惩罚，另一些人就会被逮捕、放逐或处死。至于对罪犯的惩罚是否公正，恩格斯让他的读者去判断。

在第（15）节，也就是最后一节中，恩格斯指出，资本和土地有一个特殊的优越条件，那就是可以利用科学，而工人却无法做到这一点，因此，在私有制条件下，科学也是用来反对劳动的。例如，1770

[①] 《马克思恩格斯文集》第1卷，北京：人民出版社2009年版，第85页。

年以来，哈格里沃斯、克朗普顿和阿克莱的棉纺机不断降低了对人的劳动的需求，这些发明使机器劳动增加了一倍，从而把手工劳动减少了一半，使一半工人失业，另一半工人的工资也就降低。恩格斯说，这些科学发明"破坏了工人对工厂主的反抗，摧毁了劳动在坚持与资本作力量悬殊的斗争时的最后一点力量"①，从而使工人处于更加不利的境地。恩格斯还简略地谈到了"机器"、"分工"和"工厂制度"的问题，然而，恩格斯没有作进一步的探讨，因为这需要进一步"考察机器生产的影响"，而这个问题，正如他所说的，打算"不久"再来研究。

总之，恩格斯的《国民经济学批判大纲》论点鲜明、论证有力、数据翔实，从国民经济学诸范畴隐含的各种对立中揭示了私有制的弊病，不愧为"天才大纲"。

---

① 《马克思恩格斯文集》第 1 卷，北京：人民出版社 2009 年版，第 85 页。

第六章　重要观点

《国民经济学批判大纲》表明恩格斯在政治观和世界观的发展过程中达到了新的顶点,他已经站在工人阶级的立场上维护劳动者的利益,从而在马克思主义发展史上第一次突破了国民经济学的狭隘视域。他将英国社会经济和政治关系的有关知识与黑格尔阐述的辩证方法有机结合起来,并将这种方法与批判国民经济学的唯物主义立场有机融合。他第一次总结了科学社会主义理论的来源,并开始批判性地加工与整合。这篇文章标志着马克思主义政治经济学的真正开始。下面将恩格斯在《国民经济学批判大纲》中表述的重要理论观点扼要概括如下:

一　私有制必然引发社会革命

1843年9月,恩格斯就已经认识到,对历史、经济学和实践的无知是传统共产主义的主要缺点,尽管他们将批判的矛头指向私有制。因此,在《德法年鉴》上,恩格斯在批判卡莱尔泛神论历史观的同时,也要批判国民经济学的研究成果,揭露国民经济学掩盖私有制的不合理性这个事实。

恩格斯很早就研究了私有制的理论,并阅读了英国的政治经济学著作。1843年5月,恩格斯考察了教授和实践政治家是怎样对待政治经济学这门科学的,了解了斯密的"自由贸易"和马尔萨斯的人口论及其"荒谬结论"。这样,恩格斯到1843年秋天就已经有了一个相当全面的了解,而这种了解首先建立在对标志着资产阶级古典经济学顶点的斯密和李嘉图的观点的认识的基础之上。他发现，国民经济学无非是探讨了私有制的各种规律，而这门科学的缺陷和局限性在于，没有提出私有制是否天然合理的问题，仅仅将私有制的规律和范畴看做是永恒的和非历史的。由于这门科学掩盖了实际生活中的矛盾而不得不陷入自身的理论矛盾和困境中。当恩格斯发现国民经济学的根本性弊病以后，问题就明晰了，即私有制既是必然的，又是历史上短暂的社会关系；资本主义生产方式的弊端在于私有制，这种生产方式中也孕育了废除和消灭私有制的前提。

在《国民经济学批判大纲》中，恩格斯指出：

"私有制的最直接的结果是生产分裂为两个对立的方面：自然的方面和人的方面，即土地和人的活动。土地无人施肥就会荒芜，成为不毛之地，而人的活动的首要条件恰恰是土地。"[①]

在此，恩格斯关注的基本问题是"私有制"和"劳动"的关系问题。恩格斯是从私有制这个经济事实出发的。同时，他力求历史地研究问题，说明私有制发展的特点，对这个问题恩格斯作了相当明确的说明。他认为：私有制使生产分裂成对立的两个面，使生产的要素相互对立。恩格斯对这一事实的解释，表明他是一个已经摆脱了黑格尔唯心主义观察方法的思想家，是一个力图揭示社会的客观辩证运动过程的唯物主义者。

在这里他对两个阶段作了区别，私有制发展的第一个阶段是使作为人类生存的"首要条件"的土地走向"自我买卖"，与这一阶段历史地相联接的是第二个阶段，这个阶段使对立面进一步发展了。生产的"人的方面"即劳动分裂了，它分解为两种对立的要素：劳动和作为"劳动结果"的资本。同时，劳动又再次分裂了；劳动的产物以工资的形式和劳动对立起来了，它和劳动分离开来。私有制以这种方式合乎规律地使生产分裂，使生产的要素，并使生产的所有者彼此"敌

---

① 《马克思恩格斯文集》第 1 卷，北京：人民出版社 2009 年版，第 72 页。

对"，决定了要素之间，所有者之间的对立和斗争。这样，私有制条件下的竞争就使资本同资本，劳动同劳动，土地同土地对立起来，同样又使其中的每一个因素同其他的两个因素对立起来。此外，资本主义私有制和竞争还使这三种要素中的每一种都分裂开来。一块土地和另一块土地对立着，一个资本和另一个资本对立着，一个劳动力和另一个劳动力对立着。在分析私有制和劳动的关系时，恩格斯开始第一次较系统地证实普遍的客观的辩证的运动规律也适用于社会现实。这里有特点的是，一方面，恩格斯作为唯物主义者从一开始就竭力掌握历史发展的辩证法；另一方面，他把自己的注意力集中在发展的根源上，他认为这一根源在于矛盾的存在和相互作用。从恩格斯对私有制和劳动关系的分析中可以看出，他特别认识到对立的统一，统一之分裂为对立面和对立面的斗争是社会运动的动力。这样，恩格斯也就同时为创立一种关于矛盾的唯物主义理论迈出了第一步；这种理论一开始就超越了黑格尔的观点，因为它是以对立面的斗争为中心的，而这个问题总的来说是黑格尔所没有涉及的。

对恩格斯来说，发现私有制和劳动之间的辩证关系，是一个决定性的起点，是进一步阐明资本主义制度下各阶级的经济地位和关系以及阶级的对立和斗争的钥匙。恩格斯非常重视这个从 1842 年底他就着手研究的基本问题，而在研究这一问题时，他也直接论述了阶级之间，资本、劳动和地产之间的冲突。众所周知，资本家和地主因保护关税问题展开激烈斗争，由于他们剥削策略不同而互相攻击。恩格斯作为无产阶级群众的辩护人既反对资本家也反对地主。恩格斯认为，地主和商人一样，都是私有者，是掠夺劳动群众的。地主靠垄断土地进行掠夺，他自己不劳动但他的财富却不断增加，因为他的地产的价值随着人口的增长和对土地的需求的不断增大以及佃户的投资和改良而提高了。工人要生活就得工作，而土地所有者则靠地租过活，地租的产生归根到底是由于土地和生产者的分离，而这种分离又是由私有制的存在造成的。所以，地主的权力和财富是建立在私有制基础上的，私有制使地主能够对劳动群众进行掠夺。因此，恩格斯谴责了由于私有制而产生的土地和劳动的分离,也就是说,谴责了使劳动群众丧失土地这一人类生存的首要条件而由少数人占有土地的现象。同样,他也反对"资本和劳动"的分离,把工业资本家的地位同占有土地的农业资本家的权力和财富一样也归咎于私有制和由于私有制的存在而产生的劳动本身的分裂。私有制把人的活动分解为劳动和资本,即分为活的劳动和积累起来的劳动,使它们相互对立,使前者依赖于后者。在这个过程中,资本又分为原始资本和利润,而利润中有一部分又加到资本上去,这样资本就不断地增殖。

此外,恩格斯明确指出,工人是在极端困难的条件下生活和进行斗争的,因为工人要想生活就必须得工作,否则就没有任何生活的来源,而土地所有者不同,他不劳动却可以靠地租过活,同理,资本家也可以靠利息过活,而工人所得到的仅仅是最必需的东西,仅仅是一些再生产劳动力所必需的生活资料,而财富的大部分产品则为资本和土地所有者瓜分。恩格斯把自己的思考结果,即社会经济生活中的各种对立和矛盾总结如下:这一切微妙的分裂现象,都产生于资本和劳动的最初的分离和完成这一分离的人类分为资本家和工人的分裂。而这一分裂正日益加剧,它必然还会不断地加剧。

这样,恩格斯从社会主义的立场出发对资产阶级经济学所作的分析,不仅为自己提供了证据,说明工业资本家和占有土地的农业资本家的权力和财富都以掠夺和剥削工人为基础,而且使他得出一个基本结论,即人类分为资本家和工人,其根源在私有制,这种分裂是一个合乎规律的、不可阻挡地向前发展的过程。由于恩格斯证实了私有制的存在是这种分裂的原因,他也就同时揭示了工人和资本家对立的经济基础以及由这种对立引起的两个阶级之间的斗争的必然性和必要性。同时,他从私有制的经济规律,也就是从不可阻挡地向前发展的"财产集中"这个私有制所"固有的规律",引申出无产阶级和资产阶级之间的对立会"日益加剧"这个事实,爆发社会革命的事实。

但遗憾的是:恩格斯在《国民经济学批判大纲》中还没有谈到私有制的产生和起源问题,这是恩格斯晚年在利用马克思对摩尔根著作的摘录笔记之后完成的，这一最终理论表述体现在《家庭、私有制和国家的起源》中。

二 竞争必然导致商业危机

竞争是恩格斯《国民经济学批判大纲》的主要研究对象，并贯串于整部著作。恩格斯在《国民经济学批判大纲》中对竞争的分析，具有极大的理论价值。这里阐述的观点极其深刻，它对批判资本主义生产方式是完全适用的。

恩格斯批判了英国的经济学家，特别是麦克摩洛赫和李嘉图，他们说价值决定于生产费用，因为任何人也不会用低于生产费用的价格来出售自己的商品，然而，他们排除了竞争，这就把概念完全弄混乱了。萨伊也犯了同样的错误，他是按物品的效用来确定价值。但是恩格斯认为，在确定效用的时候，必须考虑竞争。恩格斯把价值理解为生产费用和效用的关系，是以竞争为基础的资本主义经济所不能接受的。恩格斯在批判李嘉图关于生产费用的理论时指出，李嘉图在确定地租时没有考虑到竞争。恩格斯和李嘉图相反，他把地租和土地的收益看成是土地的收获量和竞争之间的关系。由于土地的收益也取决于竞争，因此它在本质上和利润并没有区别，于是恩格斯指出，土地占有和商业都同样会导致垄断。

私有制产生竞争的环境。竞争席卷了一切，它在资本家之间，土地所有者之间，甚至工人与工人之间进行着。竞争引起人与人之间的普遍斗争，在这一斗争中，被打败的永远是工人，因为工人只靠着自己的劳动过活，而地主却可以靠地租、资本家可以靠利润和利息过活。工人所得到的只是最必需的东西，而资本家和地主却把大部分产品攫为己有。竞争的逻辑是无情的，是人们的互相孤立和互相敌视。强者迟早得胜，较弱的和适应情势较差的注定要灭亡。大资本和大土地占有者按照弱肉强食的道理并吞小资本和小土地占有者的过程，一定会产生财产集中。恩格斯认为，财产的集中是私有制所固有的。财产的集中具体表现在社会的两极分化,表现为中等阶级逐渐被消灭,最后,"直到世界分裂为百万富翁和穷光蛋,大土地占有者和贫穷的短工为止"①。在商业危机和农业危机时期,这种集中就进行得更快。一般说来,大的财产比小的财产增长得更快,这种财产的集中是一个规律,它也是私有制所固有的。这样,作为资本主义制度和资产阶级社会制度的基本规律的竞争就通过财产集中产生了垄断,而垄断又远比竞争更加不道德和可怕,因为垄断造成了普遍的奴隶制。虽然如此,由于竞争和因竞争而引起的使资本家和无产者之间的阶级斗争日趋尖锐化的危机,资本主义制度是注定要灭亡的。

自由主义的经济学家不敢正视真理,不敢承认贫富之间的矛盾是竞争的结果,他们说,竞争可以消除垄断。恩格斯在批判自由贸易主义者的这种理论时,论证了竞争不会损害垄断,而且为新形式下和相应的新条件下垄断的形成创造前提。任何竞争者都希望自己垄断,竭力确立其生产或出售制成品的垄断地位。因此,竞争迟早会转为垄断。另一方面,垄断并不排除竞争,"垄断挡不住竞争的洪流;而且,它本身还会引起竞争"②。这是一种辩证的联系,同一本质既可作为原因,又可作为结果。危机大大加剧了工人阶级的贫困状况,使社会矛盾白热化,这些矛盾最终应由社会革命来解决。

恩格斯完全摆脱了对资本主义关系"合理性"的崇拜,他清楚地看到,生产的无政府状态和市场的自发性竞争,其后果就是有规律的商业危机。在生产资料资本主义私有制的制度下,危机是不可避免的。供求规律和资本主义的其他经济规律一样,只有用周期性的震动才能给自己开辟道路。竞争是自由主义学说的主要规律,对其进行批判是恩格斯对于国民经济学的基本范畴的批判的基础。他试图指出,竞争怎样制约着这些范畴。按照恩格斯的看法,由于竞争的关系,首先商业成了人与人之间发生纠纷的根源,并且会引起一切人反对一切人的战争。其次,

---

① 《马克思恩格斯文集》第1卷,北京:人民出版社2009年版,第84页。
② 同上书,第73页。

由于竞争的关系,价值和价格都不能得到正确合理的规定,也就是说,不能按照生产费用和效用之间的关系加以规定,竞争造成资本和劳动之间的对立,结果也就造成生产的两个要素的不公平的报酬。最后,竞争还造成危机,而恩格斯已经把这种危机看成是随同资本主义而产生的、必然的、不可避免的现象,看成是促成集中的最重要的因素,看成是资本主义制度无能为力的最重要表现形式。因竞争而产生的危机由于对工人的日益加紧的剥削和对中等阶层的排挤,使得资本和垄断增强了力量,从而也就引起了阶级斗争的尖锐化,引起社会革命。对于这个问题的出路,恩格斯指出,"如果生产者自己知道消费者需要多少,如果他们把生产组织起来,并且在他们中间进行分配,那么就不会有竞争的波动和竞争引起危机的倾向了。"①

三 生产力是推动社会历史发展的动力

国民经济学是恩格斯新世界观的一个理论源泉,它使恩格斯更深刻地认识了经济基础和资本主义制度的本质。恩格斯认为,国民经济学使人们注意到了"土地和人类的生产力"。这个问题包括关于劳动的全部课题:从劳动对于社会发展的作用和意义,资本和劳动的关系直到劳动从私有制及其规律中解放出来。在《大陆上社会改革运动的进展》一文中,恩格斯就已把傅立叶的"自由劳动理论"称为"社会哲学的伟大原理",在《英国状况》这一著作中,他再次深入研究了劳动问题。在那里,他第一次对这个问题作了历史的、哲学的分析,并把人、历史、劳动、私有制的关系纳入他的理论考察范围。然而,那时恩格斯还没有对劳动下较深刻的定义,也没有对私有制和劳动的关系作进一步的阐述。恩格斯只是在了解了国民经济学的成果并对它进行批判性的改造以后才做到这一点。

从内容上看,恩格斯在《国民经济学批判大纲》中正是运用生产

---

① 《马克思恩格斯文集》第 1 卷,北京:人民出版社 2009 年版,第 74—75 页。

力尺度来反对资本主义的私有制。这一尺度的运用明显体现在对马尔萨斯人口论的批判上,以此为基础,恩格斯做出了超越国民经济学的判断。英国被马尔萨斯宣布为人口过剩的国家,但因此,

> "马尔萨斯的理论却是一个推动我们不断前进的、绝对必要的中转站。我们由于他的理论,总的来说由于经济学,才注意到土地和人类的生产力,而且我们在战胜了这种经济学上的绝望以后,就保证永远不惧怕人口过剩。"①

可见,生产力在恩格斯的理论视域中已经不是国民经济学中那个次要的、无足轻重的经济学范畴,恰恰相反,生产力的发展正是解决现存社会矛盾的希望所在。因此,生产力尺度集中表现了恩格斯对国民经济学的超越。在国民经济学领域,马尔萨斯将资本主义的生产方式看成是不变的、永恒的社会发展规律,从而掩盖了私有制这一真正的原因。这样就突破了当时资产阶级的国民经济学的狭隘视域,就像康德在僵化的自然观上打开第一个缺口一样,恩格斯第一次论证了资本主义生产方式的历史性和暂时性,从而突破了对私有制的形而上学理解。

生产力的发展是源于人的和属人的,是随着人类科学和技术的进步而不断发展的,是客观的历史过程,这也是斯密、李嘉图等经济学家无法突破的理论界限。正如恩格斯所说:"经济学家自己也不知道他在为什么服务。他不知道,他的全部利己的论辩只不过构成人类普遍进步的链条中的一环。他不知道,他瓦解一切私人利益只不过替我们这个世纪面临的大转变,即人类与自然的和解以及人类本身的和解开辟道路"②。这是一个生产的规律,国民经济学家用供求理论来证明"生产永远不会过多",而现实中出现的却是一次又一次因为过剩而导致的经济危机,恩格斯把这种危机比喻为彗星定期再现,在当时的英国是平均每五年到七年发生一次。最终,生产力的发展必定引起一场社会革命,而这一革

---

① 《马克思恩格斯文集》第1卷,北京:人民出版社2009年版,第81页。
② 同上书,第63页。

命，执着于理论演绎的经济学家凭他的书本知识是无论如何也预想不到的。和马尔萨斯相反，恩格斯对人类无穷无尽的生产力和生产能力深信不疑，而且他还坚定地认为，他所描述的生产力要素在私有制条件下不能解决人口过剩和财富过剩的对立，不能消除经济危机。这首先是由于这些要素和这种无穷无尽的生产力并没有被自觉地用来为大众造福，而是让竞争无限制地自然发展下去。实际上，它们确实会大大提高生产力，按照恩格斯的见解还会因机器的大量采用减轻人类所肩负的劳动，然而经常是在对立的情况下起作用，也就是说，一部分土地实行精耕细作，另一部分土地却荒芜着；一部分工人工作着，另一部分工人却失业，无工可做，正在挨饿；一部分资本不断扩张，另一部分则由于竞争而最终倒闭；一部分人越来越富有，另一部分越来越贫穷。这种对立情况也可能不同时出现，今天生意很好，需求很大，到处是一片忙碌景象，资本以惊人的速度周转着，农业欣欣向荣，工人干得筋疲力尽，而明天停滞到来了，农业得不偿失，大片土地荒芜了，资本在运动得最紧张的时候突然停顿下来，工人无事可做，整个国家都因财富过多、人口过剩而备尝痛苦。归根结底，如果生产力没有得到合理地运用，那么其发展最终不属于人，相反是与人相对立的客观力量。

由于这个发现恩格斯无可争议地表明他是这样一个思想家，他总的说来已经超越了费尔巴哈，并且把唯物主义加以阐明的思维和存在的关系、观念和现实的关系推广到社会方面，从中得出新的科学结论。由此不仅可以清楚地看到，恩格斯作为一个唯物主义者把"精神和自然"的关系成功地用于解释社会进程，而且他把这种关系理解为辩证的相对关系，反对把"自然"和"精神"形而上学地对立起来，认为这二者的辩证统一"在经济领域中"也是适用的。和马尔萨斯相反，恩格斯正是根据这个哲学见解阐明了人类所支配的生产力是无穷无尽的，土地的收获量可以通过应用"资本、劳动和科学"来提高，在这里科学是有助于人类征服自然力的积极力量。恩格斯在这里把人的活动看做是肉体活动和精神活动的辩证统一，除了劳动这一"生产力"，他还提出资本和科学，特别是科学。他针对资产阶级经济学家强调指出，精神要素当然会列入生产要素中。进一步而言，恩格斯赋予这种作为"生产的精神要素"的科学以决定性的意义，这从他和马尔萨斯的论战中就可以明显地看到了。恩格斯所说的科学不仅指自然科学，而且也指技术。他特别指出两门会使"生产无止境"提高的学科，即化学和像他所表述的"机械发明"。恩格斯把科学作为"生产的要素"直接置于社会关系中，置于"资本和土地反对劳动的斗争中"，也就是说，他不仅把科学的科技作用看做"生产力"，同时，他指出科学是为剥削阶级服务的，在资本主义条件下，科学帮助也被资本和土地用来反对劳动，因为科学的应用使工人阶级中的一部分人失业或者工资降低。

恩格斯还粗略地谈到了生产力和所有制的关系。在这里，他根据对资产阶级经济学的分析把劳动和生产力作为所有制发展的基础，而且把所有制又概括地分成公有制、私有制和集体所有制等阶段，然后又从所有制回到生产力。恩格斯在他的文章中所使用的生产力概念，是他为唯物主义历史观制定的基本范畴之一。

我们用恩格斯下面的这段话来结束本章的论述，这段话正是恩格斯的研究结果，他说：国民经济学具有积极的意义，"我们由于这个理论才开始明白人类的极端堕落，才了解这种堕落依存于竞争关系；这种理论向我们指出，私有制如何最终使人变成了商品，使人的生产和消灭也仅仅依存于需求；它由此也指出竞争制度如何屠杀了并且每日还在屠杀着千百万人；这一切我们都看到了，这一切都促使我们要用消灭私有制、消灭竞争和利益对立的办法来消灭这种人类堕落。"[①]

结　语

恩格斯在《国民经济学批判大纲》中的思想证明，他已经开始把古典政治经济学、德国古典哲学和空想社会主义这三方面理论资源联系起来，并对它们进行批判性加工与整合，这无疑是当时德国理论界的一

[①] 《马克思恩格斯文集》第1卷，北京：人民出版社2009年版，第82页。

个创见。恩格斯在黑格尔的神秘表述中发现了合理内核，即黑格尔关于劳动的历史决定作用的思想，并突出了劳动和生产在历史进程中的作用。而国民经济学只是把劳动看做是财富的源泉，因而对私有制无能为力，以傅立叶为代表的社会主义思想虽然指出私有制的弊端并提出了自由劳动理论，却又回避了经济学，甚至否定国民经济学本身所具有的科学意义。所以，对三者的有机整合是创造性的，是建立在应用新的辩证法的基础上的，即生产劳动引发的经济事实对于解释和说明历史具有优先性，由此，恩格斯的革命民主主义思想在英国期间合乎逻辑地转向共产主义和历史唯物主义。正如恩格斯本人回忆的那样，"我在曼彻斯特时异常清晰地观察到，迄今为止在历史著作中根本不起作用或者只起极小作用的经济事实，至少在现代世界中是一个决定性的历史力量；这些经济事实形成了产生现代阶级对立的基础；这些阶级对立，在它们因大工业而得到充分发展的国家里，因而特别是在英国，又是政党形成的基础，党派斗争的基础，因而也是全部政治史的基础。"[①]

恩格斯《国民经济学批判大纲》中的思想证明，他已经开始创造性的变革以往的重要概念和范畴，尤其通过生产力概念的使用诠释了与以往不同的历史观。现在看来，恩格斯对生产力概念的使用已经十分接近唯物史观的核心。比如，恩格斯在《国民经济学批判大纲》中共8次使用了生产力（Produktionskraft）概念，先于马克思。这个术语是斯密和李嘉图在国民经济学领域的常用术语，生产力（productive power）是表征生产数量的概念。在《国民经济学批判大纲》中，生产力不是某种与人无关的神秘力量，恩格斯已经从主体的角度来理解和使用这个术语。并将未来社会发展的基础定位在生产力上。再比如，恩格斯所使用的竞争概念中也具有深邃的内涵，具体说来，由于私有制处于支配地位，所以整个社会关系变得畸形了，不仅工人之间没有合作的关系，而且大小私有者之间也是彼此对立的关系，而这种关系用国民经济学的术语表达就是"竞争"，它与马克思后来在《哲学的贫困》中使用的"生

[①] 《马克思恩格斯文集》第4卷，北京：人民出版社2009年版，第232页。

产关系"概念仅有一步之遥。《国民经济学批判大纲》为唯物史观的创立奠定了重要的理论基础,他就是唯物史观的"前页"。我们似乎可以把恩格斯写作《国民经济学批判大纲》的历程看做是第二次世界大战中的"诺曼底登陆",恩格斯也是通过"另一条道路"达到并接近了马克思当时的理论高度。后续的任务才是马克思和恩格斯相互启发并形成唯物史观的明确表述。

恩格斯的《国民经济学批判大纲》亦非无懈可击。此时的恩格斯未能充分领会劳动价值论的实质,他当时的认识水平不足以洞穿英国古典政治经济学中关于价值规定的矛盾。恩格斯对价值所下的定义是"生产费用对效用的关系"[①],某种程度上,恩格斯还没有完全摆脱萨伊和麦克库洛赫庸俗经济学的影响。

《国民经济学批判大纲》对马克思的影响是不言而喻的。1843年底或1844年初,作为《德法年鉴》编辑的马克思就阅读了恩格斯的这篇文章,1844年初,二人就《国民经济学批判大纲》的刊出问题开始通信。1844年,在巴黎期间,在写完《1844年经济学哲学手稿》的"笔记本Ⅰ"以后,马克思在自己的笔记本上摘录了恩格斯的《国民经济学批判大纲》。当马克思是一个成熟的经济学家时,他仍然十分看重恩格斯的《国民经济学批判大纲》,还在《资本论》第一卷中4次引用恩格斯的论述来证明自己经济理论最重要的某些方面的结论。如果不精心研究恩格斯的《国民经济学批判大纲》就不可能完全理解恩格斯对马克思主义所作出的贡献。1844年8月底恩格斯与马克思在巴黎会面以后就开始了长达40年的合作。然而,两位伟人思想碰撞的过程和结果如何呢?这就引申出另外一个难解的学术课题,即马克思和恩格斯的学术思想关系,尤其是在写作《德意志意识形态》期间马克思和恩格斯的写作分担问题。而这些问题本书已经无力论及了。

---

① 《马克思恩格斯全集》第3卷,北京:人民出版社2002年版,第451页。

第四部分　经典著作选编

恩格斯

国民经济学批判大纲

国民经济学的产生是商业扩展的自然结果,随着它的出现,一个成熟的允许欺诈的体系、一门完整的发财致富的科学代替了简单的不科学的生意经。

这种从商人的彼此妒忌和贪婪中产生的国民经济学或发财致富的科学,在额角上带有最令人厌恶的自私自利的烙印。人们还有一种幼稚的看法,以为金银就是财富,因此必须到处从速禁止"贵"金属出口。各国像守财奴一样相互对立,双手抱住自己珍爱的钱袋,怀着妒忌心和猜疑心注视着自己的邻居。他们使用一切手段尽可能多地骗取那些与自己通商的民族的现钱,并使这些侥幸赚来的钱好好地保持在关税线以内。

如果完全彻底地实行这个原则,那就会葬送商业。因此,人们便开始跨越这个最初的阶段。他们意识到,放在钱柜里的资本是死的,而流通中的资本会不断增殖。于是,人们变得比较友善了,人们开始把自己的杜卡特①当做诱鸟放出去,以便把别人的杜卡特一并引回来,并且认识到,多花一点钱买甲的商品一点也不会吃亏,只要能以更高的价格把它卖给乙就行了。

重商主义体系就建立在这个基础上。商业的贪婪性已多少有所遮掩;各国多少有所接近,开始缔结通商友好条约,彼此做生意,并且为了获得更大的利润,甚至尽可能地互相表示友爱和亲善。但是实质上还

---

① 14—19世纪欧洲许多国家通用的金币。——编者注

是同从前一样贪财和自私,当时一切基于商业角逐而引起的战争就时时露出这种贪财和自私。这些战争也表明:贸易和掠夺一样,是以强权为基础的;人们只要认为哪些条约最有利,他们就甚至会昧着良心使用诡计或暴力强行订立这些条约。

贸易差额论是整个重商主义体系的要点。正因为人们始终坚持金银就是财富的论点,所以他们认为只有那最终给国家带来现金的交易才是赢利交易。为了说明这一点,他们以输出和输入作比较。如果输出大于输入,那么他们就认为这个差额会以现金的形式回到本国,国家也因这个差额而更富裕。因此经济学家的本事就是要设法使输出和输入到每年年底有一个顺差。为了这样一个可笑的幻想,竟有成千上万的人被屠杀!商业也有了它的十字军征讨[2]和宗教裁判所。

18世纪这个革命的世纪使经济学也发生了革命。然而,正如这个世纪的一切革命都是片面的并且停留在对立的状态中一样,正如抽象的唯物主义和抽象的唯灵论相对立,共和国和君主国相对立,社会契约和神权相对立一样,经济学的革命也未能克服对立。到处依然存在着下述前提:唯物主义不抨击基督教对人的轻视和侮辱,只是把自然界当做一种绝对的东西来代替基督教的上帝而与人相对立;政治学没有想去检验国家的各个前提本身;经济学没有想去过问**私有制的合理性**的问题。因此,新的经济学只前进了半步;它不得不背弃和否认它自己的前提,不得不求助于诡辩和伪善,以便掩盖它所陷入的矛盾,以便得出那些不是由它自己的前提而是由这个世纪的人道精神得出的结论。这样,经济学就具有仁爱的性质;它不再宠爱生产者,而转向消费者了;它假惺惺地对重商主义体系的血腥恐怖表示神圣的厌恶,并且宣布商业是各民族、各个人之间的友谊和团结的纽带。一切都显得十分辉煌壮丽,可是上述前提马上又充分发挥作用,而且创立了与这种伪善的博爱相对立的马尔萨斯人口论,这种理论是迄今存在过的体系中最粗陋最野蛮的体系,是一种彻底否定关于仁爱和世界公民的一切美好言词的绝望体系;这些前提创造并发展了工厂制度和现代的奴隶制度,这种奴隶制度就它的无人性和残酷性来说不亚于古代的奴隶制度。新的经济学,即以亚当·斯密的《国富论》① 为基础的自由贸易体系，也同样是伪善、前后不一贯和不道德的。这种伪善、前后不一贯和不道德目前在一切领域中与自由的人性处于对立的地位。

可是，难道说亚当·斯密的体系不是一个进步吗？当然是进步，而且是一个必要的进步。为了使私有制的真实的后果能够显露出来，就有必要摧毁重商主义体系以及它的垄断和它对商业关系的束缚；为了使当代的斗争能够成为普遍的人类的斗争，就有必要使所有这些地域的和国家的小算盘退居次要的地位；有必要使私有制的理论抛弃纯粹经验主义的、仅仅是客观主义的研究方法，并使它具有一种也对结果负责的更为科学的性质，从而使问题涉及全人类的范围；有必要通过对旧经济学中包含的不道德加以否定的尝试，并通过由此产生的伪善——这种尝试的必然结果——而使这种不道德达于极点。这一切都是理所当然的。我们乐于承认，只有通过对贸易自由的论证和阐述，我们才有可能超越私有制的经济学，然而我们同时也应该有权指出，这种贸易自由并没有任何理论价值和实践价值。

我们所要评判的经济学家离我们的时代越近，我们对他们的判决就必定越严厉。因为斯密和马尔萨斯所看到的现成的东西只不过是一些片断，而在新近的经济学家面前却已经有了一个完整的体系；一切结论已经作出，各种矛盾已经十分清楚地显露出来，但是，他们仍不去检验前提，而且还是对整个体系负责。经济学家离我们的时代越近，离诚实就越远。时代每前进一步，为把经济学保持在时代的水平上，诡辩术就必然提高一步。因此，比如说，**李嘉图**的罪过比**亚当·斯密**大，而**麦克库洛赫**和**穆勒**的罪过又比**李嘉图**大。

新近的经济学甚至不能对重商主义体系作出正确的评判，因为它本身就带有片面性，而且还受到重商主义体系的各个前提的拖累。只有摆脱这两种体系的对立，批判这两种体系的共同前提，并从纯粹人的、普遍的基础出发来看问题，才能够给这两种体系指出它们的真正的地位。

---

① 亚·斯密《国民财富的性质和原因的研究》1776年伦敦版。——编者注

那时大家就会明白，贸易自由的捍卫者是一些比旧的重商主义者本身更为恶劣的垄断者。那时大家就会明白，在新经济学家的虚伪的人道背后隐藏着旧经济学家闻所未闻的野蛮；旧经济学家的概念虽然混乱，与攻击他们的人的口是心非的逻辑比较起来还是单纯的、前后一贯的；这两派中任何一派对另一派的指责，都不会不落到自己头上。因此，新的自由主义经济学也无法理解李斯特为什么要恢复重商主义体系①，而这件事我们却觉得很简单。前后不一贯的和具有两面性的自由主义经济学必然要重新分解为它的基本组成部分。正如神学不回到迷信，就得前进到自由哲学一样，贸易自由必定一方面造成垄断的恢复，另一方面造成私有制的消灭。

自由主义经济学达到的唯一**肯定的**进步，就是阐述了私有制的各种规律。这种经济学确实包含这些规律，虽然这些规律还没有被阐述为最后的结论，还没有被清楚地表达出来。由此可见，在涉及确定生财捷径的一切地方，就是说，在一切严格意义的经济学上的争论中，贸易自由的捍卫者们是正确的。当然，这里指的是与支持垄断的人争论，而不是与反对私有制的人争论，因为正如英国社会主义者早就在实践中和理论上证明的那样②，反对私有制的人能够从经济的观点比较正确地解决经济问题。

因此，我们在批判国民经济学时要研究它的基本范畴，揭露自由贸易体系所产生的矛盾，并从这个矛盾的两个方面作出结论。

———

国民财富这个用语是由于自由主义经济学家努力进行概括才产生的。只要私有制存在一天，这个用语便没有任何意义。英国人的"国民财富"很多，他们却是世界上最穷的民族。人们要么完全抛弃这个用

---

① 弗·李斯特《政治经济学的国民体系》第 1 卷《国际贸易、贸易政策和德国关税同盟》1841 年斯图加特—蒂宾根版。——编者注

② 指约·弗·布雷、威·汤普森、约·瓦茨和他们的著作：布雷《劳动的不公正现象及其解决办法，或强权时代和公正时代》1839 年利兹版；汤普森《最能促进人类幸福的财富分配原理的研究》1824 年伦敦版；瓦茨《政治经济学家的事实和臆想：科学原则述评，去伪存真》1842 年曼彻斯特—伦敦版。——编者注

语，要么采用一些使它具有意义的前提。国民经济学，政治经济学，公共经济学等用语也是一样。在目前的情况下，应该把这种科学称为私经济学，因为在这种科学看来，社会关系只是为了私有制而存在。

————

私有制产生的最直接的结果就是**商业**，即彼此交换必需品，亦即买和卖。在私有制的统治下，这种商业与其他一切活动一样，必然是经商者收入的直接源泉；就是说，每个人必定要尽量设法贱买贵卖。因此，在任何一次买卖中，两个人总是以绝对对立的利益相对抗；这种冲突带有势不两立的性质，因为每一个人都知道另一个人的意图，知道另一个人的意图是和自己的意图相反的。因此，商业所产生的第一个后果是：一方面互不信任，另一方面为这种互不信任辩护，采取不道德的手段来达到不道德的目的。例如，商业的第一条原则就是对一切可能降低有关商品的价格的事情都绝口不谈，秘而不宣。由此可以得出结论：在商业中允许利用对方的无知和轻信来取得最大利益，并且也同样允许夸大自己的商品本来没有的品质。总而言之，商业是合法的欺诈。任何一个商人，只要他说实话，他就会证明实践是符合这个理论的。

重商主义体系在某种程度上还具有某种纯朴的天主教的坦率精神，它丝毫不隐瞒商业的不道德的本质。我们已经看到，它怎样公开地显露自己卑鄙的贪婪。18世纪民族间的相互敌视、可憎的妒忌以及商业角逐，都是贸易本身的必然结果。社会舆论既然还不具有人道精神，那么何必要掩饰从商业本身的无人性的和充满敌意的本质中所产生的那些东西呢？

但是，当**经济学的路德**①，即亚当·斯密，批判过去的经济学的时候，情况大大地改变了。时代具有人道精神了，理性起作用了，道德开始要求自己的永恒权利了。强迫订立的通商条约、商业战争、民族间的严重孤立状态与前进了的意识异常激烈地发生冲突。新教的伪善代替了

---

① 马克思在《1844年经济学哲学手稿》中对这个提法作了解释，见本卷第178—179页。——编者注

天主教的坦率。斯密证明,人道也是由商业的本质产生的,商业不应当是"纠纷和敌视的最丰产的源泉",而应当是"各民族、各个人之间的团结和友谊的纽带"(参看《国富论》第4卷第3章第2节);理所当然的是,商业总的说来对它的**一切**参加者都是有利的。

斯密颂扬商业是人道的,这是对的。世界上本来就没有绝对不道德的东西;商业也有对道德和人性表示尊重的一面。但这是怎样的尊重啊!当中世纪的强权,即公开的拦路行劫转到商业时,这种行劫就变得具有人道精神了;当商业上以禁止货币输出为特征的第一个阶段转到重商主义体系时,商业也变得具有人道精神了。现在连这种体系本身也变得具有人道精神了。当然,商人为了自己的利益必须与廉价卖给他货物的人们和高价买他的货物的人们保持良好的关系。因此,一个民族要是引起它的供应者和顾客的敌对情绪,就太不明智了。它表现得越友好,对它就越有利。这就是商业的人道,而滥用道德以实现不道德的意图的伪善方式就是自由贸易体系引以自豪的东西。伪君子叫道:难道我们没有打倒垄断的野蛮吗?难道我们没有把文明带往世界上遥远的地方吗?难道我们没有使各民族建立起兄弟般的关系并减少了战争次数吗?不错,这一切你们都做了,然而你们是**怎样**做的啊!你们消灭了小的垄断,以便使**一个**巨大的根本的垄断,即所有权,更自由地、更不受限制地起作用;你们把文明带到世界的各个角落,以便赢得新的地域来扩张你们卑鄙的贪欲;你们使各民族建立起兄弟般的关系——但这是盗贼的兄弟情谊;你们减少了战争次数,以便在和平时期赚更多的钱,以便使各个人之间的敌视、可耻的竞争战争达到登峰造极的地步!你们什么时候做事情是从纯粹的人道出发,是从普遍利益和个人利益之间的对立毫无意义这种意识出发的呢?你们什么时候讲过道德,而不图谋私利,不在心底隐藏一些不道德的、利己的动机呢?

自由主义的经济学竭力用瓦解各民族的办法使敌对情绪普遍化,使人类变成一群**正因为**每一个人具有与其他人相同的利益而互相吞噬的凶猛野兽——竞争者不是凶猛野兽又是什么呢?自由主义的经济学做完这个准备工作之后,只要再走一步——使家庭解体——就达到目的了。为了实现这一点,它自己美妙的发明即工厂制度助了它一臂之力。共同利益的最后痕迹,即家庭的财产共有被工厂制度破坏了,至少在这里,在英国已处在瓦解的过程中。孩子一到能劳动的时候,就是说,到了九岁,就靠自己的工钱过活,把父母的家只看做一个寄宿处,付给父母一定的膳宿费。这已经是很平常的事了。还能有别的什么呢?从构成自由贸易体系的基础的利益分离,还能产生什么别的结果呢?一种原则一旦被运用,它就会自行贯穿在它的一切结果中,不管经济学家们是否乐意。

然而,经济学家自己也不知道他在为什么服务。他不知道,他的全部利己的论辩只不过构成人类普遍进步的链条中的一环。他不知道,他瓦解一切私人利益只不过替我们这个世纪面临的大转变,即人类与自然的和解以及人类本身的和解开辟道路。

———

商业形成的第一个范畴是**价值**。关于这个范畴和其他一切范畴,在新旧两派经济学家之间没有什么争论,因为直接热衷于发财致富的垄断主义者没有多余时间来研究各种范畴。关于这类论点的所有争论都出自新近的经济学家。

靠种种对立活命的经济学家当然也有一种**双重的**价值:抽象价值(或实际价值)和交换价值。关于实际价值的本质,英国人和法国人萨伊进行了长期的争论。前者认为生产费用是实际价值的表现,后者则说什么实际价值要按物品的效用来测定。这个争论从本世纪初开始,后来停息了,没有得到解决。这些经济学家是什么问题也解决不了的。

这样,英国人——特别是麦克库洛赫和李嘉图——断言,物品的抽象价值是由生产费用决定的。请注意,是抽象价值,不是交换价值,不是 *exchangeable value*,不是商业价值;至于商业价值,据说完全是另外一回事。为什么生产费用是价值的尺度呢?请听!请听!因为在通常情况下,如果把竞争关系撇开,没有人会把物品卖得低于它的生产费用。没有人会卖吧?在这里,既然不谈**商业**价值,我们谈"卖"干什么呢?一谈到"卖",我们就要让我们刚才要撇开的商业重新参加进来,而且是这样一种商业！一种不把主要的东西即竞争关系考虑在内的商业！起初我们有一种抽象价值，现在又有一种抽象商业，一种没有竞争的商业，就是说有一个没有躯体的人，一种没有产生思想的大脑的思想。难道经济学家根本没有想到，一旦竞争被撇开，那就保证不了生产者正是按照他的生产费用来卖自己的商品吗？多么混乱啊！

还不仅如此！我们暂且认为，一切都像经济学家所说的那样。假定某人花了很大的力气和巨大的费用制造了一种谁也不要的毫无用处的东西，难道这个东西的价值也同生产费用一样吗？经济学家回答说，绝对没有，谁愿意买这种东西呢？于是，我们立刻不仅碰到了萨伊的声名狼藉的效用，而且还有了随着"买"而来的竞争关系。经济学家是一刻也不能坚持他的抽象的——这是做不到的。不仅他所竭力避开的竞争，而且连他所攻击的效用，随时都可能突然出现在他面前。抽象价值以及抽象价值由生产费用决定的说法，恰恰都只是抽象的非实在的东西。

我们再一次暂且假定经济学家是对的，那么在不把竞争考虑在内的情况下，他又怎样确定生产费用呢？我们研究一下生产费用，就可以看出，这个范畴也是建立在竞争的基础上的。在这里又一次表明经济学家是无法贯彻他的主张的。

如果我们转向萨伊的学说，我们也会发现同样的抽象。物品的效用是一种纯主观的根本不能绝对确定的东西，至少它在人们还在对立中徘徊的时候肯定是不能确定的。根据这种理论，生活必需品应当比奢侈品具有更大的价值。在私有制统治下，竞争关系是唯一能比较客观地**似乎**能大体确定物品效用大小的办法，然而恰恰是竞争关系被撇在一边。但是，只要容许有竞争关系，生产费用也就随之产生，因为没有人会卖得低于他自己在生产上投入的费用。因此，在这里也是对立的一方不情愿地转到另一方。

让我们设法来澄清这种混乱吧！物品的价值包含两个因素，争论的双方都要强行把这两个因素分开，但正如我们所看到的，这是徒劳的。价值是生产费用对效用的关系。价值首先是用来决定某种物品是否应该生产，即这种物品的效用是否能抵偿生产费用。然后才谈得上运用价值来进行交换。如果两种物品的生产费用相等，那么效用就是确定它们的比较价值的决定性因素。

这个基础是交换的唯一正确的基础。可是，如果以这个基础为出发点，那么又该谁来决定物品的效用呢？单凭当事人的意见吗？这样总会有**一人**受骗。或者，是否有一种不取决于当事人双方、不为当事人所知悉、只以物品固有的效用为依据的规定呢？这样，交换就只能**强制**进行，并且每一个人都认为自己受骗了。不消灭私有制，就不可能消灭物品固有的实际效用和这种效用的规定之间的对立，以及效用的规定和交换者的自由之间的对立；而私有制一旦被消灭，就无须再谈现在这样的交换了。到那个时候，价值概念的实际运用就会越来越限于决定生产，而这也是它真正的活动范围。

然而，目前的情况怎样呢？我们看到，价值概念被强行分割了，它的每一个方面都叫嚷自己是整体。一开始就为竞争所歪曲的生产费用，应该被看做是价值本身。纯主观的效用同样应该被看做是价值本身，因为现在不可能有第二种效用。要把这两个跛脚的定义扶正，必须在两种情况下都把竞争考虑在内；而这里最有意思的是：在英国人那里，竞争代表效用而与生产费用相对立，在萨伊那里则相反，竞争带来生产费用而与效用相对立。但是，竞争究竟带来什么样的效用和什么样的生产费用！它带来的效用取决于偶然情况、时尚和富人的癖好，它带来的生产费用则随着需求和供给的偶然比例而上下波动。

实际价值和交换价值之间的差别基于下述事实：物品的价值不同于人们在买卖中为该物品提供的那个所谓等价物，就是说，这个等价物并不是等价物。这个所谓等价物就是物品的**价格**，如果经济学家是诚实的，他就会把等价物一词当做"商业价值"来使用。但是，为了使商业的不道德不过于明显地暴露出来，他总得保留一点假象，似乎价格和价值以某种方式相联系。说**价格**由生产费用和竞争的相互作用决定，这是完全正确的，而且是私有制的一个主要的规律。经济学家的第一个发现就是这个纯经验的规律；接着他从这个规律中抽去他的实际价值，就是说，抽去竞争关系均衡时、供求一致时的价格，这时，剩下的自然只有生产费用了,经济学家就把它称为实际价值,其实只是价格的一种规定性。但是,这样一来,经济学中的一切就被本末倒置了:价值本来是原初的东西,是价格的源泉,倒要取决于价格,即它自己的产物。大家知道,正是这种颠倒构成了抽象的本质。关于这点,请参看费尔巴哈的著作。①

———

在经济学家看来,商品的生产费用由以下三个要素组成:生产原材料所必需的土地的地租,资本及其利润,生产和加工所需要的劳动的报酬。但人们立即就发现,资本和劳动是同一个东西,因为经济学家自己就承认资本是"积蓄的劳动"②。这样,我们这里剩下的就只有两个方面,自然的、客观的方面即土地和人的、主观的方面即劳动。劳动包括资本,并且除资本之外还包括经济学家没有想到的第三要素,我指的是简单劳动这一肉体要素以外的发明和思想这一精神要素。经济学家与发明的精神有什么关系呢?难道没有他参与的一切发明就不会落到他手里吗?有哪**一件**发明曾经使他花费过什么?因此,他在计算他的生产费用时为什么要为这些发明操心呢?在他看来,财富的条件就是土地、资本、劳动,除此以外,他什么也不需要。科学是与他无关的。尽管科学通过贝托莱、戴维、李比希、瓦特、卡特赖特等人送了许多礼物给他,把他本人和他的生产都提到空前未有的高度,可是这与他有何相干呢?他不懂得重视这些东西,科学的进步超出了他的计算。但是,在一个超越利益的分裂——正如在经济学家那里发生的那样——的合理状态下,精神要素自然会列入生产要素,并且会在经济学的生产费用项目中找到自己的位置。到那时,我们自然会满意地看到,扶植科学的工作也在物质上得到报偿,会看到,仅仅詹姆斯·瓦特的蒸汽机这样一项科学成果,在它存在的头50年中给世界带来的东西就比世界从一开始为扶植

---

① 路·费尔巴哈《关于哲学改革的临时纲要》,见《德国现代哲学和政论界轶文集》1843年苏黎世—温特图尔版第64—71页。——编者注
② 亚·斯密《国民财富的性质和原因的研究》1828年爱丁堡版第2卷第94页。——编者注

科学所付出的代价还要多。①

这样,我们就有了两个生产要素——自然和人,而后者还包括他的肉体活动和精神活动。现在我们可以回过来谈谈经济学家和他的生产费用。

———

经济学家说,凡是无法垄断的东西就没有价值。这个论点以后再详细研究。如果我们说:凡是无法垄断的东西就没有**价格**,那么,这个论点对于以私有制为基础的状态而言是正确的。如果土地像空气一样容易得到,那就没有人会支付地租了。既然情况不是这样,而是在一种特殊情况下被占有的土地的面积是有限的,那人们就要为一块被占有的即被垄断的土地支付地租或者按照售价把它买下来。令人感到奇怪的是,在这样弄明白了土地价值的产生以后,还得听经济学家说什么地租是付租金的土地的收入和值得费力耕种的最坏的土地的收入之间的差额。大家知道,这是李嘉图第一次充分阐明的地租定义。② 当人们假定需求的减少**马上**影响地租并**立刻**使相应数量的最坏耕地停止耕种的时候,这个定义实际上是正确的。但情况并不是这样,因此这个定义是有缺陷的;况且这个定义没有包括地租产生的原因,仅仅由于这一点,这个定义就已经站不住脚了。反谷物法同盟[31]盟员托·佩·汤普森上校在反对这个定义时,又把亚当·斯密的定义③搬了出来并加以论证。据他说,地租是谋求使用土地者的竞争和可支配的土地的有限数量之间的关系。在这里,这至少又回到地租产生的问题上来了;但是,这个解释没有包括土壤肥力的差别,正如上述的定义忽略了竞争一样。④

这样一来,同一个对象又有了两个片面的因而是不完全的定义。正如研究价值概念时一样,在这里我们也必须把这两个定义结合起来,以

---

① 见《马克思恩格斯文集》人民出版社 2009 年版第 1 卷第 98—105 页。——编者注
② 大·李嘉图《政治经济学和赋税原理》1817 年伦敦版第 54 页。——编者注
③ 亚·斯密《国民财富的性质和原因的研究》1828 年爱丁堡版第 1 卷第 237—242 页。——编者注
④ 托·佩·汤普森《真正的地租理论,驳李嘉图先生等》,见他的《政治习作及其他》1842 年伦敦版第 4 卷第 404 页。——编者注

便得出一个正确的、来自事物本身发展的、因而包括了实践中的一切情况的定义。地租是土地的收获量即自然方面（这方面又包括**自然**的肥力和**人**的耕作即改良土壤所耗费的劳动）和人的方面即竞争之间的相互关系。经济学家会对这个"定义"摇头；当他们知道这个定义包括了有关这个问题的一切时，他们会大吃一惊的。

土地占有者无论如何不能责备商人。

他靠垄断土地进行掠夺。他利用人口的增长进行掠夺，因为人口的增长加强了竞争，从而抬高了他的土地的价值。他把不是通过他个人劳动得来的、完全偶然地落到他手里的东西当做他个人利益的源泉进行掠夺。他靠**出租土地**、靠最终攫取租地农场主的种种改良的成果进行掠夺。大土地占有者的财富日益增长的秘密就在于此。

认定土地占有者的获得方式是掠夺，即认定人人都有享受自己的劳动产品的权利或不播种者不应有收获，这样的公理①并不是我们的主张。第一个公理排除抚育儿童的义务；第二个公理排除任何世代的生存权利，因为任何世代都得继承前一世代的遗产。确切地说，这些公理都是由私有制产生的结论。要么实现由私有制产生的一切结论，要么抛弃私有制这个前提。

甚至最初的占有本身，也是以断言老早就存在过**共同**占有权为理由的。①因此，不管我们转向哪里，私有制总会把我们引到矛盾中去。

土地是我们的一切，是我们生存的首要条件；出卖土地，就是走向自我出卖的最后一步；这无论过去或直至今日都是这样一种不道德，只有自我出让的不道德才能超过它。最初的占有土地，少数人垄断土地，所有其他的人都被剥夺了基本的生存条件，就不道德来说，丝毫也不逊于后来的土地出卖。

如果我们在这里再把私有制撇开，那么地租就恢复它的本来面目，就归结为实质上可以作为地租基础的合理观点。这时，作为地租而与土

---

① 亚·斯密《国民财富的性质和原因的研究》1828年爱丁堡版第1卷第85—86页。——编者注

地分离的土地价值，就回到土地本身。这个价值是依据面积相等的土地在花费的劳动量相等的条件下所具有的生产能力来计算的；这个价值在确定产品的价值时自然是作为生产费用的一部分计算在内的，它像地租一样是生产能力对竞争的关系，不过是对**真正的**竞争，即对某个时候会展开的竞争的关系。

―――

我们已经看到，资本和劳动最初是同一个东西；其次，我们从经济学家自己的阐述中也可以看到，资本是劳动的结果，它在生产过程中立刻又变成了劳动的基质、劳动的材料；可见，资本和劳动的短暂分开，立刻又在两者的统一中消失了；但是，经济学家还是把资本和劳动分开，还是坚持这两者的分裂，他只在资本是"积蓄的劳动"这个定义①中承认它们两者的统一。由私有制造成的资本和劳动的分裂，不外是与这种分裂状态相应的并从这种状态产生的劳动本身的分裂。这种分开完成之后，资本又分为原有资本和利润，即资本在生产过程中所获得的增长额，虽然实践本身立刻又将这种利润加到资本上，并把它和资本投入周转中。甚至利润又分裂为利息和本来意义上的利润。在利息中，这种分裂的不合理性达到顶点。贷款生息，即不花劳动单凭贷款获得收入，是不道德的，虽然这种不道德已经包含在私有制中，但毕竟还是太明显，并且早已被不持偏见的人民意识看穿了，而人民意识在认识这类问题上通常总是正确的。所有这些微妙的分裂和划分，都产生于资本和劳动的最初的分开和这一分开的完成，即人类分裂为资本家和工人。这一分裂正日益加剧，而且我们将看到，它**必定**会不断地加剧。但是，这种分开与我们考察过的土地同资本和劳动分开一样，归根结底是不可能的。我们根本无法确定在某种产品中土地、资本和劳动各占多少分量。这三个量是不可通约的。土地出产原材料，但这里并非没有资本和劳动；资本以土地和劳动为前提，而劳动**至少**以土地，在大多数场合还以

―――

① 亚·斯密《国民财富的性质和原因的研究》1828年爱丁堡版第2卷第94页。——编者注

资本为前提。这三者的作用截然不同，无法用任何第四种共同的尺度来衡量。因此，如果在当前的条件下，将收入在这三种要素之间进行分配，那就没有它们固有的尺度，而只有由一个完全异己的、对它们来说是偶然的尺度即竞争或者强者狡诈的权利来解决。地租包含着竞争；资本的利润只有由竞争决定，至于工资的情况怎样，我们立刻就会看到。

如果我们撇开私有制，那么所有这些反常的分裂就不会存在。利息和利润的差别也会消失；资本如果没有劳动、没有运动就是虚无。利润把自己的意义归结为资本在决定生产费用时置于天平上的砝码，它仍是资本所固有的部分，正如资本本身将回到它与劳动的最初统一体一样。

―――――

劳动是生产的主要要素，是"财富的源泉"①，是人的自由活动，但很少受到经济学家的重视。正如资本已经同劳动分开一样，现在劳动又再度分裂了；劳动的产物以工资的形式与劳动相对立，它与劳动分开，并且通常又由竞争决定，因为，正如我们所看到的，没有一个固定的尺度来确定劳动在生产中所占的比重。只要我们消灭了私有制，这种反常的分离就会消失；劳动就会成为它自己的报酬，而以前被让渡的工资的真正意义，即劳动对于确定物品的生产费用的意义，也就会清清楚楚地显示出来。

―――――

我们知道，只要私有制存在一天，一切终究会归结为竞争。竞争是经济学家的主要范畴，是他最宠爱的女儿，他始终娇惯和爱抚着她，但是请看，在这里出现的是一张什么样的美杜莎的怪脸。

私有制的最直接的结果是生产分裂为两个对立的方面：自然的方面和人的方面，即土地和人的活动。土地无人施肥就会荒芜，成为不毛之地，而人的活动的首要条件恰恰是土地。其次，我们看到，人的活动又

―――――

① 亚·斯密《国民财富的性质和原因的研究》1828年爱丁堡版第1卷第9—10页。——编者注

怎样分解为劳动和资本，这两方面怎样彼此敌视。这样，我们已经看到的是这三种要素的彼此斗争，而不是它们的相互支持；现在，我们还看到私有制使这三种要素中的每一种都分裂。一块土地与另一块土地对立，一个资本与另一个资本对立，一个劳动力与另一个劳动力对立。换句话说，因为私有制把每一个人隔离在他自己的粗陋的孤立状态中，又因为每个人和他周围的人有同样的利益，所以土地占有者敌视土地占有者，资本家敌视资本家，工人敌视工人。在相同利益的敌对状态中，正是由于利益的相同，人类目前状态的不道德已经达到极点，而这个极点就是竞争。

――――

竞争的对立面是**垄断**。垄断是重商主义者战斗时的呐喊，竞争是自由主义经济学家厮打时的吼叫。不难看出，这个对立面也是完全空洞的东西。每一个竞争者，不管他是工人，是资本家，或是土地占有者，都**必定**希望取得垄断地位。每一个较小的竞争者群体都必定希望为自己取得垄断地位来对付所有其他的人。竞争建立在利益基础上，而利益又引起垄断；简言之，竞争转为垄断。另一方面，垄断挡不住竞争的洪流；而且，它本身还会引起竞争，正如禁止输入或高额关税直接引起走私一样。竞争的矛盾和私有制本身的矛盾是完全一样的。单个人的利益是要占有一切，而群体的利益是要使每个人所占有的都相等。因此，普遍利益和个人利益是直接对立的。竞争的矛盾在于：每个人都必定希望取得垄断地位，可是群体本身却因垄断而一定遭受损失，因此一定要排除垄断。此外，竞争已经以垄断即所有权的垄断为前提——这里又暴露出自由主义者的虚伪——，而且只要所有权的垄断存在着，垄断的所有权也同样是正当的，因为垄断一经存在，它就是所有权。可见，攻击小的垄断，保留根本的垄断，这是多么可鄙的不彻底啊！前面我们已经提到过经济学家的论点，凡是无法垄断的东西就没有价值，因此，凡是不容许垄断的东西就不可能卷入这个竞争的斗争；如果我们再把经济学家的这个论点引到这里来，那么我们关于竞争以垄断为前提的论断，就被证明是完全正确的了。

竞争的规律是：需求和供给始终力图互相适应，而正因为如此，从未有过互相适应。双方又重新脱节并转化为尖锐的对立。供给总是紧跟着需求，然而从来没有达到过刚好满足需求的情况；供给不是太多，就是太少，它和需求永远不相适应，因为在人类的不自觉状态下，谁也不知道需求和供给究竟有多大。如果需求大于供给，价格就会上涨，因而供给似乎就会兴奋起来；只要市场上供给增加，价格又会下跌，而如果供给大于需求，价格就会急剧下跌，因而需求又被激起。情况总是这样；从未有过健全的状态，而总是兴奋和松弛相更迭——这种更迭排斥一切进步——一种达不到目的的永恒波动。这个规律永远起着平衡的作用，使在这里失去的又在那里获得，因而经济学家非常欣赏它。这个规律是他最大的荣誉，他简直百看不厌，甚至在一切可能的和不可能的条件下都对它进行观察。然而，很明显，这个规律是纯自然的规律，而不是精神的规律。这是一个产生革命的规律。经济学家用他那绝妙的供求理论向你们证明"生产永远不会过多"①，而实践却用商业危机来回答，这种危机就像彗星一样定期再现，在我们这里现在是平均每五年到七年发生一次。80年来，这些商业危机像过去的大瘟疫一样定期来临，而且它们造成的不幸和不道德比大瘟疫所造成的更大（参看威德《中等阶级和工人阶级的历史》1835年伦敦版第211页）。当然，这些商业革命证实了这个规律，完完全全地证实了这个规律，但不是用经济学家想使我们相信的那种方式证实的。我们应该怎样理解这个只有通过周期性的革命才能为自己开辟道路的规律呢？这是一个以当事人的无意识活动为基础的自然规律。如果生产者自己知道消费者需要多少，如果他们把生产组织起来，并且在他们中间进行分配，那么就不会有竞争的波动和竞争引起危机的倾向了。你们有意识地作为人，而不是作为没有类意识的分散原子进行生产吧，你们就会摆脱所有这些人为的无根据的对立。但

---

① 亚·斯密《国民财富的性质和原因的研究》1828年爱丁堡版第1卷第97页。——编者注

是，只要你们继续以目前这种无意识的、不假思索的、全凭偶然性摆布的方式来进行生产，那么商业危机就会继续存在；而且每一次接踵而来的商业危机必定比前一次更普遍，因而也更严重，必定会使更多的小资本家变穷，使专靠劳动为生的阶级人数以增大的比例增加，从而使待雇劳动者的人数显著地增加——这是我们的经济学家必须解决的一个主要问题——，最后，必定引起一场社会革命，而这一革命，经济学家凭他的书本知识是做梦也想不到的。

由竞争关系造成的价格永恒波动，使商业完全丧失了道德的最后一点痕迹。至于**价值**就无须再谈了。这种似乎非常重视价值并以货币的形式把价值的抽象推崇为一种特殊存在物的制度，本身就通过竞争破坏着一切物品所固有的任何价值，而且每日每时改变着一切物品相互的价值关系。在这个漩涡中，哪里还可能有建立在道德基础上的交换呢？在这种持续地不断涨落的情况下，每个人都**必定**力图碰上最有利的时机进行买卖，每个人都必定会成为投机家，就是说，都企图不劳而获，损人利己，算计别人的倒霉，或利用偶然事件发财。投机者总是指望不幸事件，特别是指望歉收，他们利用一切事件，例如，当年的纽约大火灾①；而不道德的顶点还是交易所中有价证券的投机，这种投机把历史和历史上的人类贬低为那种用来满足善于算计或伺机冒险的投机者的贪欲的手段。但愿诚实的、"正派的"商人不以"我感谢你上帝"等表面的虔诚形式摆脱交易所投机。这种商人和证券投机者一样可恶，他也同他们一样地投机倒把，他必须投机倒把，竞争迫使他这样做，所以他的买卖也与证券投机者的勾当一样不道德。竞争关系的真谛就是消费力对生产力的关系。在一种与人类相称的状态下，不会有除这种竞争之外的别的竞争。社会应当考虑，靠它所支配的资料能够生产些什么，并根据生产力和广大消费者之间的这种关系来确定，应该把生产提高多少或缩减多少，应该允许生产或限制生产多少奢侈品。但是，为了正确地判断这种关

---

① 指1835年12月16日在纽约发生的火灾。——编者注

系，判断从合理的社会状态下能期待的生产力提高的程度，请读者参看英国社会主义者的著作①并部分地参看傅立叶的著作②。

在这种情况下，主体的竞争，即资本对资本、劳动对劳动的竞争等等，被归结为以人的本性为基础并且到目前为止只有傅立叶作过差强人意的说明的竞赛③，这种竞赛将随着对立利益的消除而被限制在它特有的和合理的范围内。

———

资本对资本、劳动对劳动、土地对土地的斗争，使生产陷于高烧状态，使一切自然的合理的关系都颠倒过来。要是资本不最大限度地展开自己的活动，它就经不住其他资本的竞争。要是土地的生产力不经常提高，耕种土地就会无利可获。要是工人不把自己的全部力量用于劳动，他就对付不了自己的竞争者。总之，卷入竞争斗争的人，如果不全力以赴，不放弃一切真正人的目的，就经不住这种斗争。一方的这种过度紧张，其结果必然是另一方的松弛。在竞争的波动不大，需求和供给、消费和生产几乎彼此相等的时候，在生产发展过程中必定会出现这样一个阶段，在这个阶段，生产力大大过剩，结果，广大人民群众无以为生，人们纯粹由于过剩而饿死。长期以来，英国就处于这种荒诞的状况中，处于这种极不合理的情况下。如果生产波动得比较厉害——这是这种状态的必然结果——，那么就会出现繁荣和危机、生产过剩和停滞的反复交替。经济学家从来就解释不了这种怪诞状况；为了解释这种状况，他发明了人口论，这种理论和当时这种贫富矛盾同样荒谬，甚至比它更荒谬。经济学家不**敢**正视真理，不敢承认这种矛盾无非是竞争的结果，因

---

① 约·弗·布雷《劳动的不公正现象及其解决办法，或强权时代和公正时代》1839年利兹版；威·汤普森《最能促进人类幸福的财富分配原理的研究》1824年伦敦版；约·瓦茨《政治经济学家的事实和臆想：科学原则述评，去伪存真》1842年曼彻斯特—伦敦版。——编者注

② 沙·傅立叶《关于四种运动和普遍命运的理论》1841年巴黎第2版和《经济的和协作的新世界，或按情欲分类的引人入胜的和合乎自然的劳动方式的发现》1829年巴黎版。——编者注

③ 沙·傅立叶《关于四种运动和普遍命运的理论》1841年巴黎第2版第175、244—245、265和434—436页。——编者注

为否则他的整个体系就会垮台。

在我们看来，这个问题很容易解释。人类支配的生产力是无法估量的。资本、劳动和科学的应用，可以使土地的生产能力无限地提高。按照最有才智的经济学家和统计学家的计算（参看**艾利生**的《人口原理》第1卷第1、2章），"人口过密"的大不列颠在十年内，将使粮食生产足以供应六倍于目前人口的需要。资本日益增加，劳动力随着人口的增长而增长，科学又日益使自然力受人类支配。这种无法估量的生产能力，一旦被自觉地运用并为大众造福，人类肩负的劳动就会很快地减少到最低限度。要是让竞争自由发展，它虽然也会起同样的作用，然而是在对立之中起作用。一部分土地进行精耕细作，而另一部分土地——大不列颠和爱尔兰的3000万英亩好地——却荒芜着。一部分资本以难以置信的速度周转，而另一部分资本却闲置在钱柜里。一部分工人每天工作14或16小时，而另一部分工人却无所事事，无活可干，活活饿死。或者，这种分立现象并不同时发生：今天生意很好，需求很大，这时，大家都工作，资本以惊人的速度周转着，农业欣欣向荣，工人干得累倒了；而明天停滞到来，农业不值得费力去经营，大片土地荒芜，资本在正在流动的时候凝滞，工人无事可做，整个国家因财富过剩、人口过剩而备尝痛苦。

经济学家不能承认事情这样发展是对的，否则，他就得像上面所说的那样放弃自己的全部竞争体系，就得认识到自己把生产和消费对立起来、把人口过剩和财富过剩对立起来是荒诞无稽的。但是，既然事实是无法否认的，为了使这种事实与理论一致，就发明了人口论。

这种学说的创始人马尔萨斯断言，人口总是威胁着生活资料，一当生产增加，人口也以同样比例增加，人口固有的那种其繁衍超过可支配的生活资料的倾向，是一切贫困和罪恶的原因。因此，在人太多的地方，就应当用某种方法把他们消灭掉：或者用暴力将他们杀死，或者让他们饿死。可是这样做了以后，又会出现一个空隙，这个空隙又会马上被另一次繁衍的人口填满，于是，以前的贫困又开始到来。据说在任何条件下都是如此，不仅在文明的状态下，而且在自然的状态下都是如此；新荷兰①平均每平方英里只有一个野蛮人，却也和英国一样，深受人口过剩的痛苦。简言之，要是我们愿意首尾一贯，那我们就得承认：**当地球上只有一个人的时候，就已经人口过剩了**。从这种阐述得出的结论是：正因为穷人是过剩人口，所以，除了尽可能减轻他们饿死的痛苦，使他们相信这是无法改变的，他们整个阶级的唯一出路是尽量减少生育，此外就不应该为他们做任何事情；或者，如果这样做不行，那么最好还是像"马尔库斯"所建议的那样，建立一种国家机构，用无痛苦的办法把穷人的孩子杀死；按照他的建议，每一个工人家庭只能有两个半小孩，超过此数的孩子用无痛苦的办法杀死。施舍被认为是犯罪，因为这会助长过剩人口的增长；但是，把贫穷宣布为犯罪，把济贫所变为监狱——这正是英国通过"自由的"新济贫法已经做的——，却算是非常有益的事情。的确，这种理论很不符合圣经关于上帝及其创造物完美无缺的教义，但是"动用圣经来反驳事实，是拙劣的反驳！"②

我是否还需要更详尽地阐述这种卑鄙无耻的学说，这种对自然和人类的恶毒诬蔑，并进一步探究其结论呢？在这里我们终于看到，经济学家的不道德已经登峰造极。一切战争和垄断制度所造成的灾难，与这种理论相比，又算得了什么呢？要知道，正是这种理论构成了自由派的自由贸易体系的拱顶石，这块石头一旦坠落，整个大厦就倾倒。因为竞争在这里既然已经被证明是贫困、穷苦、犯罪的原因，那么谁还敢对竞争赞一词呢？

艾利生在上面引用过的著作中动摇了马尔萨斯的理论，他诉诸土地的生产力，并用以下的事实来反对马尔萨斯的原理：每一个成年人能够生产出多于他本人消费所需的东西。如果不存在这一事实，人类就不可能繁衍，甚至不可能生存；否则成长中的一代依靠什么来生活呢？③可是，艾利生没有深入事物的本质，因而他最后也得出了同马尔萨斯一样

---

① 澳大利亚的旧称。——编者注
② 托·卡莱尔《宪章运动》1840年伦敦版第109页。——编者注
③ 阿·艾利生《人口原理及其和人类幸福的关系》1840年爱丁堡—伦敦版第33—82页。——编者注

的结论。他虽然证明了马尔萨斯的原理是不正确的,但未能驳倒马尔萨斯据以提出他的原理的事实。

如果马尔萨斯不这样片面地看问题,那么他必定会看到,人口过剩或劳动力过剩是始终与财富过剩、资本过剩和地产过剩联系着的。只有在整个生产力过大的地方,人口才会过多。从马尔萨斯写作时起①,任何人口过剩的国家的情况,尤其是英国的情况,都极其明显地证实了这一点。这是马尔萨斯应当从总体上加以考察的事实,而对这些事实的考察必然会得出正确的结论;他没有这样做,而是只选出一个事实,对其他事实不予考虑,因而得出荒谬的结论。他犯的第二个错误是把生活资料和就业手段混为一谈。人口总是威胁着就业手段,有多少人能够就业,就有多少人出生,简言之,劳动力的产生迄今为止由竞争的规律来调节,因而也同样要经受周期性的危机和波动,这是事实,确定这一事实是马尔萨斯的功绩。② 然而,就业手段并不就是生活资料。就业手段由于机器力和资本的增加而增加,这是仅就其最终结果而言;而生活资料,只要生产力稍有提高,就立刻增加。这里暴露出经济学的一个新的矛盾。经济学家所说的需求不是现实的需求,他所说的消费只是人为的消费。在经济学家看来,只有能够为自己取得的东西提供等价物的人,才是现实的需求者,现实的消费者。但是,如果事实是这样:每一个成年人生产的东西多于他本人所消费的东西;小孩像树木一样能够绰绰有余地偿还花在他身上的费用——难道这不是事实?——,那么就应该认为,每一个工人必定能够生产出远远多于他所需要的东西,因此,社会必定会乐意供给他所必需的一切;同时也应该认为,大家庭必定是非常值得社会向往的礼物。但是,由于经济学家观察问题很粗糙,除了以可触摸的现金向他支付的东西以外,他不知道还有任何别的等价物。他已深陷在自己的对立物中,以致连最令人信服的事实也像最科学的原理一样使他无动于衷。

---

① 托·罗·马尔萨斯《人口原理》第 1 版于 1798 年在伦敦出版。——编者注
② 托·罗·马尔萨斯《人口原理》1826 年伦敦版第 1 卷第 18—21 页。——编者注

我们干脆用扬弃矛盾的方法消灭矛盾。只要目前对立的利益能够融合，一方面的人口过剩和另一方面的财富过剩之间的对立就会消失，关于一国人民纯粹由于富裕和过剩而必定饿死这种不可思议的事实，这种比一切宗教中的一切奇迹的总和更不可思议的事实就会消失，那种认为土地无力养活人们的荒谬见解也就会消失。这种见解是基督教经济学的顶峰，——而我们的经济学本质上是基督教经济学，这一点我可以用任何命题和任何范畴加以证明，这个工作在适当的时候我会做的；马尔萨斯的理论只不过是关于精神和自然之间存在着矛盾和由此而来的关于二者的堕落的宗教教条在经济学上的表现。我希望也在经济学领域揭示这个对宗教来说并与宗教一起早就解决了的矛盾的虚无性。同时，如果马尔萨斯理论的辩护人事先不能用这种理论的原则向我解释，一国人民怎么能够纯粹由于过剩而饿死，并使这种解释同理性和事实一致起来，那我就不会认为这种辩护是站得住脚的。

可是，马尔萨斯的理论却是一个推动我们不断前进的、绝对必要的中转站。我们由于他的理论，总的来说由于经济学，才注意到土地和人类的生产力，而且我们在战胜了这种经济学上的绝望以后，就保证永远不惧怕人口过剩。我们从马尔萨斯的理论中为社会变革汲取到最有力的经济论据，因为即使马尔萨斯完全正确，也必须立刻进行这种变革，原因是只有这种变革，只有通过这种变革来教育群众，才能够从道德上限制繁殖本能，而马尔萨斯本人也认为这种限制是对付人口过剩的最有效和最简易的办法。① 我们由于这个理论才开始明白人类的极端堕落，才了解这种堕落依存于竞争关系；这种理论向我们指出，私有制如何最终使人变成了商品，使人的生产和消灭也仅仅依存于需求；它由此也指出竞争制度如何屠杀了并且每日还在屠杀着千百万人；这一切我们都看到了，这一切都促使我们要用消灭私有制、消灭竞争和利益对立的办法来消灭这种人类堕落。

然而，为了驳倒对人口过剩普遍存在的恐惧所持的根据，让我们再

---

① 托·罗·马尔萨斯《人口原理》1826年伦敦版第2卷第255—269页。——编者注

回过来谈生产力和人口的关系。马尔萨斯把自己的整个体系建立在下面这种计算上：人口按几何级数 1+2+4+8+16+32……增加，而土地的生产力按算术级数 1+2+3+4+5+6 增加。① 差额是明显的、触目惊心的，但这是否对呢？在什么地方证明过土地的生产能力是按算术级数增加的呢？土地的扩大是受限制的。好吧。在这个面积上使用的劳动力随着人口的增加而增加。即使我们假定，由于增加劳动而增加的收获量，并不总是与劳动成比例地增加，这时仍然还有一个第三要素，一个对经济学家来说当然是无足轻重的要素——科学，它的进步与人口的增长一样，是永无止境的，至少也是与人口的增长一样快。仅仅一门化学，光是汉弗莱·戴维爵士和尤斯图斯·李比希两人，就使本世纪的农业获得了怎样的成就？可见科学发展的速度至少也是与人口增长的速度一样的；人口与前一代人的人数成比例地增长，而科学则与前一代人遗留的知识量成比例地发展，因此，在最普通的情况下，科学也是按几何级数发展的。而对科学来说，又有什么是做不到的呢？当"密西西比河流域有足够的荒地可容下欧洲的全部人口"② 的时候，当地球上的土地才耕种了三分之一，而这三分之一的土地只要采用现在已经人所共知的改良耕作方法，就能使产量提高五倍、甚至五倍以上的时候，谈论什么人口过剩，岂不是非常可笑的事情。

这样，竞争就使资本与资本、劳动与劳动、土地占有与土地占有对立起来，同样又使这些要素中的每一个要素与其他两个要素对立起来。力量较强的在斗争中取得胜利。要预卜这个斗争的结局，我们就得研究一下参加斗争的各方的力量。首先，土地占有或资本都比劳动强，因为工人要生活就得工作，而土地占有者可以靠地租过活，资本家可以靠利息过活，万不得已时，也可以靠资本或资本化了的土地占有过活。其结果是：劳动得到的仅仅是最必需的东西，仅仅是一点点生活资料，而大

---

① 托·罗·马尔萨斯《人口原理》1826年伦敦版第1卷第11页。——编者注
② 约·瓦茨《政治经济学家的事实和臆想》1842年曼彻斯特—伦敦版第21页。——编者注

部分产品则为资本和土地占有所得。此外,较强的工人把较弱的工人,较大的资本把较小的资本,较大的土地占有把小土地占有从市场上排挤出去。实践证实了这个结果。大家都知道,大厂主和大商人比小厂主和小商人占优势,大土地占有者比只有一摩尔根土地的占有者占优势。其结果是:在通常情况下,按照强者的权利,大资本和大土地占有吞并小资本和小土地占有,就是说,产生了财产的集中。在商业危机和农业危机时期,这种集中就进行得更快。一般说来,大的财产比小的财产增长得更快,因为从收入中作为占有者的费用所扣除的部分要小得多。这种财产的集中是一个规律,它与所有其他的规律一样,是私有制所固有的;中间阶级必然越来越多地消失,直到世界分裂为百万富翁和穷光蛋、大土地占有者和贫穷的短工为止。任何法律,土地占有的任何分割,资本的任何偶然的分裂,都无济于事,这个结果必定会产生,而且就会产生,除非在此之前全面变革社会关系、使对立的利益融合、使私有制归于消灭。

作为当今经济学家主要口号的自由竞争,是不可能的事情。垄断至少具有使消费者不受欺骗的意图,虽然它不可能实现这种意图。消灭垄断就会为欺骗敞开大门。你们说,竞争本身是对付欺骗的办法,谁也不会去买坏的东西;照这样说来,每个人都必须是每一种商品的行家,而这是不可能的,由此可见,垄断是必要的,这种必要性也在许多商品中表现出来。药房等等**必须**实行垄断。最重要的商品即货币恰好最需要垄断。每当流通手段不再为国家所垄断的时候,这种手段就引起商业危机,因此,英国的经济学家,其中包括威德博士,也认为在这里有实行垄断的必要。[①] 但是,垄断也不能防止假币。随便你站在问题的哪一方面,一方面的困难与另一方面的困难都不相上下。垄断引起自由竞争,自由竞争又引起垄断;因此,二者一定都失败,而且这些困难只有在消灭了产生这二者的原则时才能消除。

---

① 约·威德《中等阶级和工人阶级的历史》1835年伦敦第3版第152—160页。——编者注

竞争贯穿在我们的全部生活关系中，造成了人们今日所处的相互奴役状况。竞争是强有力的发条，它一再促使我们的日益陈旧而衰退的社会秩序，或者更正确地说，无秩序状况活动起来，但是，它每努力一次，也就消耗掉一部分日益衰败的力量。竞争支配着人类在数量上的增长，也支配着人类在道德上的进步。谁只要稍微熟悉一下犯罪统计，他就会注意到，犯罪行为按照特有的规律性年年增加，一定的原因按照特有的规律性产生一定的犯罪行为。工厂制度的扩展到处引起犯罪行为的增加。我们能够精确地预计一个大城市或者一个地区每年会发生的逮捕、刑事案件，以至凶杀、抢劫、偷窃等事件的数字，在英国就常常这样做。这种规律性证明犯罪也受竞争支配，证明社会产生了犯罪的**需求**，这个需求要由相应的**供给**来满足；它证明由于一些人被逮捕、放逐或处死所形成的空隙，立刻会有其他的人来填满，正如人口一有空隙立刻就会有新来的人填满一样；换句话说，它证明了犯罪威胁着惩罚手段，正如人口威胁着就业手段一样。别的且不谈，在这种情况下对罪犯的惩罚究竟公正到什么程度，我让我的读者去判断。我认为这里重要的是：证明竞争也扩展到了道德领域，并表明私有制使人堕落到多么严重的地步。

在资本和土地反对劳动的斗争中，前两个要素比劳动还有一个特殊的优越条件，那就是科学的帮助，因为在目前情况下连科学也是用来反对劳动的。例如，几乎一切机械发明，尤其是哈格里沃斯、克朗普顿和阿克莱的棉纺机，都是由于缺乏劳动力而引起的。对劳动的渴求导致发明的出现，发明大大地增加了劳动力，因而降低了对人的劳动的需求。1770年以来英国的历史不断地证明了这一点。棉纺业中最近的重大发明——自动走锭纺纱机——就完全是由于对劳动的需求和工资的提高引起的；这项发明使机器劳动增加了一倍，从而把手工劳动减少了一半，使一半工人失业，因而也就降低另一半工人的工资；这项发明破坏了工人对工厂主的反抗，摧毁了劳动在坚持与资本作力量悬殊的斗争时的最

后一点力量（参看**尤尔博士**《**工厂哲学**》第 2 卷①）。诚然，经济学家说，归根结底，机器对工人是有利的，因为机器能够降低生产费用，因而替产品开拓新的更广大的市场，这样，机器最终还能使失业工人重新就业。这完全正确，但是，劳动力的生产是受竞争调节的；劳动力始终威胁着就业手段，因而在这些有利条件出现以前就已经有大量寻求工作的竞争者等待着，于是有利的情况形同虚构，而不利的情况，即一半工人突然被剥夺生活资料而另一半工人的工资被降低，却决非虚构，这一点为什么经济学家就忘记了呢？发明是永远不会停滞不前的，因而这种不利的情况将永远继续下去，这一点为什么经济学家就忘记了呢？由于我们的文明，分工无止境地增多，在这种情况下，一个工人只有在一定的机器上被用来做一定的细小的工作才能生存，成年工人几乎在任何时候都根本不可能从一种职业转到另一种新的职业，这一点为什么经济学家又忘记了呢？

考虑到机器的作用，我有了另一个比较远的题目即工厂制度；但是，现在我既不想也没有时间来讨论这个题目。不过，我希望不久能够有机会来详细地阐述这个制度的极端的不道德，并且无情地揭露经济学家在这里表现得十分出色的那种伪善。

弗·恩格斯大约写于 1843 年　　　原文是德文
9 月底或 10 月初—1844 年 1 月中　　中文根据《马克思恩格斯全集》
载于 1844 年 2 月《德法年鉴》　　　历史考证版第 1 部分第 3 卷并参
　　　　　　　　　　　　　　　　　考《马克思恩格斯全集》德文版
　　　　　　　　　　　　　　　　　第 1 卷翻译

《马克思恩格斯文集》第 1 卷，人民出版社 2009 年版，第 56—86 页。

---

① 安·尤尔《工厂哲学：或论大不列颠工厂制度的科学、道德和商业的经济》1835 年伦敦修订第 2 版第 366—373 页。——编者注

马克思

弗里德里希·恩格斯《国民经济学批判大纲》一文摘要

私有制。它的最初的结果：**商业**：和一切活动一样，是商人收入的**直接**泉源。因商业而形成的第一个范畴：**价值**。抽象的实际价值和交换价值。**萨伊**认为决定实际价值的是效用，李嘉图和穆勒①则认为是**生产费用**。在英国人那里，同生产费用相对，竞争表现效用，在萨伊那里，竞争则表现生产费用。**价值**是**生产费用**对**效用**的关系。价值首先是用来**解决**是否应该生产，即效用是否能抵偿生产费用的**问题**。价值这个概念实际上只用于解决生产的问题。**实际价值和交换价值**间的差别就在于人们在买卖中给予的**等价物不**是**等价物**。**价格**——生产费用和竞争的关系。只有能够垄断的东西才有**价格**。李嘉图的**地租**定义不正确的，因为它假定，需求一减少，马上就影响到地租，并且立刻就使相当数量的最劣等的耕地停止耕种。这是不正确的。这个定义忽略了竞争，而斯密的定义不包括肥沃程度。**地租**是**土地的肥力和竞争**之间的关系。**土地的价值**应当依据面积相等的土地在劳动量相等的条件下所具有的生产能力来计算。

资本和劳动的分离。资本和利润的分离。利润分为利润本身利息……利润是资本用来衡量生产费用的砝码，是资本所固有的，而资本又还原为劳动。劳动和工资的分离。工资的意义。劳动对确定生产费用的意义。土地和人的分裂。人的劳动分为劳动和资本。

---

① 在恩格斯的文章中是：麦克库洛赫。——编者注

卡·马克思写于 1844 年上半年　　　　原文是德文
第一次发表于《马克思恩格斯全集》
1932 年国际版第 1 部分第 3 卷

选自《马克思恩格斯全集》第 42 卷，北京：人民出版社 1979 年版，第 3—4 页。

第五部分 附 录

附录 I 研究文献精选

一 〔苏〕马雷什：《第一部马克思主义政治经济学著作》①

在《德法年鉴》杂志其他材料中还发表有恩格斯的长篇文章《政治经济学批判大纲》。这是马克思主义创始人第一部专门研究经济的著作，并且是他们发表的第一部经济学著作。恩格斯在青年时代写成的著作《政治经济学批判大纲》表明，马克思和恩格斯在彼此见面之前，他们思想上已经达到的接近程度。这篇著作对马克思观点的发展有非常好的影响。如果不提这部著作就不可能解释清楚恩格斯对马克思主义宝库所作出的贡献。这篇著作还使我们更全面地认识到马克思和恩格斯齐心协力地制定科学共产主义理论时创造性的合作关系的性质和他们的旺盛精力。

恩格斯在那时还受到沙·傅立叶社会哲学的很大影响，这一影响的明显痕迹部分地表现在《政治经济学批判大纲》所论述的个别原理的内容和表述上面。但是，恩格斯至少在一点上胜过傅立叶，那就是他不回避政治经济学，而傅立叶却是那样做的，他否定政治经济学的任何科学意义，并认为它整个是建立在虚假基础上的。

恩格斯是在 1844 年 1 月底从曼彻斯特把他的手稿寄给《德法年鉴》的编辑之一马克思的。因此，《政治经济学批判大纲》是 1844 年 1 月或者是 1843 年底写成的。

---

① 该文选自〔苏〕阿·伊·马雷什：《马克思主义政治经济学的形成》，刘品大等译，成都：四川人民出版社 1983 年版，第 44—66 页。

年轻的恩格斯在英国，在它的工业中心曼彻斯特，亲眼看到生产力惊人的发展及其矛盾的增长。无产阶级的阶级斗争成为整个社会生活最重要的因素，并迫使资产阶级代表人物在政治经济学方面放弃进行诚实的和无偏见的研究工作。

恩格斯在那时就已经完全懂得把共产主义和工人运动结合起来的必要性，他已经向往，什么时候能够"直接用手，或者如果有必要，用拳头去实现我们的思想"[1]。

不论马克思批判地掌握黑格尔的哲学和资产阶级政治经济学的进程如何，恩格斯在研究资本主义经济的同时，开始一步一步地得出唯物主义历史观，开始理解经济关系和物质生产在生活和社会发展中的决定性作用。恩格斯的世界观的转变，还由于他深入在人民生活当中；不仅仅靠书报杂志，而且通过经常同下层的人民，同与之推心置腹的工人的接触来研究人民的生活。按照恩格斯本人的说法，他在曼彻斯特时，"异常清晰地观察到，迄今为止在历史著作中根本不起作用或者只起极小作用的经济事实，至少在现代世界中是一个决定性的历史力量，这些经济事实形成了现代阶级对立所由产生的基础，这些阶级对立，在它们因大工业而得到充分发展的国家里，因而特别是在英国，又是政党形成的基础，党派斗争的基础，因而也是全部政治历史的基础。"[2]

以往文学上的成就并没有冲昏恩格斯的头脑。恩格斯对自己持毫不留情的自我批评的态度，深感自己知识的不足。当说到自己的时候，他说自己根本不是什么博士，只不过是一名商人和普鲁士皇家炮兵。毫无疑问，这里丝毫没有卖弄和揉作，这是作者对自己要求非常严格的表现。恩格斯1842年7月26日致卢格的信中写道："我决定在一段时间里完全放弃写作活动，而更多地进行学习。原因十分明显……为了使自己有一个信念，并且在必要时捍卫它，我所学的已经够了，但是要能有效地真正做到这一点，却是不够的。"[3] 一年半以后，恩格斯的学习以

---

[1] 《马克思恩格斯全集》第27卷，北京：人民出版社1972年版，第14页。
[2] 《马克思恩格斯全集》第21卷，北京：人民出版社1965年版，第247页。
[3] 《马克思恩格斯全集》第27卷，北京：人民出版社1972年版，第431页。

发表《政治经济学批判大纲》获得成功。这篇文章在科学史上留下了美名，理应看做是马克思主义经济学说的萌芽。

马克思写了《政治经济学批判大纲》一文摘要①。他对恩格斯这篇文章给了非常高的评价，称之为批判经济学范畴的天才大纲。恩格斯的文章发表以后，恩格斯和马克思之间建立了经常的通信关系来交换意见②。后来，马克思多次引证这篇文章，无论在他的早期著作中或者在成熟的著作中都引用了。在《1844年经济学哲学手稿》中，马克思在为数不多内容丰富和有创见的德国的政治经济学著作当中，还提到《政治经济学批判大纲》。马克思在晚年写道，恩格斯的文章中"已经表述了科学社会主义的某些一般原则"③。

在《资本论》第一卷里，提到《政治经济学批判大纲》有4次，而且马克思通常都是引用恩格斯的某些原理来论证自己关于经济理论最重要方面的结论。恩格斯的这篇文章给马克思留下如此强烈的印象和给以如此深刻的影响，以致看来可以算做是增强马克思研究经济科学，即马克思从40年代开始就成为他毕生事业的那个知识领域的兴趣的外界环境。《政治经济学批判大纲》使马克思发现了恩格斯是一位最高级的思想家，它是马克思与恩格斯交往的开端，正如列宁所指出的，"同恩格斯的交往显然促使马克思下决心去研究政治经济学，而马克思的著作使这门科学发生了真正的革命。"④

《政治经济学批判大纲》也得到列宁的崇高评价。列宁指出，恩格斯在这篇文章中"从社会主义的观点考察了现代经济制度的基本现象，认为那些现象是私有制统治的必然结果"⑤。

恩格斯本人如何评价自己写的第一部政治经济学著作，这倒是令人

---

① 《马克思恩格斯全集》第42卷，北京：人民出版社1979年版，第3页。
② 在这里想起弗·梅林的无可争辩的公正的想法："在政治经济学领域，恩格斯开始是给予者，而马克思是承受者。恩格斯的奠定虽不是全部，但却是大部分科学社会主义经济学基础的第一个人。"(《新时代》杂志1896年斯图加特版，第65页)
③ 《马克思恩格斯全集》第19卷，北京：人民出版社1963年版，第259页。
④ 《列宁全集》第2卷，北京：人民出版社1984年版，第8页。
⑤ 同上。

感兴趣的。恩格斯在晚年时说过,他为这部著作多少有点感到自豪。但是他也批评了这部著作;1871年恩格斯在给威廉·李卜克内西的一封信中写道:"现在把《德法年鉴》上我的那篇旧文章重新刊载在《人民国家报》上是无论如何不行的。这篇文章已经完全过时,而且有许多不确切的地方,只会给读者造成混乱。加之它还完全是以黑格尔的风格写的,这种风格现在也根本不适用。这篇文章仅仅具有历史文件的意义。"①

恩格斯在《哲学的贫困》1885年德文版的专门注释中,即在说到劳动的自然价格不是别的,而是工资的最低额的地方,作了以下指示:"劳动力的'自然'价格(即正常价格)和工资的最低额相等,即和保证工人活命和延续后代所绝对必要的生活资料的价值相等;这一论点,是我首先在'政治经济学批判大纲'〔'德法年鉴'(《Deutsch‑Französische Jahrbücher》)1844年巴黎版〕和'英国工人阶级状况'中提出的。从本文中可以看出,马克思当时是采用了这个论点的。拉萨尔借用了我们两人的这个论点。虽然工资实际上经常有接近最低额的趋势,但上述论点毕竟是不正确的。劳动力的报酬平均总低于劳动力的价值,这一事实并不能改变它的价值。马克思在'资本论'中纠正了上述论点(见'劳动力的买和卖'节),而且阐明了在资本主义生产下劳动力的价格会愈来愈低于劳动力的价值(第二十三章。'资本主义积累的一般规律')。"②

如果我们想起,马克思在《资本论》第一卷中解释说,与其他商品不同,"劳动力的价值规定包含着一个历史的和道德的因素"③,那么,恩格斯这一自我批评性质的意见的含义就完全清楚了。换言之,在资本主义条件下确定劳动力这种特殊商品的价值时,在某种程度上应考虑到该国的文化水平,以及该国工人阶级传统上固有的习惯和生活要求。如果劳动力价格(工资)降到最低限度,降到绝对必要的生活资

---

① 《马克思恩格斯全集》第33卷,北京:人民出版社1973年版,第209页。
② 《马克思恩格斯全集》第4卷,北京:人民出版社1958年版,第94—95页注释①。
③ 《马克思恩格斯全集》第23卷,北京:人民出版社1972年版,第194页。

料（没有它，劳动力在体力上就不可能继续发挥作用）的价值水平上，那么在这种情况下可以说劳动力价格已下降得低于它的价值了。这一修正对于理解马克思关于工人阶级贫困化的理论具有极为重要的意义。这就是为什么各式各样的马克思主义批评家，其中也包括现代的批判家，通常都回避这一理论的原因所在。

恩格斯本人对于《政治经济学批判大纲》的意见，特别是上面提到的1871年4月13日致李卜克内西的信中最尖锐的评语，自然不应该理解成该著作一切都不好。一个作品的具体评价经常是受非常具体的和特殊的时间条件制约的。何况恩格斯是回答李卜克内西关于当时要用什么著作来作实际宣传的问题。当然，在《资本论》第一卷出版以后，从经济学著作中可以推荐的，首先便是这部著作；而且一般说来也许只有这一部，因为无产阶级政党只拥有极为有限的供组织宣传工作之用的资料来源。同时，恩格斯常常是自己著作的极为严厉的法官，更何况是他自己的早期著作。但是，这些著作仍为他的朋友和战友，其中包括马克思所推崇。

下面，我们分析一下恩格斯这部著作中成熟的和不成熟的地方，从而对它无论是作为历史文件，或者作为马克思主义创始人最初的经济学著作之一给予应有的评价。在这一著作中包含有这样一些结论和原理，它们至今仍未失去科学上的和政治上的意义，并且有助于从多方面表现出恩格斯对无产阶级政治经济学的形成所作出的巨大功绩。

首先，《政治经济学批判大纲》与绝大多数资产阶级作者的政治经济学著作相比，其主要优势非常突出。资产阶级作者的那些著作的特点是陷入次要的、派生的问题。在《政治经济学批判大纲》中，注意力的焦点集中在生产工具和生产资料所有制的关系问题上。恩格斯把批判私有制，即资本主义私有制形式，作为自己批判资产阶级政治经济学的出发点。他极力揭示出私有制最主要的后果，分析其原因和后果，即所有制本身和所有制不可避免地造成的结果。在进行这一分析时，恩格斯是一个自觉的辩证法家，他创造性地掌握和运用黑格尔哲学一切合理的东西。关于现象的相互联系和依赖的富有成效的思想，关于社会经济生活中对立面的发展、统一和斗争的思想,都贯穿在恩格斯整个著作的始终。但是,我们提前说一下,个别的具体结论和原理,虽然具有研究方法上的一切优点,但还不是在一切方面都完美无缺。任何事情的开端都是有困难的,对于初次进行的探索不一定就能甚至不能使恩格斯就提出的每一个问题获得像马克思从事这一科学和其他社会科学的研究在比较后期阶段用来丰富政治经济学的那些革命发现。

恩格斯极其明确地表示了自己对私有制制度的否定态度,并斥之以最愤怒的语言。他在任何地方也没有把资产阶级剥削的社会制度称之为它本来的名称。这并没有削弱他的批判激情,也没有改变这种批判的政治方向。资产阶级政治经济学竭力为资本主义制度辩护,并宣称这种制度是合理的和必然的,与此相反,恩格斯在《政治经济学批判大纲》中明确地、毫不含糊地强调指出这种制度的不合理性和反人道主义的性质。

在马克思较之恩格斯的《政治经济学批判大纲》稍晚一些时候创作的《1844年经济学哲学手稿》中,异化、异化劳动的范畴是马克思进行研究的中心问题。马克思赋予这一范畴以这种意义,即由于私有制,劳动产品脱离了工人,并取得统治工人、对于工人是异己的力量的性质。在《政治经济学批判大纲》中虽然没有这种概念,但实际上马克思和恩格斯的观点几乎是吻合的。恩格斯说,随着私有制的发展,人的活动分成了劳动和资本[①],这两方面彼此敌对着。私有制是人们互相敌对的根源。

恩格斯认为商业是私有制的直接产物和结果。他把商业看做是社会一切邪恶的中心,道德衰败的根源。商业的真正本质有时被外表上笃信宗教的目的和口号所掩盖,这一点恰好是自由贸易活动的特点。既然存在着私有制,商业在一切情况下,在任何时间,按其内在的本质来说,实际上是"一种合法的欺诈"[②]。商业产生了并正在产生各民族的互相

---

① 参看《马克思恩格斯全集》第1卷,北京:人民出版社1956年版,第612页。
② 参看同上书,第601页。

敌视，卑劣的嫉妒，造成使人破产的和不健康的竞争的基础。

在这一批判中，感情的和愤慨的成分仍多于对商业的经济分析本身。恩格斯从自己亲身的生活经验中对资产阶级世界商业惯例的全部内幕了解得很清楚。他在很大程度上是透过个人丰富的观察的棱镜来领会所读到的经济学文献的，并根据他自己对建立在私有制基础上的社会制度毫无保留的反感来评价这些文献。恩格斯是资本主义暴露出来的弊病的积极见证人，又毫无疑问受到空想社会主义学说，特别是傅立叶[①]的极大影响，他暂时还没有对商业作全面的分析，没有以科学上应有的说服力揭露其阴暗面和消极面。资本主义商业的趋势和目标当然是欺诈，但仅仅肯定这一点是不够的。要彻底了解商业，就意味着要了解使其转动起来的机制。为此应当讲分工，揭示出成为商业交换基础的东西。在资本主义条件下不是所有的商业对手都一定是欺骗者。他们很多人虽然享有形式上的平等权利和"自由"，但在交易的过程中经常是受骗者。同时，在受骗者当中也不尽然都是出卖自己劳动的人。经济上不发达的国家、殖民地和附属国在出售自己的商品时，通常不是他们欺诈别人，而是被别人欺诈，甚至是被掠夺。即使是资本主义商业，尽管有道德伦理上的一切缺点，如果撇开它的残忍手法不说，也还具有"传播文明的作用"[②]，包含着无可争辩的人道主义原则，在某种程度上为人类的进步服务，使各国人民接近，促进生产力的发展，为社会进步力量胜利准备物质条件。在对商业的批判中，恩格斯比傅立叶更为不妥协，因为傅立叶毕竟还承认，商业是："经济关系的枢纽"，应受鄙视的是买卖人，他们的原则和阴谋手段，而不是商业本身。[③]

因此，恩格斯对商业的考察还不能被认为是全面的和包罗一切的。但是也不应该认为这就是分析的一个很大缺点，因为看来作者在这里只

---

① 傅立叶在对商业的评论上一般是持极端否定态度的。他说，商业是"完完全全血腥的"职业，从事商业的人"每一句话都是欺诈"。他指责政治经济学不同商业政策的弊病作斗争，而是赞扬这些弊病，指责新时代的经济学家"给金牛犊、欺诈性的商业关系焚香，而这些本应揭露和推倒"。（《傅立叶选集》俄文版第1卷，第249页）

② 《马克思恩格斯全集》第46卷上册，北京：人民出版社1979年版，第210页。

③ 参看《傅立叶选集》俄文版第1卷，第232页。

是把揭露资本主义制度下商业关系过程中盛行的那种弱肉强食的德性作为自己的目的。从这一狭窄的观点来看，恩格斯不仅是以一个公民的和党性的高度激情来作阐述，而且还为此深入到资本主义商业的内部，以至于他对商业所作的一般评价就是在今天也没有失去其现实意义。

在《政治经济学批判大纲》中对市场竞争的分析，具有极大的价值。这一分析是恩格斯著作中最成熟的部分之一。这里阐述的原理具有极其深刻的特点，它对评论现代资本主义也是完全适用的。

恩格斯摆脱了对资本主义关系"合理性"的任何崇拜。他清楚地看到生产的无政府状态和市场的自发性，其后果就是破产。在资本主义制度下，生产的参加者和经理人都是自担风险。如果说资产阶级经济学家称赞供应和需求对生产和市场行情的自动控制（因为他们认为供应和需求应该是适应的），那么恩格斯同这种流行的观点恰好相反，他得出结论说，供应和需求始终力图互相适应，但在实际上从来没有互相适应过。资本主义工业是周期性发展的，它的标准状态是周期性的"兴奋和消沉相更迭"①。因此，有规律的经济危机，按当时的用语是商业危机，就是资本主义经济的特殊规律，在生产资料资本主义私有制的制度下，危机是不可避免的。供求规律和资本主义的其他经济规律一样，只有用周期性的震动或者如恩格斯所说"周期性的革命"才能给自己开辟道路。这一关于在生产的参加者服从自发地起作用的规律的社会制度里自发实现经济规律的极其深刻的思想，为成熟的马克思所完全赞同。马克思后来在《资本论》第一卷中专门作了转述并加以发展。指出这一点是重要的（恩格斯也着重指出过），即危机大大加剧了工人阶级的贫困状况，使社会矛盾白热化，这些矛盾最终应由社会革命来解决。

私有制产生竞争和生死斗争的环境。竞争席卷了一切，它在资本家之间，土地所有者之间，甚至工人与工人之间进行着；竞争的逻辑是无情的。恩格斯认为普遍竞争的直接后果，是人们的互相孤立和互相敌视。强者迟早得胜，较弱的和适应情势较差的注定要灭亡。恩格斯对大

---

① 《马克思恩格斯全集》第1卷，北京：人民出版社1956年版，第613页。

资本和大土地占有者按照弱肉强食的道理并吞小资本和小土地占有者的过程中所产生的财产集中作了一个颠扑不破的绪论。恩格斯把财产的集中或占有这一规律，描述为"同所有其他的规律一样，都是私有制所固有的"①。

财产的集中具体表现在社会上阶级的两极分化中，表现为中等阶级逐渐被消灭，最后，"直到世界分裂为百万富翁和穷光蛋，大土地占有者和贫穷的短工为止。"② 接着，恩格斯得出结论（这一点对于当代具有特别的现实性），当资产阶级宣传家们力图以新的名称，诸如"人民资本主义"、"民主社会主义"等等来掩饰资本主义的本质时，恩格斯直接地和明确地指出，对付财产集中这一确定不移的规律的作用力，指望局部改革和政府的预防措施是不行的。"任何法律……任何……资本的分裂，都无济于事"③。

自由贸易的拥护者用下面这些说法为竞争辩解，似乎竞争可以消除生产力发展道路上与规约贸易制、早期和后期形式的保护主义和其他人为壁垒相联系的一切种类的垄断。恩格斯在批判自由贸易主义者的这种理论时，论证了竞争不会损害垄断，而且为新形式下和相应的新条件下垄断的形成创造前提。任何竞争者都希望自己垄断，竭力确立其生产或出售制成品的垄断地位。因此，竞争迟早会转为垄断。另一方面，垄断并不排除竞争，"垄断也挡不住竞争的洪流；而且，它本身还会引起竞争"④。这种辩证联系的例子，同一本质（竞争和垄断）既可作为原因，又可作为结果的类似表现的例子，在现代资本主义的实践中要多少就可以找到多少。

弗·伊·列宁在新的经济基础上，在新的具体历史条件下，在他对帝国主义这一资本主义发展的最高阶段所作的经典分析中，揭示和论证了竞争和垄断相互作用的特点。他指出："自由竞争是资本主义和一般

---

① 《马克思恩格斯全集》第 1 卷，北京：人民出版社 1956 年版，第 622 页。
② 同上书，第 622 页。
③ 同上书，第 622—623 页。
④ 同上书，第 612 页。

商品生产的基本特性；垄断是自由竞争的直接对立面……同时，从自由竞争中生长起来的垄断并不消除竞争，而是凌驾于竞争之上，与之并存……"① 列宁的这个论断同上述恩格斯关于竞争和垄断的相互关系的思想是多么接近。很有可能，列宁在制定其帝国主义论时，在分析作为现代资本主义基本经济原则——垄断的统治地位时，也利用了他非常熟悉的恩格斯的著作《政治经济学批判大纲》。

看来，普列汉诺夫断言马克思和恩格斯在《德法年鉴》中坚持费尔巴哈的人道主义观点，即抽象博爱的观点②，是缺乏足够根据的。马克思和恩格斯在他们的著作中明确地表达了（特别是马克思）无产阶级革命者、唯物主义者和共产党人的观点。至于恩格斯，他已经用内容很丰富的经济分析来论证这一观点。马克思和恩格斯确实比费尔巴哈高出了一头。

恩格斯没有专门研究资本主义再生产的内部结构，然而他在这方面有时也作出极深刻的论断。

马克思在《资本论》第一卷中，当讲到简单的商品流通（其最终目的是服从于满足需要，因而处于流通之外）与作为资本的货币的无穷运动之间的重要区别时，引证了《政治经济学批判大纲》。在这里，马克思认为必须采用恩格斯著作中的下述引文："资本……分为原有资本和利润，即资本……所获得的增殖，虽然实践立刻又将这种利润加到资本上，并把它和资本一起投入周转中。"③ 不难看出，这些意见抓住了剩余价值资本化过程和资本积累过程的主要实质。这里我们看到政治经济学有时如何违反建造科学大厦的形式逻辑原则，犹如在奠基之前或建造下面几层之前就在空中先建造上面几层那样的许多事例中的一个。恩格斯是在剩余价值理论还未问世以前（这一理论稍后才由马克思制定）考察资本积累的。

恩格斯在完成对私有制和竞争制度，即资本主义制度的批判时，在

---

① 《列宁全集》第27卷，北京：人民出版社1990年版，第400—401页。
② 参看普列汉诺夫：《马克思主义的基本问题》中译本，1930年版，第3页。
③ 《马克思恩格斯全集》第23卷，北京：人民出版社1972年版，第173页注释（5）。

《政治经济学批判大纲》中似乎是总结这一制度的消极后果，并指出这个制度贬低了人，"屠杀了和每年屠杀着千百万人"，要结束这种人类堕落的现象，除了消灭私有制，别无他法。对资本主义私有制基本范畴的分析，自然而然地导致恩格斯得出必须用革命的方法摧毁这种社会关系和废除私有制的结论。但是在这一著作中，我们还看不到对未来革命地改造社会的物质前提作全面的评述。这里也没有提出工人阶级作为资本主义掘墓人的作用问题。

《政治经济学批判大纲》是从革命的工人阶级的立场出发对资本主义经济进行科学分析的初次尝试，同时它也是从上述同一立场出发对资产阶级政治经济学进行科学批判的初次尝试。

分析资产阶级政治经济学不同发展阶段上的各个学派和流派，是恩格斯这一著作更为重要的主题。这是恩格斯著作的最主要部分。不是所有的结论都是无可争议的。有些结论是错误的。如果不谈恩格斯的分析的细节特点，不谈在个别论断上分析的优缺点，不对《政治经济学批判大纲》中分析资产阶级政治经济学作一个总的、一般的评价，那么这一著作就会是这样的。

当时虽未最后形成，但大体上已经认识了辩证唯物主义和历史唯物主义的原则，也是批判分析资产阶级政治经济学的基础。恩格斯始终贯彻科学发展的渐进过程的思想。他把政治经济学发展的每一阶段同物质生产的相应水平和统治阶级的直接利益联系起来。对恩格斯来说，他所考察的理论和原理并不是随意的和无拘无束的智力游戏的结果，也不是某个思想家纯理性的产物，而是现存关系的表现，是试图用科学的政治经济学的全部工具来为这种关系辩解，并且竭力使科学服从于在当代具体条件下巩固私有制这个极现实和世俗的目的。占统治地位的政治经济学思想以最理想的形式表达了工业资本和大土地占有者的主要意向。

指出恩格斯对资产阶级政治经济学的批判的另一重要特点也是重要的。这一特点对于整个马克思列宁主义具有典型意义，它同其他因素一起决定了并决定着马克思列宁主义的伟大力量，以及马克思列宁主义过去、现在和将来在理论和革命斗争的实践方面具有世界历史意义的胜利。恩格斯的批判，除了那些与科学研究无关的坦率的和纯粹的辩护结构以外，其特点正如列宁所指出的，是辩证法所具有的那些特征，即"并不是单纯的否定，并不是任意的否定并不是怀疑的否定……而是作为联系环节，作为发展环节的否定，是保持肯定的东西的……否定"①。恩格斯批判资产阶级政治经济学原理时，决不是像抛弃旧的破烂货那样，抛弃一切；而相反，是极力寻找那些过去是有价值的，现在和后代可能加以利用的有益的东西，极力从莠草中拣出谷子，尽管由于知识不足有时也不免把个别谷子放到莠草中去。

按照恩格斯的看法，政治经济学是作为商业扩展的自然结果而产生的。恩格斯套用亚当·斯密所说的政治经济学是以人民和国王都发财致富为目的，改称为"发财致富的科学"，即实际上是商业工业资产阶级的附庸。

恩格斯首先考察了政治经济学的最初形式货币主义和重商主义（货币主义较后的变种）。

货币主义幼稚地认为一切财富都在钱币之中，在金、银之中，只对以利钱形式获取的利润感到兴趣。货币主义在15世纪到17世纪的经济思想中占统治地位，一直到18世纪甚至19世纪初还部分得到承认。货币主义的实践家和理论家死抱钱财的积累不放，他们的全部活动，用恩格斯的话来说，"额角上就打着最丑恶的自私自利的烙印。"②

货币主义逐渐失望了。"他们开始明白，一动不动地放在钱柜里的资本是死的，而流通中的资本却会不断增殖。"③ 取而代之的重商主义者把眼光转向商业，把它看做是增加钱财的手段和方法，是利润的来源。只有那种保证顺差的商业，才被他们认做是真正的和有利的。由此规定尽可能多地输出和高价出售，而用关税和其他壁垒把本国与世界其他国家隔开，为的是在任何情况下不使已输入的金钱倒流出去。

恩格斯指出，重商主义与纯粹的货币主义相比，是前进了一步，但

---

① 《列宁全集》第38卷，中文第1版，第244页。
② 《马克思恩格斯全集》第1卷，北京：人民出版社1956年版，第596页。
③ 同上。

是随着资本主义关系的发展越来越暴露出它落后于生产的迫切需要，以及它作为发财致富的科学是站不住脚的。因此，重商主义最终应让位于其他更能正确地觉察经济生活脉动的学说。

这一更替发生在18世纪。恩格斯说："18世纪这个革命的世纪使政治经济学也发生了革命"①。恩格斯指的是使英国成为世界工业作坊和给英国资产阶级带来不计其数财富的工业革命。不言而喻，这里也指18世纪末废除妨碍资本主义生产方式发展的封建制度的法国资产阶级革命。

恩格斯把资产阶级政治经济学中发生的革命变化同所谓自由主义政治经济学时代的来临，并且首先同亚当·斯密的名字联系起来。

恩格斯给予亚当·斯密以应有的评价，这是因为有了他，政治经济学才不把私有制看做是人身之外的一种财产，劳动才成为政治经济学注意的中心和原则。这完全是一个新的观点。因为货币主义和重商主义的信徒们把私有制看做仅仅是对人来说某种物体的本质，就像旧教徒戴着露出外面的偶像，按自己的方式崇拜偶像一样，盲目崇拜金钱，劳动作为财富的源泉对他们来说是不存在的。恩格斯说："重商主义的学说在某种程度上还具有一种纯朴的旧教的坦率精神，它丝毫不隐瞒商业的不道德的本质。"② 亚当·斯密以其对以前的政治经济学的批判和对贸易自由的崇拜，以对这种自由被货币主义和重商主义学说所稍加的种种限制的批判，反映了一种走到前面去了的认识，这种认识的培养基础是客观上出现的物质生产的新环境和条件。恩格斯着重指出，斯密的学说是"一个必要的进步"。它实现了摧毁重商主义学说，"它的垄断以及它对商业关系的束缚"，以便"使私有制的真实后果能够显露出来"③ 这一已成熟的要求。

但是，"自由主义政治经济学"好的和进步的方面并没有避免恩格斯对它进行严厉的批判，这首先是由于"自由主义政治经济学"不能

---

① 《马克思恩格斯全集》第1卷，北京：人民出版社1956年版，第597页。
② 同上书，第601页。
③ 同上书，第598页。

同时也不愿描述资产阶级贸易自由的"全部理论和实践都是微不足道的"。"自由主义政治经济学"炫耀其贸易自由似乎人道的原则,但在任何地方和任何时候都不说,出自哪些不道德的和自私的动机来宣布它的这些原则的,他们完全故意不提贸易自由是在私有制基础上引起竞争的斗争,而所谓商业的文明使命是服从于为资本攫取新的领土的目的。对资产阶级所有经济学家来说,典型的和普遍的是,他们不管怎样都为私有制的存在辩解,不揭露资本主义经济的矛盾,或正如恩格斯所说,没有去追究各个前提。他们由于自己的阶级立场,过去和现在总是如此。

恩格斯在对资产阶级政治经济学的一般批判中,提出了许多非常深刻和正确的论点。诸如 18 世纪的一切革命"都是片面的,都停留在对立的状态中"①,换言之,就是它尽管为今后的进步扫清了道路,但是并没有消灭使社会分裂的经济和社会矛盾,"政治经济学的革命也是这样,它未能克服对立。"② 新的政治经济学(恩格斯首先指的是斯密在《国富论》中所阐述的那些学说)完全没有提出私有制的合理性的问题。然而私有制对新的政治经济学来说是合理的和永恒的。由此可见资产阶级经济学家的局限性和不彻底性。"所以新的政治经济学只有一半是进步的"③。恩格斯指责了它的伪善和犬儒主义。顺便说一说,这一指责像一条红线也贯穿在马克思的《1844 年经济学哲学手稿》中。不容置疑的是关于资产阶级政治经济学伪善和犬儒主义的思想,马克思是从恩格斯那里接受过来的,并且是在恩格斯著作的直接影响下表述这一思想的。

资产阶级政治经济学,其中包括斯密的学说的伪善和犬儒主义究竟表现在哪里呢?政治经济学一方面想力求与时代并驾齐驱,并意识到这个时代先进思想的人道主义精神,所以宣称劳动是财富的唯一本质,从而似乎把人提到了首位;而另一方面却为现金服务,并随着工业的发展

---

① 《马克思恩格斯全集》第 1 卷,北京:人民出版社 1956 年版,第 597 页。
② 同上。
③ 同上。

越来越离开人的真实需要。它一方面承认劳动是最主要的原则,另一方面又对劳动人民的最迫切需要漠然视之,它不解释为什么在资本和劳动的平等权利和自由交换的借口下,实际上干的却是有利于资本的欺骗行为。它的结论是矛盾的,就像反映在它的意识中的私有制独立运动是矛盾的一样。

恩格斯在文章的另一部分,当说到马尔萨斯主义时,公正地把它看做是资产阶级政治经济学欺骗性的一个合乎规律的表现,看做是它无论如何企图用似乎是自然的不可抗拒的规律的行为来为现存制度作辩解,在这方面,恩格斯的批判技巧和科学洞察力达到了很高的水平。

18世纪末,英国这个最富有和最发达的国家的阶级的和财产的不平等已成为非常明显和不能容忍的事实。在无产阶级的阶级斗争日益增长的威胁面前,英国牧师、经济学家马尔萨斯在他的著作《人口原理》(1798年)——这一著作完全不是原作,按马克思在《资本论》中所述,不过是对以往作者的"小学生般肤浅的和牧师般拿腔做调的剽窃"①——中企图证明,贫困的原因不在资本主义社会制度本身,而在于似乎人口固有一种超过它所支配的生活资料的增长倾向之中。

恩格斯愤慨地痛斥了马尔萨斯的理论,称它为卑鄙下流的学说,是对自然和人类的恶毒亵渎。恩格斯以令人信服的论据揭露了马尔萨斯的主要结论之毫无根据及其用来进行辩护的阶级性质。

首先,马尔萨斯关于人口增长与其所必需的生活资料增长的比例完全是主观捏造的。马尔萨斯的所有假定都经不起批评,因为没有估计到增加生活资料生产的实际可能性。"人类所支配的生产力是无穷无尽的。应用资本、劳动和科学就可以使土地的收获量无限地提高。"② 恩格斯作了真正伟大的预言,"……无穷无尽的生产能力,一旦被自觉地用来为大众造福,人类所肩负的劳动就会很快地减少到最低限度。"③

且不说马尔萨斯完全离开了社会制度这一特点,即有些时候社会制

---

① 《马克思恩格斯全集》第23卷,北京:人民出版社1972年版,第676页。
② 《马克思恩格斯全集》第1卷,北京:人民出版社1956年版,第616页。
③ 同上。

度可能妨碍或大大限制物质生产的规模，而与此相反，在另一些时候它却能促进物质生产规模的不断扩大；马尔萨斯还完完全全把科学一笔勾销，"而科学的进步——恩格斯强调说，—是永无止境的，至少也是和人口的增长一样快。"① 恩格斯接着指出，在农业化学方面还在19世纪上半叶由英国人戴维和德国人李比希完成的研究对于发展农业的科学耕作就带来了良好的结果。②

在真正合理组织的社会里，所有的人都可以得到阳光下的一块地方和足够的食物。恩格斯说："要是马尔萨斯不这样片面地看问题，他就会看到，人口过剩或劳动力过剩是始终同财富过剩、资本过剩和地产过剩联系着的。"③ 因此，恩格斯虽然没有表述资本主义固有的人口规律，但实质上已承认那完全是而且仅仅是由于资本主义私有制的性质所产生的相对人口过剩。一方面是人口过剩和人民群众的贫困，另一方面是财富聚集在少数人手里，这就是资本主义社会的两极，这两极决定了资本主义社会的面貌，如果没有这两极，资本主义社会就不能继续生存下去。科尔纽说得对，他说，恩格斯以自己对马尔萨斯的批判为后来马克思所阐述的资本主义积累的普遍规律奠定了基础④。

恩格斯在这一著作中对马尔萨斯所作的批判，在今天不仅在理论原则上具有科学意义，而且还有重大的政治意义，因为它有助于我们揭露那些现代马尔萨斯主义者。

在《政治经济学批判大纲》中，恩格斯第一次提出了一个常被引用的论点，即，"距离我们时代越近的经济学家越不老实。时代每前进一步，要把政治经济学保持在时代的水平上，诡辩术也必须提高一步。"⑤

---

① 参看《马克思恩格斯全集》第1卷，北京：人民出版社1956年版，第621页。
② 恩格斯在1851年1月29日致马克思的信中说："我在《德法年鉴》上早已用科学耕作法的成就批驳过肥力递减论——当然，那是很粗浅的，还缺乏系统的论述"。（《马克思恩格斯全集》第27卷，北京：人民出版社1972年版，第190页。）
③ 《马克思恩格斯全集》第1卷，北京：人民出版社1956年版，第619页。
④ 参看阿·科尔纽：《卡尔·马克思与弗里德里希·恩格斯·生平与活动》1954年柏林版，第515页。
⑤ 《马克思恩格斯全集》第1卷，北京：人民出版社1956年版，第599页。

这个论点以一般形式准确地抓住了随着资本主义的发展和无产阶级阶级斗争的加剧从而使资产阶级政治经济学日益庸俗化这一过程的实质。但是,恩格斯接着为了使自己的思想能够更明确地表达出彩而所作的叙述,不会是没有异议或某种保留的,恩格斯说:"李嘉图的罪过就比亚当·斯密大,而麦克库洛赫和穆勒的罪过又比李嘉图大"①。不错,在斯密之后进行创作的李嘉图,在他自己面前已经有了更完整地形成了的和更扩展了的资本主义体系,这个体系的矛盾在李嘉图的后半生表现得比斯密在世时更明显得多(斯密比李嘉图早逝 30 年),按理李嘉图在客观上更有可能深入事物的内部,从而科学地揭示出社会进步的历史前景。他本应这样做,但他没有做。无论是斯密或是李嘉图,都是为他们本阶级服务的。他们在解释和赞颂那个社会制度时的犬儒主义,在他们的著作中是显而易见的。马克思好像是模仿恩格斯的笔调,过了 3 年之后在《哲学的贫困》中也写道:"当然,李嘉图的话是极为刻薄的。"②但是,这并不意味着李嘉图的著作比斯密的著作真正科学的成分少,而辩护之词多。恰恰相反,正如马克思在《资本论》中很公正地指出,李嘉图是资产阶级古典政治经济学真正的最伟大的代表,他在科学上有着伟大的功绩,特别是他比斯密更彻底地捍卫了劳动价值论。恩格斯说到的其他作者,如麦克库洛赫和穆勒,决不能同李嘉图相提并论。

恩格斯在自己的文章中没有区分出资产阶级政治经济学的古典学派和庸俗学派。他还不清楚古典作家和庸俗作家之间的根本的、原则性的区别。他把他们通常混为一谈。此时,恩格斯尚未认清劳动价值论的科学意义。这就是《政治经济学批判大纲》的最主要的弱点之一。

但是,除了那些明显错误的和不成熟的论点以外,恩格斯对价格和价值还提出了许多非常好的设想和想法。他已经认清并指出价格和价值的区别,他指出,价格在每一个具体场合是处于市场的作用下,感受到供求的影响的。《政治经济学批判大纲》中这一有关部分,马克思未加

---

① 《马克思恩格斯全集》第 1 卷,北京:人民出版社 1956 年版,第 599 页。
② 《马克思恩格斯全集》第 4 卷,北京:人民出版社 1958 年版,第 94 页。

任何注释就引用到《资本论》第一卷中。

恩格斯虽然暂时还没有形成关于价值的性质及其实体的明确概念，但是仍指出这一范畴的历史过渡性质，指出随着私有制的消灭已不能再谈通常意义上的商品交换时，实际应用价值的概念将是有限的，在这种情况下价值将只是确定劳动花费的效用的一种独特的手段。后来，恩格斯在马克思主义完全成熟时期所写作的《反杜林论》这一著作中就这个问题写道："在决定生产问题时，对效用和劳动花费的衡量，正是政治经济学的价值概念在共产主义社会中所能余留的全部东西，这一点我在1844年已经说过了（《德法年鉴》第95页）。但是，可以看到，这一见解的科学论证，只是由于马克思的《资本论》才成为可能。"①

可见，恩格斯的著作具有很大的历史意义。但它的意义决不仅限于此。可以毫不夸大地说，《政治经济学批判大纲》是马克思主义政治经济学整座大厦的一块巨大的和非常坚实的石块。它是马克思和恩格斯在其所实行的经济科学革命变革道路上所迈出的坚定的第一步。由于这一著作及其中所阐述的论点，《德法年鉴》才作为最重要的和意义重大的里程碑之一载入马克思主义形成史的史册。

二 〔德〕图赫舍雷尔：《恩格斯的〈政治经济学批判大纲〉及其对马克思经济观点的形成的意义》②

为了全面理解这部著作，一开始就必须强调指出，当时几乎不到23岁的恩格斯——他的世界观发展过程和马克思的相似——和马克思一样，在《德法年鉴》上所发表的那两篇论文中是以共产主义的拥护者和无产阶级事业的战士的身份出现的。这种立场使他能够从一开始起

---

① 《马克思恩格斯全集》第20卷，北京：人民出版社1971年版，第335页。
② 该文选自〔德〕瓦·图赫舍雷尔：《马克思经济理论的形成和发展（1843—1858）》，马经青译，人民出版社1981年版，第54—73页。

就以坚定的批判家姿态反对政治经济学,他把政治经济学看成是同社会主义和共产主义相对立的理论,是替私有制辩护的理论,是"一整套成熟的官许的欺诈办法"和"一门完整的发财致富的科学"。①

恩格斯坚持无产阶级立场,没有被维护和捍卫私有制的那种利害所束缚。因此,对他来说,在研究中也就不存在那种由阶级决定的认识上的局限性,而即使是最优秀的资产阶级政治经济学的代表也是不能超越这种局限性的。相反,恩格斯十分深切地关注着消灭私有制,他正确地认为私有制是资本主义生产方式的基础,并把私有制看做是在历史上产生因而在历史上消失的东西。

但是,恩格斯考察政治经济学和它所表明的经济范畴,正如他以前的所有空想的社会主义和共产主义的理论家那样,也不仅仅从无产阶级利益的立场出发。他的《政治经济学批判大纲》是以他的已处于萌芽状态的新世界观为依据的。他认为社会的发展,是由社会的物质生活方式和生产方式所决定的。他把这种发展本身看成是矛盾斗争的结果,并认识到,由私有制运动所引起的后果如"商业危机"("这种危机就像彗星一样有规律地反复出现"②,并且不断加深),势必导致社会对立的尖锐化、阶级斗争的加剧,从而必然导致社会革命,并由此而导致私有制的消灭。因此,恩格斯的这些阐述尽管不太全面和不太充分,但还是比资产阶级经济学家和社会主义理论家过去所作的全部研究高明得多。

恩格斯关于私有制和竞争的观点

恩格斯把私有制看做是政治经济学的一切基本范畴赖以建立的资本主义经济制度和社会制度的基础,所以他把批判私有制作为他批判政治经济学和经济范畴的出发点和杠杆。恩格斯所持的这种批判的出发点是他与当时的一些空想社会主义者和小资产阶级社会主义者所共有的,其中包括蒲鲁东,其著作《什么是财产?》首先不仅对恩格斯,而且对马克思都产生过深刻的影响,这一点也可以从恩格斯当时就推荐把蒲鲁东

---

① 参看《马克思恩格斯全集》第 1 卷,北京:人民出版社 1956 年版,第 596 页。
② 同上书,第 614 页。

的著作译成英文这一事实中得到说明。① 尽管如此，恩格斯的批判从根本上来说还是同蒲鲁东的批判有区别的。蒲鲁东论证所有权——他所谓的所有权是资本主义所有权——就是盗窃，而且在历史上、逻辑上、道德上及经济上是"绝对不可能存在的"，由此他以唯心主义的方式认为，这种所有权已经被消灭了。蒲鲁东明确地反对那些从自己的批判中所得出的实际的、政治的结论。与此相反，恩格斯指出，现代形态的私有制通过它的运动本身，必然使现存的经济矛盾和社会矛盾尖锐化，从而导致社会革命，把私有制消灭。

恩格斯确认，与重商主义者相比，自由主义经学诚然有肯定的进步，因为它阐明了私有制的规律——虽然这些规律还没有成为最后的结论，还没有清楚地表述出来——但是它没有提出私有制的合理性的问题，并不得不"背弃它自己的前提，不得不求助于诡辩和伪善，以便掩盖它自己所陷入的矛盾"②。虽然随着资本主义的发展，这些矛盾越来越清楚地暴露出来了，但是自由主义的经济学没有去检查它本身的各个前提，因而，距离现代越近的经济学家也就越不"老实"，所以"时代每前进一步，要把政治经济学保持在时代的水平上，诡辩术也必须提高一步"③。在另一方面，恩格斯指出，经济学家不敢正视真理，"因为不这样他的学说就会全部垮台"④。

因此，恩格斯不仅指出了资产阶级政治经济学的阶级性及其由阶级决定的认识上的局限性，而且正确地认识到这种事实随着资本主义的发展和社会对立的尖锐化，资产阶级政治经济学必然成为辩护和反动的学说，并堕落为"诡辩"。虽然恩格斯在这里还没有看到，在资本主义发展到一定时期以前，在资产阶级政治经济学中进行没有偏见的科学研究是可行的，并且一些杰出的资产阶级经济学家，特别是斯密和李嘉图（撇开他们的阶级立场不说），为认识资本主义生产方式的内在联系作

---

① 参看《马克思恩格斯全集》第1卷，北京：人民出版社1956年版，第583页。
② 同上书，第597页。
③ 同上书，第599页。
④ 同上书，第616页。

出了重大的贡献。但是，他正确地指出，新经济学家已经清楚地发现了生产和消费之间、人口过剩和财富过剩之间的对立，他们之所以不得不这样做，是因为"事实本身是无法否认的，所以为了使这种事实符合理论起见"①，就"发明"了各种各样的理论。

因为恩格斯在这里只看到一个方面，即所有资产阶级经济学家都捍卫资本主义，所以他也就说"李嘉图的罪过就比亚当·斯密大，而麦克库洛赫和穆勒的罪过又比李嘉图大"②，因为，对他们来说，从政治经济学过去的阐述中得出结论的可能性更大。由于这个原因，恩格斯也没有把价值理论中两个相对立的人李嘉图和萨伊加以区别，而把他们等量齐观。他只是在旧经济学家即被他称为"垄断者"的重商主义者和新经济学家即自由贸易的捍卫者（关于这些人，他毫无区别地列举了斯密、萨伊、马尔萨斯、李嘉图、穆勒等等）之间作了区别。

恩格斯在他的著作中，想"在批判政治经济学时就要研究它的基本范畴，揭露自由贸易制度所产生的矛盾，并从这个矛盾的两方面做出结论"③。恩格斯对此所运用的方法是辩证法，但是，正如后来他在给威廉·李卜克内西的一封信中所承认的那样，这种方法还深受"黑格尔的风格"④影响。

如前所述，恩格斯认为私有制是资本主义经济制度和社会制度的基础。因此，要研究一切"主要范畴"就得研究它们是如何从这个基础中产生，并在这个基础上建立起来的。在这里，恩格斯试图从私有制的本质来阐明经济规律和经济范畴。同时，他把直接从私有制中产生、并受私有制制约的竞争看成是决定其他一切范畴和整个制度的主要范畴。只要私有制存在一天，一切终究都会归结为竞争。⑤

因此，研究私有制和由此产生的竞争是恩格斯的《大纲》的主要

---

① 《马克思恩格斯全集》第1卷，北京：人民出版社1956年版，第617页。
② 同上书，第599页。
③ 同上书，第600页。
④ 《马克思恩格斯全集》第33卷，北京：人民出版社1973年版，第209页。
⑤ 参看《马克思恩格斯全集》第1卷，北京：人民出版社1956年版，第611页。

对象，并贯穿于他的整部著作。恩格斯在这里所表述的思想是何等的深刻和正确，许多这样的思想以同样的形式或改变了的形式在成熟的马克思主义经济学说中获得了稳固的地位，也表明了这一点。

恩格斯指出，私有制使原来配合成一体的各生产要素分裂而处于分散状态。因为私有制使每一个人孤立"在他自己的粗鄙的独特状态中"，而每个人的利益是要"占有一切，社会的利益则是要使每个人所占有的都相等"，所以"公共利益和私人利益是直接对立的"，"地主敌视地主，资本家敌视资本家，工人敌视工人"。"正是由于利害关系的共同性，所以在这种共同的利害关系的"敌对状态中的顶点就是竞争①；竞争使"资本同资本、劳动同劳动、土地同土地对立起来，同样又使其中的每一个因素同其他的两个因素对立起来"②。在这场一切反对一切的斗争中，是实力较强者取得了胜利。③

由于恩格斯立即把资本主义生产方式的基础即私有制作为他研究的出发点，所以他能够对阶级对立作一般的、以经济为根据的阐述，而阶级对立，是由于各种生产要素的分裂而处于分散状态并相互敌对而引起的，并且由于私有制所制约的竞争而日益尖锐化。因此，他得出结论说，竞争"贯穿了……生活的各个方面，造成了人们今日所处的相互奴役的状况。竞争是一部强大的机器，它一再促使我们的日益衰朽的社会秩序或者更正确地说，无秩序的状况活动起来，但是它每紧张一次，同时就吞噬掉一部分日益衰弱的力量"④。

竞争的规律是："供和求始终力图互相适应，但是正因为如此，就从来不会互相适应"，"它能使在这里失去的又会在那里得到补偿"⑤。这不是一种精神的规律，而是一种纯自然的规律，所以只要私有制存在一天，这一规律就会发生作用⑥。因此，竞争也是"经济学家的主要范

---

① 参见《马克思恩格斯全集》第1卷，北京：人民出版社1956年版，第612—613页。
② 同上书，第622页。
③ 参见同上书，第622页。
④ 同上书，第623页。
⑤ 参见同上书，第613页。
⑥ 参见同上书，第614页。

畴",是他"最宠爱的女儿"。① 但是,私有制和竞争引起实力较弱者的倾家荡产、资本的集中、大众的贫困和危机的不断反复出现,因为"在人类这种不自觉的状态下,谁也不知道需求和供应究竟有多大"②,从而人是作为"连类意识也没有的分散的原子"③ 进行生产的。这是一个"以当事人的盲目活动为基础的自然规律"④,一个"孕育着革命的"⑤规律。

恩格斯从他的研究中所获得的天才的思想,即认为建立在私有制基础上的生产方式和交换方式本身的运动和发展必然会引起社会革命的思想,证明恩格斯已经从根本上克服了他早期的唯心主义观点。恩格斯认为,重要的是要研讨资本主义生产方式的规律性,在经济学中找出发生革命的规律,详细研究这些规律的贯彻和作用范围。

恩格斯把经济规律本身理解为历史上发生变化的,由一种完全确定的基础(历史上一定所有制关系)产生的,客观上作为相应的生产方式的"自然规律"发生作用的规律;它是通过人们敌对地、直接地相对立,以各自的个人利益为目的的,相互交错进行的交易,而无意识地和自发地得到实现的规律。这种关于社会发展规律的观点比之黑格尔的观点和资产阶级古典政治经济学的观点都要高明,之所以说比黑格尔的观点高明,是因为恩格斯的观点是在生产本身的物质关系中,而不是在一种假设的绝对观念中证实各种原因的;之所以说比资产阶级古典政治经济学高明,是因为恩格斯不是把经济规律和范畴看成是永恒的和不变的规律和范畴,而看成是在历史上产生、因而在历史上消失的规律和范畴。

恩格斯正确地认识到,在实行私有制和社会分裂为"分散的原子"的条件下,人们由于敌对的利益而互相对立;而另一方面,只要他们是

---

① 《马克思恩格斯全集》第1卷,北京:人民出版社1956年版,第611页。
② 同上书,第613页。
③ 同上书,第614页。
④ 同上书,第614页。
⑤ 同上书,第614页。

商品所有者，就会互相需求，因为他们互相生产对方所需要的物品，因而必须互相进行交换。

然而，恩格斯立即就把交换理解为商品生产的社会特别分离出来的一个活动部门的对象，即理解为商业，因而他就研究了流通领域的现象。恩格斯进行这一研究时一开始就确认："私有制产生的最初的结果"就是商业，"在私有制的统治下，这种商业和其他一切活动一样，必然是商人收入的直接泉源"，这就是说，每个人必然要"尽量设法贱买贵卖"。正因为每个人所考虑的只是他自身的利益，所以在每一次买卖中"两个人在利害关系上总是绝对彼此对立的"。其后果是"互不信任"和"采取不道德的手段来达到不道德的目的"。恩格斯谴责了商业中"对一切可能降低该商品的价格的东西都绝口不谈，秘而不宣"的恶习以及"利用对方的无知和轻信来取得最大利益的"方法。①

恩格斯关于价值和价格的观点

由于恩格斯立即研究的是商业，在商业中，发财致富显然来自买与卖的价格之间的差额，而价格本身是由竞争确定的，所以他不可能认识到，尽管双方互相欺骗，但是归根到底客观价值是交换的基础，是调节价格的原则，客观价值同主观估价毫无关系。因此，恩格斯在这里也必然得出这样的结论：在私有制的条件下不可能有商品的实际价值，而只能是商品按供求情况而有不同的价格，而所获得的利润则采自对买主的欺诈。

恩格斯正确地指出，"旧经济学家"还没有认识到不同于价格的价值范畴。事实上，重商主义者确实首先是从流通和显而易见的价格现象出发的。如果重商主义者谈的是"内在的价值"，那么他们所指的大多是商品的物质的、自然的实体或者使用价值。如果他们谈的是与此相反的"交换价值"，那么他们所指的总是商品的价格。在斯图亚特那里，也还可以部分地看到这种观点。只有斯密才消除了使用价值和交换价值

---

① 参见《马克思恩格斯全集》第1卷，北京：人民出版社1956年版，第600页。

以及实际价值即自然价格和市场价格之间的混淆。

可是，为什么"旧经济学家"那里还没有价值范畴，而只是在"新经济学家"那里才出现这个范畴？至少恩格斯还没有把原因归结于资本主义的生产方式和交换方式的不同发展情况，而是归结于"热衷于发财的垄断主义的信徒（这是恩格斯对重商主义者的称呼——作者）没有时间来研究各种范畴"。① 当然，这样来解释重商主义者为什么满足于说明表面现象，是根本不够的。

恩格斯在开始真正阐述价值时就确认：一切有关价值和与价值相关的范畴的争论问题都是从"最新的经济学家"开始的，这些经济学家要同"双重的价值"，即"抽象（或实际）价值和交换价值"打交道。②

由于恩格斯把实际价值看做一种理论上的假定，所以，他首先着眼于研究资产阶级经济学家对实际价值所下的各种各样的定义。他首先确认，"关于实际价值的本质，英国人和法国人萨伊"进行了长期的争论，"前者认为生产费用表示实际价值，后者则断言实际价值要靠物品的效用来测定。"③

恩格斯研究了关于价值尺度的两种对立的观点，并指出，那些以生产费用决定与交换价值不同的抽象价值的经济学家们，尽管在价值规定中表面上不想谈商业，但是他们又悄悄地把商业纳入了他们的理论根据，而且还是一种完全歪曲了的商业，即"一种不把主要的东西即竞争考虑在内的商业"④。因此，对于这些经济学家来说，除了抽象价值之外也存在着一种抽象商业。恩格斯坚决反对这种对现实的抽象，因为他所认为的决定一切的竞争关系在这种抽象中被忽视了，因而问道："一旦竞争被放在一边，也就没有任何保证使生产者恰恰按照他的生产费用来出卖商品，难道经济学家连这一点都没有想到吗？"⑤

---

① 参见《马克思恩格斯全集》第 1 卷，北京：人民出版社 1956 年版，第 603 页。
② 同上书，第 603 页。
③ 同上书，第 603 页。
④ 同上书，第 604 页。
⑤ 同上书，第 604 页。

可见，恩格斯在这里还没有看到，恰恰是竞争关系的机构最终使价格归结为生产一种商品时物化劳动和活劳动的社会必要耗费，也就是归结为价值，从而在资本主义商品生产的特殊条件下使价格归结为那种表现为支配着市场价格波动的规律的生产价格。恩格斯从当时的立场出发，只能以否定的办法去解决资产阶级古典政治经济学价值理论中所包含的矛盾。正因为恩格斯看到资产阶级经济学理论无非是试图在理论上为现存的制度进行辩护和捍卫它，所以，他从一开始就对资产阶级经济学家的理论不仅持批判的态度，而且一般地持怀疑的态度。因此，他在对资产阶级政治经济学的最初反应中，把它错误的、有缺陷的观点，连同资产阶级劳动价值理论中具有价值的成分都否定了，当然，这个价值理论本身的矛盾性也是所以会造成这种情况的一个重要的原因。

恩格斯谴责说，英国的经济学家虽然通过生产费用来决定价值，但他们又自认为，如果那种用大量费用所生产的物品是谁也不要的东西，那么它就没有任何价值。他还没有发现这种论断的合理内核，但却从中看出了一种前后的矛盾，即价值规定的一种双重基础。所以，他总结说："经济学家一刻也不能忠实于他的抽象了。不仅他所竭力避开的竞争，而且连他所攻击的效用论也都时时刻刻地扰乱着他的清思。"① 因此，对于恩格斯来说，这种"抽象价值以及抽象价值是由生产费用来决定的说法，都只不过是一些抽象的不实际的东西"②。

恩格斯认为，那些主张商品的价值由生产商品所耗费的劳动或由其生产费用所决定的经济学家们（他们最明显的代表是李嘉图）有片面性，同样，萨伊的由效用决定价值的理论也有片面性，只是萨伊恰好从相反的方面来表明价值的基础。因此，他说，在萨伊那里可以看到同样的抽象。萨伊想使这种作为"一种纯主观的根本不能绝对确定的东西"③的效用成为价值尺度，并且在这里他同样把竞争搁在一边。但是，在私有制的统治下，竞争关系恰恰是"唯一能比较客观地，似乎一

---

① 《马克思恩格斯全集》第1卷，北京：人民出版社1956年版，第604页。
② 同上。
③ 同上。

般能决定物品效用大小的办法"①。

但是,在萨伊的价值规定中这种竞争关系必定被搁在一边。然而,只要一旦承认竞争关系,生产费用的问题也就随之而来,因为"谁也不会把他的产品卖得比它的生产成本还低"。因此,在萨伊的价值规定中,也就"不管愿意与否,对立的一面就要转化为对立的另一面"。②

恩格斯揭示了两种对立的规定中每一种规定的"片面性",同时又发现,其中的每一种规定都会通向它的对立面,而且,甚至把这种对立面作为前提,揭示了不论是谈生产费用还是谈效用都不能撇开竞争。然后,恩格斯就阐明,物品的价值包括争论双方硬要分开的两个要素。恩格斯认为,把这两种规定加以综合才能辩证地解决价值规定的矛盾。因此,他对价值概念作了如下说明:"价值是生产费用对效用的关系。"③

阿尔内·贝纳里和汉内洛雷·格劳尔把这种价值的定义看做是"已有马克思主义观点的萌芽……即使用价值是价值的前提"④。我们认为,这里把恩格斯的定义说得太过分了。尽管从上下文可以看出,对于恩格斯来说,萨伊所采纳的"效用"这一概念只是使用价值的另一种说法而已——因此,他也谈到了"物品本身所固有的实际效用"——但是,归根到底恩格斯的定义是,价值由使用价值决定。恩格斯也明确地阐明了这一点,他说:"如果两种物品的生产费用相等,那么效用就是确定它们的比较价值的决定性因素。"⑤ 但是,这种说法对于以后所提出的观点,即认为使用价值是价值的前提,但本身并不决定价值的观点,有什么关系呢?

沃尔夫冈·扬写道:"在恩格斯那里,效用表示竞争,即需求代表效用,因为,如果生产费用要得到补偿,就必须有一种足够大量的需求

---

① 《马克思恩格斯全集》第 1 卷,北京:人民出版社 1956 年版,第 605 页。
② 参见同上。
③ 同上。
④ 阿·贝纳里、汉·格劳尔:《论卡尔·马克思的经济学说的产生》,载《经济学》杂志 1965 年第 3 期,第 324 页。
⑤ 《马克思恩格斯全集》第 1 卷,北京:人民出版社 1956 年版,第 605 页。

与供应相对立。"① 他的这种看法，正如同贝纳里和格劳尔一样，没有正确理解恩格斯的定义。我们认为，在恩格斯的定义中根本没有谈到竞争。否则，恩格斯就得承认，这样一种"价值"在私有制的条件下也是可以实现的，并且会表现为市场价格，因为，在恩格斯看来，这种价值是由生产费用和竞争的相互作用决定的。但是，恩格斯在这方面强调的是——正如我们以后还要进一步证实的——价格和价值毫无共同之处，而且他的全部论证最终表明，竞争破坏了商品的任何"内在的"价值。

恩格斯在价值规定上首先比李嘉图后退了一步，虽然他在另一方面运用他历史的、辩证的考察方式，已经为更深刻地理解资本主义制度下的商品生产和商品交换的本质以及理解资产阶级经济学家只是部分地理解的价值性质开辟了道路；因为他确认，这种生产方式的基础是私有制，这种生产方式的规律只能通过竞争得到实现，因此，不能撇开私有制和由它所制约的竞争来谈私有制体系的任何范畴。与此相反，资产阶级经济学家不敢、也不可能理解私有制和经济规律之间的联系。

恩格斯避而不谈劳动决定价值，而把业已阐明的关于生产费用决定价值的理论作为他批判资产阶级经济学的出发点，究其原因，首先——如上所述——就在于：即使是资产阶级政治经济学中劳动价值理论的最优秀代表也终于听任他们的价值规定中的矛盾存在；他们始终弄不清价值的全部社会性质，因而，他们主要地局限于对价值的量和与价值有关的各种范畴的量的研究。但是，恩格斯作为辩证论者理解这些矛盾时，首先没有看到：这些矛盾之所以产生，正是由于劳动价值的原理没有充分一贯地得到贯彻。然而，另一个原因还在于，恩格斯立即考察了有竞争所制约的价格出现于其中的流通领域的现象，而这个寓于价格中的内在的价值原理却不是直接可以看出来的；还在

---

① 沃·扬：《弗里德里希·恩格斯独立地参加马克思主义政治经济学的创立直至亲身与卡尔·马克思合作》，载1954—1955年哈雷-维登堡 马丁·路德大学学报，社会—语言科学专辑第6册，第736页。

于，恩格斯是把各种各样的价值概念，而不是把商品本身作为他研究的对象，同时从这些概念规定的矛盾中探索以更高度的辩证的统一来辩证地解决这些矛盾的方法。

恩格斯根据他的价值定义必然认为，价值只有在资本主义生产方式之外，也就是只有在私有制之外才能得到实现，因为私有制通过它的竞争，破坏着所有物品任何"内在的"价值，每日每时在改变着所有物品相互之间的价值关系，从而也就失去了一种基于道德准则的交换的任何可能性。① 恩格斯说："不消灭私有制，就不可能消灭物品本身所固有的实际效用和这种效用的决定之间的对立，以及效用的决定和交换者的自由之间的对立；而在私有制消灭之后，就无须再谈现在这样的交换了。到那个时候，价值这个概念实际上就会愈来愈只用于解决生产的问题，而这也是它真正的活动范围。"② 在恩格斯看来，价值首先是用来"解决某种物品是否应该生产的问题，即这种物品的效用是否能抵偿生产费用的问题。只有在这个问题解决之后才谈得上运用价值来进行交换的问题"。③

在恩格斯看来，在私有制的条件下，价值在交换中是毫无意义的，而只有交换价值在那里才有意义。恩格斯断言："物品的价值不等于人们在买卖中给予它的那个所谓等价物，就是说，这个等价物并不是等价物"。这个"所谓等价物"就是物品的价格，而且本来应当叫做"商业价值"。这种价格和价值毫无共同之处，并且它是由"生产费用和竞争的相互作用"决定的。这是"私有制的三个主要的规律"。④

恩格斯认为，"为了使商业的不道德不至于太刺眼"，经济学家总得要保留一点"价格和价值有些联系的样子"。由于这个原因，经济学家从价格中就把'实际价值抽象化了，就是说，把在竞争关系均衡……的时候所确定的价格抽象化了。这样一来，所剩下的自然只有被经济学

---

① 参见《马克思恩格斯全集》第1卷，北京：人民出版社1956年版，第615页。
② 同上书，第605页。
③ 同上书，第605页。
④ 参见同上书，第606页。

家称为"实际价值"的生产费用了,而这只是价格的一种规定性,即供求平衡时的价格而已。①

从这些关于价值和价格的关系的论述中,可以清楚地看到,恩格斯的意见是:价值不仅是同价格有所不同的东西,而且同李嘉图和斯密所称的实际价值也有区别。恩格斯正确地认识到,斯密和李嘉图所理解的"实际价值"只是一种"价格规定性"。斯密的著作包含着许多价值规定,他本人就是在这些价值规定下,一度把"实际价格"即"实际价值"的货币表现,称为供求平衡时存在的市场价格。另一方面,他又把实际价值描绘成市场价值的波动中心或市场价格变动的平均值以及与商品的生产费用相抵的价格。如果问题涉及的是工业品,那么,生产费用不论在斯密那里还是在李嘉图那里又是由所花的原料费用以及工资和利润的自然率构成的。然而,如果问题涉及的是农业产品,或者明确地说是土地产品,那么还加上地租。然而,在任何特定的情况下,市场价格以及生产费用本身由竞争决定。所以,恩格斯说,整个政治经济学被弄得本末倒置了:作为基本东西和价格源泉的价值,在经济学家那里倒要从属于它自己的产物——价格了。②

恩格斯关于生产要素、生产费用和分配的观点

恩格斯研究了价值范畴和交换价值范畴以后,他就分析经济学家关于生产费用的观点。恩格斯接受了资产阶级经济学家提出的论点,把生产费用分为私有制关系中的工资、利润和地租各部分,然而,他极其明确地指出了这种生产费用规定的各种结论。但是,恩格斯在这里还没有坚定地在生产要素(劳动、生产资料和土地)的物质规定性和私有制体系中生产要素的社会规定性之间加以区别;要能作出如此明确的区别,就要求一种以后才获得的,但在这里已开始的认识:经济范畴只是一定的生产关系的特殊表现。

在《大纲》中,物质规定性和社会规定性常常是混淆不清的。这

---

① 参见《马克思恩格斯全集》第1卷,北京:人民出版社1956年版,第606页。
② 参见同上。

一点清楚地表现在恩格斯从分析"生产费用"的范畴所得出的结论中，他说："我们根本无法确定在某种产品中土地、资本和劳动各占多少分量。这三种量是无法比较的。土地出产原料，但其中并非没有资本和劳动；资本要以土地和劳动作前提，而劳动至少要以土地，甚至大多数场合还要以资本作前提。这三种要素的作用是截然不同的，无法用任何第四种共同的尺度来衡量。因此，在当前的条件下，要按这三种要素来分配收入，是找不到它们所固有的内在的尺度的，于是问题只能靠一个完全外在的偶然的尺度即竞争或者强者狡诈的权利来解决。"①

因此，我们现在要谈的就是恩格斯在他的著作中所论述的收益分配问题。不过有一点是可以理解的，既然工资、利润和地租像恩格斯所确认的那样是由竞争来决定的，那么，对这三种收入中任何一种的所得份额来说，就不可能有固定的、共同的尺度。但是，如果沃·扬从恩格斯的这一论断中得出结论说，恩格斯"当时还没有站在劳动价值理论的立场上，而且剩余价值的规律也还没有被揭示"，所以他反驳了"按经济规律实现社会产品的分配……"②；那么，这是十分片面的。诚然，在恩格斯那里，竞争正是私有制条件下主要的经济规律。恩格斯甚至还把竞争称为社会的"自然规律"。可见，在恩格斯看来，收入的分配完全以一种经济规律为基础，虽然不是以价值规律为基础。

此外，令人莫明其妙的是人们如何能得出结论说，恩格斯在《大纲》中，已经为下述认识奠定了基础："在资本主义制度下，工资作为劳动力商品的价格，和其他一切商品的价格一样，是围绕着价值波动的"③。恰恰相反，恩格斯认为："没有一个固定的尺度来确定劳动在生产中所占的比重"④，工资只是由供给和需求决定，同时，在恩格斯看

---

① 《马克思恩格斯全集》第 1 卷，北京：人民出版社 1956 年版，第 610—611 页。

② 沃·扬：《弗里德里希·恩格斯独立地参加马克思主义政治经济学的创立直至亲身与卡尔·马克思合作》，载于 1954—1955 年哈雷-维登堡 马丁·路德大学学报，社会—语言科学专辑第 6 册，第 737 页。

③ 沃·格鲁纳：《在恩格斯青年时期的著作〈政治经济学批判大纲〉中马克思主义政治经济学的开始形成》，载于 1952—1953 年莱比锡大学报，社会—语言科学专辑第 4—5 册，第 427 页。

④ 《马克思恩格斯全集》第 1 卷，北京：人民出版社 1956 年版，第 611 页。

来，在收益的分配中"工人所得的仅仅是最必需的东西，仅仅是一些生活资料，而大部分产品则为资本和土地所瓜分"①。

恩格斯关于生产费用的规定和在一个私有制不复存在的社会中的分配所表述的思想是很有意思的。消灭了私有制，私有制社会中所存在的收益的"所有这些反常的分裂现象"②，也就随之消失。在这种情况下，"面积相等的土地在花费的劳动量相等的条件下所具有的"不同的"生产能力"所产生的价值，诚然"在确定产品的价值时……算做生产费用的一部分"，而且它"像地租一样是生产能力对竞争的关系，但是这里说的是真正的竞争，是到时候就会展开的竞争"③，然而，利润起着"资本用来衡量生产费用的砝码的作用，它将成为资本所固有的部分，正如资本本身将还原为它和劳动的最初的统一体一样"④。可是这样一来，劳动将成为"它自己的报酬"，而在私有制占统治的条件下，"劳动的产物以工资的形式和劳动对立起来了，它和劳动分离开来，并且由竞争来决定。"⑤ 在一个"超越于利益的分裂（正如同在经济学家那里利益是分裂的一样）的合理制度下"⑥，在废除私有制时，"简单劳动这一肉体要素以外的发明和思想这一精神要素"⑦ 当然还得列入生产要素中，并且会"在政治经济学的生产费用项目中找到自己的地位"⑧。

总　结

总结起来可以说，恩格斯在他的《大纲》中为战胜资产阶级政治经济学作出了颇有成效的开端。新的、虽尚未完全成熟的历史唯物主义的辩证的研究方法，要比资产阶级政治经济学所使用的方法优越，这在

---

① 《马克思恩格斯全集》第 1 卷，北京：人民出版社 1956 年版，第 622 页。
② 同上书，第 611 页。
③ 参见同上书，第 609—610 页。
④ 同上书，第 611 页。
⑤ 恩同上书，第 611 页。
⑥ 同上书，第 607 页。
⑦ 同上书，第 607 页。
⑧ 同上书，第 607 页。

《大纲》中已表现出来，而全部新的认识就是这种优越性的体现。

这些后来进入马克思主义宝库的认识，其中一些我们已经论述过了，另一些认识在这里只能提及一下。例如，恩格斯关于辩证对立、互相制约以及竞争和垄断的相互作用的观点，对资本主义积累的一般规律和资本的积聚和集中的规律的天才预见，以及关于私有制的发展必然导致社会革命的论证。

我们在价值理论方面已经看到，恩格斯一方面比资产阶级古典政治经济学的劳动价值理论后退了一步，但在另一方面，同时又为全面地重新理解价值、为认识价值的性质及其历史制约性以及与此相关的经济范畴和经济规律创造了前提。

当然，必须确认，恩格斯在《大纲》中还没有完全摆脱空想社会主义者的影响，这些空想社会主义者显然是从人的本质、人的天然权利、正义和道德的立场出发，用资产阶级经济学家的武器，倒过来批判资本主义的。在这部著作中，例如，当恩格斯谈到商业、出卖土地、人的自我异化和付息借贷的"不道德"或社会的"不合理"状态以及对比这种"不合理"状态与"合理"状态时，我们还屡屡看到道德上的评价。尽管恩格斯在克服以往思维方式的所有这些残余和阐发新的世界观方面已经取得了很大的进步，但在这部著作中也还有青年黑格尔派观点的痕迹。然而，所有这一切丝毫也改变不了这个总的评价，《大纲》中所包含的对经济范畴的分析异常深刻，而且比过去所有经济学著作都要高明。

三 〔法〕科尔纽:《德法年鉴》(节选)[①]

恩格斯在《德法年鉴》上发表的第二篇作品《政治经济学批判大纲》和他前一篇作品的关系，就跟马克思的《〈黑格尔法哲学批判〉导言》一文和《论犹太人问题》一文的关系一样。他在这篇文章里彻底

[①] 该文选自〔法〕奥古斯特·科尔纽:《马克思恩格斯传》第1卷，刘丕坤等译，北京：生活·读书·新知三联书店1963年版，第607—621页。

摆脱了自己先前的青年黑格尔派的观点，并且从人类社会本质的一般论述转向对资产阶级社会的经济基础的更加深入的批判，而这种批判是跟马克思对资产阶级的政治关系和社会关系的批判一致的。

他在这篇文章里，比在前一篇文章里更加充分地利用了他在英国获得的有关经济生活和社会生活方面的知识。在资本主义制度最发达的英国，比在其他任何地方都更加鲜明地表现出了资本主义制度所内在固有的生产不断扩大和无产阶级日益贫困之间的矛盾。

因此，恩格斯理解到，在资本主义国家里，一部分人的财富是以另一部分人的深重苦难为代价的，而工业的发展不但不能改善工人的处境，反而会注定他们陷入更大的贫困。于是，他便以青年人特有的热情——当时他只有23岁——着手来批判资产阶级的政治经济学，因为这种政治经济学是替资本主义制度及其基础即私有制和竞争辩护的。就这一点而论，他和英国制度的其他批判者，特别是布累有所不同，布累在他的著作中也试图提出消灭贫困的办法，但是他并没有找到贫困的真正原因，因而未能找到足以消灭贫困的办法。可是布累的著作的价值却在于，早在1840年，这部著作便十分清楚地描绘出在资本主义经济制度占统治地位的情况下无产阶级的非人生活条件。

恩格斯在批判资产阶级政治经济学时，比布累和一般社会改良家都更加彻底。他指出，英国工人和一般无产者的状况只有通过资产阶级社会的改造才能得到改变，但是并不能借助于某种理想的改革计划来实现这一点，而只有无产阶级的共产主义革命才能用暴力实现这一根本的改造，这一革命将是危机和阶级斗争的结果。

在文章的第一部分（这一部分分析了资产阶段经济学说），恩格斯首先对重商主义学说作了说明，说这种学说的出发点是这样一个观点，即金银就是国家的财富，因而它提出贸易顺差论作为基本原则，认为依靠顺差便可以使越来越多的黄金流入国内。①

早在18世纪发生大规模的经济与政治运动的时期，这一学说便被

---

① 参见《马克思恩格斯全集》第1卷，北京：人民出版社1956年版，第596—597页。

人以贸易自由的名义加以攻击。但是恩格斯认为这些运动并没有达到自己的目的，因为它们未能探讨自己本身的前提：经济运动是因为它没有探讨私有制，政治运动是因为它没有提出国家问题。①

新的自由主义政治经济学的不彻底、软弱和自相矛盾便是由这一主要错误产生出来的，当然，比起重商主义来，它还算是一种进步，因为和重商主义不同，它不仅关心生产者的利益，而且考虑到消费者的利益。

然而，尽管自由主义的政治经济学在18世纪人道主义学说的影响下卖弄这种博爱主义，但是它和重商主义学说一样，是不能接受的。

自由主义政治经济学伪善地试图掩盖和粉饰资本主义经济的后果，然而资本主义经济却远不像它的理论家们所硬说的那样，能够解放人类，发展文化并且使各民族和睦相处，而是由于贸易自由和竞争的发展，使建立在私有制之上的资本主义制度产生了最坏的最恶劣的后果。自由主义政治经济学恰恰加强了它保证要消灭的垄断，扩大了金钱的势力，造成了新的奴隶制（这种奴隶制就其不人道和残酷性来说并不亚于古代的奴隶制），并且用一切人反对一切人的战争来代替民族之间的战争②。

但是重商主义必须让位给这一制度，以便使私有制发展到自己的最高限度，发展到使人完全不成其为人，从而使这一制度的全部弊端充分暴露出来并受到彻底的批判。③

---

① 《马克思恩格斯全集》，人民出版社1956年版，第1卷，第598页。

② 所有这些都十分冠冕堂皇，可是这些前提马上又显身手了，它们创造了马尔斯人口论来对抗这种伪善的博爱，这种学说是过去一切学说中最粗暴最野蛮的一种学段，一种绝望的学说，它玷污了关于仁爱和世界公民的一切美妙的言词，这些前提创造了并发展了工厂制和现代的奴隶制，这种奴隶制就它的不人道和残酷性来说并不亚于古代的奴隶制。新的政治经济学，即以亚当·斯密的《原富》为基础的自由贸易学说，也同样是伪善、矛盾和不道德的。这种伪善、矛盾和不道德目前在一切领域中和自由的人性处于对立的地位。"（《马克思恩格斯全集》第1卷，北京：人民出版社1956年版，第598页。）

③ "为了使私有制的真实的后果能够显露出来，就必须摧毁重商主义的学说、它的垄断以及它对商业关系的束缚；为了使当代的斗争能够成为普遍的人类的斗争，就必须使所有这些地方的和民族的小小的打算退居次要的地位；必须使私有制的理论抛弃纯经验主义的纯客观主义的研究方法，使它具有一种使理论也对后果负责的更为科学的性质，从而使问题涉及全人类的范围；必须通过企图否认旧政治经济学的不道德和因此而产生的必然结果即伪善而使这种不道德达于极点。"（《马克思恩格斯全集》第1卷，北京：人民出版社1956年版，第598页。）

恩格斯在批判这一制度时，不是直接地站在纯道德的观点上，而是站在历史的观点上，力图指出共产主义如何必然从这一制度的辩证的对立中产生出来。

在他之前，李嘉图和斯图亚特·穆勒都曾对资本主义制度进行过深入的分析，但是，他们并没有批判这一制度的各项原则。因此，恩格斯便决定来作这个工作了。

用恩格斯的话来说，现代的经济学家不能对重商主义做出正确的评价和批判，因为现代资产阶级政治经济学在本质上和重商主义具有相同的基础——私有制。只有懂得了这一点，才能够批判两种学说的共同的前提，而到那时大家就会明白，贸易自由的捍卫者原来是比重商主义者更为恶劣的垄断者，因为贸易自由在产生着更大的垄断制度。①

现代经济学通过竞争的尖锐化加强了垄断。尽管它满口是自由主义的好听词句，实际上却把资本主义制度导向极坏的、最不人道的后果。恩格斯在揭示了现代经济学的这种矛盾的性质之后，进而从共产主义的观点批判地分析了资产阶段政治经济学的一些基本范畴。②

他是从对商业的批判开始的，由于自身的经验，他对商业十分熟悉，他和在他之前的傅立叶一样尖锐而机智地批判了商业。

用恩格斯的话来说，商业不外就是一种合法的欺诈。这一点是重商主义者公开承认的。重商主义者在某种程度上具有一种纯朴的坦率精神，至少敢于揭露它的不道德的本质。③

---

① "我们所要批判的经济学家离我们的时代越近，我们对他们的判决就越严厉。因为亚当·斯密和马尔萨斯所看到的现成的原理只不过是一些片断的东西，而在最近的经济学家面前却已经有了一套完整的学说；一切结论都已经做出来了，各种矛盾都表现得十分清楚，但是他们却没有去追究各个前提，还总是为整个学说担负着责任。距离我们时代越近的经济学家越不老实……

最新的政治经济学甚至不能对重商主义的学说做出正确的评价，因为它本身就带有片面性，并且还有重商主义的各个前提拖累着它。只有超出这两种学说的对立，批判这两种学说的共同前提，并从纯粹人类的一般基础出发来看问题，才能够给这两种学说指出它们的真正的地位。那时大家就会明白，贸易自由的捍卫者原来是一些比旧时的重商主义者更为恶劣的垄断者。那时大家就会明白，在新经济学家的虚伪的人道背后，原来隐藏着旧经济学家闻所未闻的野蛮……"（《马克思恩格斯全集》第1卷，北京：人民出版社1956年版，第598—599页。）

② 参见《马克思恩格斯全集》第1卷，北京：人民出版社1956年版，第599—560页。

③ 参见同上书，第601页。

相反地，重商主义的批判者，首先是亚当·斯密，却试图掩盖商业的这种性质，称赞贸易自由的人道影响，说由于这种影响，商业已不再像先前那样是纠纷和敌视的最丰富的泉源，而是"各民族，各个人之间的团结和友谊的纽带"①。

对于这样一种说法，恩格斯回答道，这种被捧得很高的人道的商业，实际上只会使竞争尖锐化，使那些与更大的垄断组织所排挤的小的垄断组织归于消灭。商业自由和竞争的无限扩大使得人与人之见的仇恨成为普遍的现象，摧毁了人与人之间的一切联系，甚至是家庭的联系，并且把人变成了完全孤立的利己主义的个人。②

但是由于一切私人利益被这样取消，政治经济学便在它本身不愿意和没有意识到的情况下，为人类本身的和解以及人类同自然的和解这样一种大变革开辟道路。③

因商业而形成的第一个范畴就是价值，这种价值可以理解为实际价值和交换价值。

恩格斯批判了英国的经济学家，特别是麦克摩洛赫和李嘉图，他们硬说实际价值决定于生产费用，因为任何人也不会用低于生产费用的价格来出售自己的商品。但是通过出售，也就是通过商业来确定实际价值时，他们实质上是把实际价值变成了交换价值，然而，为了还要探讨实

---

① "你们消灭了小的垄断，为的是使一个巨大的根本的垄断，即私有制能够更自由地更漫无止境地发展起来，你们把文明带到世界的各个角落去，为的是夺取新的天地来施展你们的卑鄙的贪欲；你们使各民族结为兄弟（但是是盗贼兄弟），你们减少了战争，为的是在和平时期发更大的横财，为的是使个别人之间的仇恨和可耻的竞争达到极端尖锐的地锐！"（《马克思恩格斯全集》第1卷，北京：人民出版社1956年版，第602页。）

② "自由主义的政治经济学竭力用瓦解各民族的办法来使敌对关系普遍化，使人类变成一群……野兽。自由主义的政治经济学做完这个准备工作之后，只要再前进一步（即使家庭解体）就可以达到目的了……共同利益的最后痕迹，即财产的家庭共有制被工厂制度破坏了，至少在英国这种家庭共有制已处在瓦解的过程中。"（《马克思恩格斯全集》第1卷，北京：人民出版社1956年版，第602页。）

③ "他（经济学家。——科尔纽）不知道，他瓦解一切私人利益，只不过是替我们这个世纪面临的大变革，即人类同自然的和解以及人类本身的和解开辟道路而已。"（《马克思恩格斯全集》第1卷，北京：人民出版社1956年版，第603页。）

际价值，他们又排除了商业竞争，这就把概念完全弄混乱了。①

让·巴蒂斯特·萨伊也犯了同样的错误，他是按物品的效用来确定价值的。但是恩格斯认为，在确定效用的时候，由于私有制占统治地位，就必须把竞争考虑进去。而一考虑到竞争，就得同时把生产费用考虑进去，这样效用在绕了一个圈子之后又把英国的政治经济学家带回到原来出发的地方去了。②

和经济学家相反，恩格斯把价值理解为生产费用和效用的关系，因为只有在效用抵得上生产费用的时候，才谈得到按照价值的交换。③

把价值理解为生产费用和效用的关系，这是以竞争为基础的资本主义经济所不能接受的，因为要正确地确定这种关系，就必须排除为生产费用和竞争的相互作用所决定的价格概念。④

在资本主义经济中，生产费用和效用的关系总是受到歪曲的，因为对效用的估计取决于生产费用，而生产费用实际上却应决定于效用。

恩格斯在分析生产费用的时候，比通过地租、利润和工资来确定生产费用的李嘉图更进了一步。恩格斯把作为"积累起来的劳动"的资本归结为实际的劳动，但是作为财富泉源的第三个要素，他又加上了发明和思想这一精神的要素。⑤

恩格斯在批判李嘉图关于生产费用的理论时，首先分析了地租，同时谴责李嘉图，即他在确定地租时没有考虑到竞争。恩格斯和李嘉图相反，他把地租和土地的收益看成是土地的收获量和竞争之间的关系。⑥

由于土地的收益也决定于竞争，因此它在本质上和利润并没有区别，于是恩格斯指出，土地占有和商业都同样会导致垄断。⑦

---

① 参见《马克思恩格斯全集》第1卷，北京：人民出版社1956年版，第603—604页。
② 参见同上书，第603—605页。
③ 参见同上书，第604—606页。
④ 参见同上书，第605—607页。
⑤ 参见同上书，第606—607页。
⑥ 参见同上书，第608—610页。
⑦ 参见同上书，第609—610页。

随后恩格斯分析了资本的本质，以及资本同劳动的关系。资本的突出特征首先就是它和劳动的分离，由于这种分离，资本分成了原始资本和利润，而利润又分成了利润本身和利息。作为利息，作为没有劳动的利润，资本成了从利润取得的利润，从而获得了一种不道德的形式，即不花费劳动而取得收入。①

就和资本与劳动分离一样，私有制下的劳动也和自己的产品分离，结果分裂就成了普遍的规律，成了这种制度的特征。

这种分裂导致人们的孤立和他们之间的相互敌视，并在竞争中达到了登峰造极的地步。②

为了替资本主义制度辩护，经济学家把竞争称颂为自由的表现，认为它是和重商主义者战斗时的呐喊即垄断相对立的。恩格斯说，在竞争和垄断之间实质上毫无原则性的区别，因为竞争以财产的垄断为前提，它通过排挤较弱的竞争者而达到垄断。③

竞争使供求脱节，结果经济学家所津津乐道的那种供求之间的和谐关系便经常遭到破坏，供求之间的这种脱节和失调是造成和过去的瘟疫一样逞凶肆虐的危机的原因。④

---

① 参见《马克思恩格斯全集》，北京：人民出版社1956年版，第1卷，第609—611页。
② "私有制最初的结果就是生产分为两个对立面（自然的方面和人的方面），即分为土地和人的活动。土地没有人耕作仅仅是不毛之地，而人的活动的首要条件恰恰就是土地。其次，我们还看到，人的活动又怎样分成了劳动和资本，两方面怎样彼此敌对着。这样，我们已经看到的就是这三种要素的彼此斗争，而不是它们的相互支持；现在，我们还看到了私有制还使这三种要素中的每一种都分裂开来。一块土地和另一块土地对立着，一个资本和另一个资本对立着，一个劳动力和另一个劳动力对立着。换句话说，由于私有制把每一个人孤立在他自己的粗鄙的独特状态中，又由于每个人和他周围的人有同样的利害关系，所以地主敌视地主，资本家敌视资本家，工人敌视工人。正是由于利害关系的共同性，所以在这种共同的利害关系的敌对状态中，人类目前状况的不道德达到了登峰造极的地步，而竞争就是顶点。"（《马克思恩格斯全集》第1卷，北京：人民出版社1956年版，第612页。）
③ 参见《马克思恩格斯全集》第1卷，北京：人民出版社1956年版，第611—613页。
④ "经济学家用他那绝妙的供求理论来证明'生产绝不会过多'，但是实践却用商业危机来驳斥他，这种危机就像彗星一样有规律地反复出现，在我们这里现在是平均每五年到七年发生一次。近八十年来，商业危机像过去的大瘟疫一样按期来临，而且它所造成的悲惨现象和不道德的后果比瘟疫所造成的更大……如果你们是像人那样有意识地进行生产，而不是像那些连本意识也没有的分散的原子那样，那么你们就会摆脱所有这些人为的无根据的对立。但是只要你们继续照目前这样无意识地毫不思考地全凭偶然性来进行生产，那么商业危机就

要防止危机，就必须粗线生产，因为只有这样做，才能排除生产的波动以及随之而来的生产过剩和停滞相交替的现象。但是经济学家并不考虑这一点，而为了说明危机，他们却编造了一套人口理论，这种理论和贫富并存的现象同样荒谬。

经济学家和马尔萨斯都硬说，被他们看成自然现象的危机，是由于人口的增长速度超过生产的增长速度，因而生产日益不能满足人类需要而产生的。①

用恩格斯的话来说，这种理论是对自然和人类的恶毒轻蔑，它暴露了整个自由学说的卑鄙龌龊的本质，这种理论是这一学说的必然产物，因为在这种学说下，人类所支配的无穷无尽的生产力因受到竞争的摆布，结果把人类导向灾难。②

自由主义的经济学家不敢正视真理，不敢承认贫富之间的矛盾是竞

（续前注）会继续下去；而且一定是一次比一次更普遍，因而也一次比一次更严重；这样就必然会使更多的小资本家破产，使专靠劳动为生的阶级人数剧增，因而也必然使急待就业的人数显著地增加（这是我们的经济学家必须解决的一个主要问题），最后，所有这一切势必引起一次社会革命，这一革命经济学家凭他的书本知识是做梦也想不到的。"（《马克思恩格斯全集》第1卷，北京：人民出版社1956年版，第614页。）

① "如果生产摇摆得更加厉害……那么就会出现繁荣和危机、生产过剩和停滞的反复交替。经济学家从来就不能够理解这种怪诞现象；他为了解释这种现象，就编造了一套人口论，这种理论和贫富并存的矛盾同样荒谬，甚至比它更荒谬……这种学说的创始人马尔萨斯断言，人口总是威胁着生活资料，随着生产的增加，人口也同样地增加，人口生来就有一种超过它所支配的生活资料的倾向，这种倾向就是一切贫穷和罪恶的原因。因此在人太多的地方，就应当用某种方法把他们消灭掉：或者用暴力将他们杀死，或者让他们饿死。这样做了以后，就会出现一个空隙，这个空隙等余下的人口一增长马上又会被填满，于是以前的贫穷状况又重新到来。"（《马克思恩格斯全集》第1卷，北京：人民出版社1956年版，第616—617页。）

② "人类所支配的生产力是无穷无尽的。应用资本、劳动和科学就可以使土地的收获量无限地提高……这种无穷无尽的生产能力，一旦被自觉地用来为大众造福，人类所肩负的劳动就会很快地减少到最低限度。要是让竞争自由发展下去，生产能力虽然也会起同样的作用，然而是在对立的情况下起作用。一部分土地在实行精耕细作，而另一部分……却荒芜着。一部分资本在以难以置信的速度周转，而另一部分却死死地躺在箱子里。一部分工人每天得工作十四小时至十六小时，而另一部分却无事可干，无工可做……这种对立情况也可能不同时出现：今天生意很好，需求很大，到处是一片忙碌景象……而明天停滞到来了，农业得不偿失，大片土地荒芜了，资本在运动得最紧张的时候突然停顿下来，工人无事可做，整个国家都因财富过多、人口过剩而备尝痛苦。"（《马克思恩格斯全集》第1卷，北京：人民出版社1956年版，第616—617。）

争的结果，否则自由学说就站不住脚了。然而由于事实无法否认，于是为了解释这些事实，就编造了一套人口理论，这种理论尽管极其卑鄙无耻，却也有一个可取之处，那就是使人们注意到这一制度的全部不人道和荒谬。①

对于这一制度的本质以及对于竞争的不可避免的后果的理解（竞争不但不能使人们自觉地为了普遍的利益来调度无穷无尽的生产力，反而把人变成了视需求而生产和消灭的商品），要求把建立在竞争之上的这一制度彻底消灭。②。

竞争引起人与人之间的普遍斗争. 在这一斗争中，被打败的永远是工人，因为工人只靠着自己的劳动过活，而地主却可以靠地租、资本家可以靠利润和利息过活。工人所得到的只是最必需的东西，而资本家和地主却把大部分产品攫为己有。在大小资本家，大小地主之间也进行着同样的斗争，强者打败弱者，小资本和小土地为大资本和大土地所吞并。中等阶级里面较弱分子的不断被排挤，使得这一阶级日益萎缩，到后来只剩下两个阶级：一小撮百万富翁和亿万无产者大群。

"这样，竞争就使资本同资本、劳动同劳动、土地同土地对立起来，同样又使其中的每一个因素同其他的两个因素对立起来。实力最雄厚的在斗争中取得胜利……首先，土地或资本都比劳动强，因为工人要生活就得工作，而土地所有者可以靠地租过活，资本家可以靠利息过活，万不得已时，也可以靠资本或资本化了的土地来生活。因此，工人所得的仅仅是最必需的东西，仅仅是一些生活资

---

① 参见《马克思恩格斯全集》第 1 卷，北京：人民出版社 1956 年版，第 616 页。
② "可是，马尔萨斯的理论却是一个不停地推动我们前进的、绝对必要的转折点。由于他的理论，总的说来是由于政治经济学，我们才注意到土地和人类的生产力……我们从马尔萨斯的理论中为社会改革取得了最有力的经济论据……由于这个理论，我们才开始明白人类极度堕落的情况，才了解这种堕落是和竞争的各种条件相关联的；这种理论向我们指出，私有制如何最终使人变成了商品，使人的生产和消灭也仅仅取决于需求；它指出竞争制度因此屠杀了，并且每日屠杀着千百万人，这一切我们都看到了，这一切都促使我们要用消灭私有制、消灭竞争和利益对立的办法来结束这种人类堕落的现象。"（《马克思恩格斯全集》第 1 卷，北京：人民出版社 1956 年版，第 620—621 页。）

料，而大部分产品则为资本和土地所瓜分。此外，在市场上较强的工人排挤较弱的工人，较大的资本排挤较小的资本，大土地排挤小土地……其结果就是：在普通情况下，按照弱肉强食的道理，大资本和大土地并吞小资本和小土地，就是说，产生了财产的集中。在商业危机和农业危机时期，这种集中就进行得更快得多。一般说来，大的财产比小的财产增长得更快，因为前者的占有费用只占收入的很小的一部分，这种财产的集中是一个规律，它同所有其他的规律一样，都是私有制所固有的；中等阶级必然愈来愈多地被消灭，直到世界分裂为百万富翁和穷光蛋、大土地占有者和贫穷的短工为止。"①

因此，作为资本主义制度和资产阶级社会制度的基本规律的竞争就产生了垄断，而垄断又远比竞争更加不道德和可怕，因为垄断造成了普遍的奴隶制。虽然如此，由于竞争和因竞争而引起的使资本家和无产者之间的阶级斗争日趋尖锐化的危机，资本主义制度是注定要灭亡的。资本主义制度将为摧毁垄断势力和实现共产主义的社会革命所消灭，因为这一革命将通过消灭私有制和彻底改造社会而得到实现。②

这篇文章连同前一时期为《莱茵报》和《新道德世界》所写的文章，以及关于卡莱尔的一篇文章，都是恩格斯对英国状况所作的全面评述的一部分③。恩格斯在这篇文章中和马克思一样得出了这样一个结论，即共产主义乃是资本主义制度辩证发展的产物。

马克思是通过对市民社会及共同政治国家的关系的分析得出了这个结论的。恩格斯则不同，他是以对资产阶级政治经济学的批判分析为依

---

① 《马克思恩格斯全集》第1卷，北京：人民出版社1956年版，第622页。
② 参见《马克思恩格斯全集》第1卷，北京：人民出版社1956年版，第622—624页。
③ 在关于卡莱尔的那篇文章的结尾处，恩格斯表示打算在下几期的杂志上比较详细地谈一谈英国的状况，其中主要是工人阶级状况。因为他认为这个国家的状况对历史和其他所有国家都有很大的意义。（参见《马克思恩格斯全集》第1卷，北京：人民出版社1956年版，第655页。）在《德法年鉴》停刊之后，他先是在1844年发表于《前进报》（*Vorwärts*）上的《英国状况》中实现了自己的计划，后来又在《英国工人阶级状况》一书中详细得多地实现了这个计划。

据的。他直接反对资产阶级经济学家,因为这些经济学家把资本主义制度说成是天然的制度,说成是合理的世界秩序并且为竞争辩护,仿佛竞争是贸易自由和自由经济的基础。他谴责自由主义经济学家,说他们故意闭口不谈私有财产的垄断,并且揭露了被他称为"一门完整的发财致富的科学"的资产阶级政治经济学的阶级性质。同时他认为资产阶段的关系不是天然的、必然的关系,而是为历史所制约的关系,并且指出资产阶级的社会制度怎样在私有制的基础上随着竞争和垄断的产生而发展起来。他还揭示了竞争和垄断之间的相互制约性,从而表述了这样一个论点,这个论点后来以更加全面而深入的形式成了马克思列宁主义基本概念的一个构成部分。他写道:"竞争建立在利害关系上,而利害关系又引起垄断;简言之,即竞争转为垄断。"但是,"另一方面,垄断也挡不住竞争的洪流;而且,它本身还会引起竞争……"。①

从垄断和竞争的相互制约性这一点出发,他对重商主义者和自由贸易论者作了卓越的评选,用他的话来说,前者不懂得竞争的不可避免性,后者则不懂得垄断的不可避免性。

在对颂揭竞争的贸易自由论者进行论辩的时候②,他斥责了自由学说的不道德和违反人性,因为这种学说通过竞争比重商主义学说引起更加残酷和强大的垄断。

继而他又对马尔萨斯的人口论作了深刻的批判,并且因此理解到,人口过剩始终是同财富过剩、资本过剩和地产过剩联系着的,而这正是马克思后来所表述的资本主义积累的普遍规律的基本内容。③

对于作为自由主义学说的主要规律的竞争的批判,是恩格斯对于资产阶段政治经济学的基本范畴的批判的基础,他试图指出竞争怎样制约着这些范畴。按照他的意见,由于竞争的关系,首先商业成了人与人之

---

① 《马克思恩格斯全集》第 1 卷,北京:人民出版社 1956 年版,第 612 页。
② 罗森堡:《作为经济学家的恩格斯》,载《苏联大百科全书》第 1 版,第 64 卷,"恩格斯"条,第 311—315 页。
③ "要是马尔萨斯不这样片面地看问题,他就会看到,人口过剩或劳动力过剩是始终同财富过剩、资本过剩和地产过剩联系着的。"(《马克思恩格斯全集》第 1 卷,北京:人民出版社 1956 年版,第 619 页。)

同发生纠纷的根源，并且会引起一切人反对一切人的战争；其次，由于竞争的关系，价值和价格都不能得到正确合理的规定，也就是说，不能按照生产费用和效用之间的关系加以规定。竞争造成资本和劳动之间的对立，结果也就造成生产的两个要素的不公平的报酬；最后，竞争还造成危机，而恩格斯已经把这种危机看成是随同资本主义而产生的必然的，不可避免的现象，看成是促成集中的最重要的因素，看成是资本主义制度无能为力的最重要表现形式①。因竞争而产生的危机由于对工人的日益加紧的剥削和对中等阶层的排挤，使得资本和垄断增强了力量，从而也就引起了阶级斗争的尖锐化，引起社会革命。

在这篇文章里，恩格斯卓越地阐述了他在研究英国关系时所获得的那些成果，因此这篇文章和马克思的文章可以说是联璧之作。马克思十分出色地把辩证法应用于政治方面和社会方面，而恩格斯则在把辩证法应用于政治经济学方面做出了卓越的成就。

当然，他的结论并不是具有同等价值的，当问题涉及的是要揭露资本主义制度下竞争的社会作用时，他的结论是卓越的和彻底的。但是，当需要说明竞争的经济作用、特别是在价值和价格方面所起的经济作用时，他的结论有时就显得动摇不定和没有把握。这种现象的发生，是因为恩格斯还部分地局限于从道德方面着眼，而没有更加深入地去分析和揭示资产阶级政治经济学的内在矛盾。②

从这里便可以理解，恩格斯何以在 1871 年 4 月给李卜克内西〔李卜克内西打算在《莱此锡人民报》（*Leipziger Volkshlatt*）上重新发表

---

① 罗森堡：《作为经济学家的恩格斯》，载《苏联大百科全书》第 1 版，第 64 卷，"恩格斯"条，第 314 页。

② 恩格斯也和当时的社会主义者一样，认为主要的灾害在于，政治经济学所宣布的那些原则和范畴在资本主义实践中受到破坏。恩格斯写道："由竞争关系所造成的价格永远摇摆不定的状况，使商业丧失了道德的最后一点痕迹．至于价值就更不用说了……"（罗森堡：《作为经济学家的恩格斯》，载《苏联大百科全书》第 1 版，第 64 卷，"恩格斯"条，第 311 页。）接着他又写道："看来非常重视价值的、并以货币的形式把价值的抽象形态转化为一种特殊存在物的制度，本身就在通过竞争破坏着物品所固有的一切内在的价值，并且在每时每刻地改变着物品与物品之间的价值关系。"（《马克思恩格斯全集》，人民出版社 1956 年版，第 1 卷，第 614—615 页。)

《政治经济学批判大纲》]的信里说,这篇论文就其理论内容而言"已完全过时并且包含着许多不正确的论点",而它所有的"只不过是历史文件的价值"而已。①

但是,尽管有这样一些缺点,文章对马克思主义的发展仍然具有十分重大的意义。马克思本人也认为这是一篇"天才的论文"②。这篇文章证明,在思想上进步得极为迅速,乃至使朋友们感到惊讶的恩格斯③,在当时已经不是像他后来所说的第二把手,而是和马克思站在同一水平上的④。

这篇文章对马克思的启发很大,它有力地推动了他的思想,帮助他克服了对资产阶级社会、无产阶段和共产主义的还有些抽象的理解。

四 〔美〕特雷尔·卡弗:《"从另一条道路"》⑤

1843年11月,《德法年鉴》(马克思和卢格称之为他们的新杂志)的编辑们收到了弗里德里希·恩格斯的《国民经济学批判大纲》。该文对马克思产生了巨大冲击,呈现在马克思面前的是对当时最精确的社会理论即政治经济学的入门导论。相形于这时的政治经济学,黑格尔在《法哲学原理》中对政治生活的虚假(而怪癖的)论述就黯然失色了,因为这种论述已经落伍了20年。显然马克思已把黑格尔关于市民社会的概念与随后对政治经济学进行的解释联系起来。因为他对恩格斯文章的评论出现在他在巴黎逗留期间开始写作的摘录笔记的第五部分;对亚当·斯密《国富论》的摘录出现在第二和第三部分。

---

① 《马克思恩格斯全集》,德文版,第1部分,第2卷,序言,第LXXIII页。
② 《马克思恩格斯全集》(两卷集),人民出版社1956年版,第1卷,第342页。
③ 《马克思恩格斯全集》,德文版,第1部分,第2卷,序言,第LXXIII页,柏林医师尤利乌斯·瓦尔德克给约翰·雅科比的信:"如果把恩格斯的思想和风格的成熟和豪迈拿来同他的年龄相比,那他真是一个了不起的人物。"
④ 参见恩格斯在《费尔巴哈与德国古典哲学的终结》一书中的说法。
⑤ 该文选自〔美〕特雷尔·卡弗:《马克思与恩格斯:学术思想关系》,姜海波、王贵贤等译,北京:中国人民大学出版社2008年版,第36—51页。

恩格斯《国民经济学批判大纲》研究读本

恩格斯对挑选出来的政治经济学家——斯密、大卫·李嘉图、J. R. 麦克库洛赫、T. R. 马尔萨斯及其他人——的批判正好与马克思的研究思路合拍。对马克思来说，更为重要的是，恩格斯的《国民经济学批判大纲》代表了对另外一种"神秘的意识"①（即国民经济学辩护性方面）严肃而系统的批判。这种"神秘意识"遮蔽了真实世界的斗争，而这种真实世界的斗争通过以马克思仔细描述的"可能存在的共产主义"②为目的的革命实践，可能会有助于人类。经过1842年11月的冷遇之后，马克思继续接受恩格斯对《莱茵报》的投稿，这表明了他的兴趣在于研究赫斯的假设，即英国工人阶级在欧洲革命运动中的独特作用。如我们所看到的，自轰动一时的1839年《伍珀河谷来信》之后，恩格斯就把注意力放在了产业工人的状况上，并于1840年短暂地访问了英国，包括其北部。因此他关于英国工人阶级政治活动的观点，尽管受到了他与著名共产主义者赫斯联系的激励，却几乎不是对从超凡的良师益友那里新接受观点的应用。1842年底，恩格斯在发表在《莱茵报》上的文章中指出，宪章运动本质上是工人阶级的运动，其利益使它远离中间等级中的改良主义者。同时，由于如下原因，恩格斯对宪章派的和平战略持怀疑态度，即中间等级永远不会同意普选权而否决自己在下议院的优势地位③。在他的下一篇文章中，恩格斯论证了共产主义者的假设，即英国工人阶级由于完全依赖于工业资本主义经济环境而富有革命使命：

因为工业固然可使国家富庶，但它也造成了勉强糊口的急速增长着的无产者阶级，赤贫者阶级，一个以后再也消灭不了的阶级，因为它永远也不能获得稳定的财产。而且三分之一的人口，几乎是所有英国人数的一半，都属于这个阶级。④

---

① 《马克思恩格斯全集》第47卷，北京：人民出版社2004年版，第66页。
② 同上书，第64页。
③ 参见《马克思恩格斯全集》第3卷，北京：人民出版社2002年版，第405页。
④ 同上书，第410页。

在这里,恩格斯分析的关键在于这样一个观点,即现代工业国本身就包含着无法解决的"矛盾":

> 其次,从一个工业国必须具备的前提出发,得出的自然结论是,为了保卫自己的财源,这个国家应该用保护关税来抵止别国的工业品。但是,本国工业由于外国产品要付关税而提高自己产品的价格,所以按照一般公认的原则,关税也必须不断提高,以便不断消除外国竞争。结果是一个从这两个方面来维系的过程会永无休止,同时这里也就暴露出工业国这个概念中存在的矛盾。①

特别重要的是,恩格斯声称他的论证并不完全基于他所称的"这些哲学范畴",而对国外生产者和消费者及由此产生的政治压力这一现状的直接观察也证明了这一点。恩格斯指出,这一内在矛盾的结果是英国国内工业的逐步收缩,在这种收缩中,工人阶级遭受了巨大的痛苦:

> 商业稍微一停滞会使这个阶级的大部分人挨饿,大规模的商业危机会使整个阶级都挨饿。如果这种情况出现了,那么这些人除了起来反抗还有什么办法呢?况且按人数来说,这个阶级已经成了英国最强大的一个阶级,当他们意识到这一点的时候,英国富翁们就该倒霉了。②

恩格斯声称他在1842年8月的斗争中认识到了工人阶级革命意识的觉醒,尽管他承认工人阶级在本质上是无组织的,他们在根本观念中对法律秩序的是尊敬的,他们的目标也还不明确。但是,恩格斯指出,看到了在英国兴起的无产阶级革命的大陆的、可能是共产主义者的评价是十分不成熟的,他预言到在较长的时期内"被剥削者意识到了用和平方式进行革命是不可能的","通过暴力变革现有的反常关系"将是他们的唯一希望。因此,他指出,革命是"不可避免的",因为英国的经

---

① 《马克思恩格斯全集》第3卷,北京:人民出版社2002年版,第409页。
② 同上书,第410页。

济前景"不可能指望工人中间不会发生普遍贫困的现象,那时对饿死的恐惧一定会大于对法律的恐惧"。

恩格斯同时指出英国在思想进步方面是落后于大陆的;他指的可能是德国青年黑格尔哲学和法国社会主义、共产主义及革命传统。他指责英国作为纯粹形式上的自由,并对封建势力的持久性及其在事实上和社会舆论方面的免疫力深表遗憾。在发表在《莱茵报》上的文章中,恩格斯坚定地认为革命将是暴力的,并对英国人生活中所谓的实践的、实事求是的观点给予了极低评价。恩格斯的这些观点显然已有些超出了赫斯的看法。而且,他指出"这个革命的开始和进行将是为了利益,而不是为了原则"(如赫斯惯常的意思那样)。然而只有"利益发展为原则",它们才能起作用,"顽固的大不列颠人"却不明白这一点。① 根据恩格斯的看法,在英国人看来,"所谓物质利益"(马克思在 1859 年的自传大纲中重复用过的短语)在历史上从来也不会是独立主导的目的,而必须考虑到提出"历史进步方向"的原则。因此,在恩格斯看来,商业的停滞不仅是一些具有有限意义的暂时现象,而且还是反对统治阶级的产业工人政治意识觉醒的一部分。那种超出"表面现象"去探寻"根底"(马克思后期著作中一再使用的词汇)的历史观是大陆特别是德国思想进步中的一部分,德国的这种思想进程是与"英国本国的角度"② 完全不同的。

马克思在 1843 年所主张的方法论——对当代政治问题进行分析、对政治家和哲学家所使用的现有分析范畴进行无情批判、避免先验的看法和学说、澄清政治策略和经济利益之间的联系以及促进参与者与理论家之间的对话等——在恩格斯 1842 年底的文章中都得以明确的体现。马克思和恩格斯以前的著作都曾使用过这种方法论,但由于以下各种各样的原因,如任何一种既定作品的媒介和观众,讨论中的政治问题的性质,作者写作作品时的意图(如恩格斯的一些早期作品纯粹是为了乐

---

① 参见《马克思恩格斯全集》第 3 卷,北京:人民出版社 2002 年版,第 411—412 页。
② 同上书,第 407 页。

趣），以及作者本人技能和观点的逐步发展等，这种方法论都没有精确地表现出来。因此，在考察马克思和恩格斯早期学术发展时，突然转变说和模仿追随说都不是有益的范畴。

正如马克思后来所评价的那样，恩格斯的《政治经济学大纲》是一部天才著作。① 它集作者的主观意图、所作的系统探讨以及清晰的辨别工作于一体，完全不同于马克思已有的著述。不管恩格斯的杂志多么好，以及他对英国社会主义运动的研究（从马克思的观点看）多么值得称赞，他一定受到了马克思的独特看重，这大大超出了编辑部的同事如卢格对他的看重。恩格斯的文章议题——当代政治经济学——离开了以前青年黑格尔派的努力方向，这一议题是当时德国非常薄弱的研究领域。青年黑格尔派和共产主义者对英国和法国主导的这一重要领域要么一片混乱，要么全然无知。这种资料丰富而却无情的批判性方法一定大大地吸引了马克思，此时马克思带着典型的彻底性，刚刚开始以长篇阅读甚至翻译的方式补习当代政治经济学这个科目。

最值得注意的是，1844 年初，马克思对恩格斯的文章所作的摘要以若干压缩的短语预示了他终生工作的方向。他从"私有制"开始。这概括了马克思 1842—1843 年为《莱茵报》所写文章的社会、经济和政治不平等的明显根源，同时也表明了马克思的兴趣在于社会主义者对制度的攻击。正如恩格斯在 1843 年 10 月至 11 月在《莱茵报》的文章中所提到的那样，对马克思来说，它也表明研究共产主义的万灵丹——废除私有制以利于"公有制"——的需要。恩格斯在他那篇文章里指出，早在 1842 年秋，即马克思开始担任莱茵报编辑工作的那一年，也就是他在巴黎创立更加明显的无产阶级环境、并在《德法年鉴》的（写于 1843 年底）一篇文章中明确宣称他对"被戴上彻底的锁链的阶级"② 革命同情的前一年，"马克思博士"③ 就已经共同参与了这一讨论。

马克思继续指出，私有制产生的直接后果是发生在当代资本家安排

---

① 参见《马克思恩格斯选集》第 2 卷，北京：人民出版社 1995 年版，第 33 页。
② 《马克思恩格斯全集》第 3 卷，北京：人民出版社 1995 年版，第 213 页。
③ 同上书，第 492 页。

下的"**商业**"。商业是"经商者收入的**一个直接**泉源"。由此,他推论道:"商业形成的第一个范畴**是价值**"。事实上,在马克思读过恩格斯的"批判经济学范畴的天才大纲"之后,马上就显著而独特地论述了自己的政治承诺(代替资本主义及相应于不平等政权的经济、社会和政治制度)、研究问题(政治经济学)、研究纲领(对政治经济学范畴所作的批判性考察)、叙述的出发点(通过分析商品概念的价值理论)。马克思后来甚至提到他和恩格斯"不断通信交换意见"[①],尽管直到1844年10月他们交换信件之前,并没有任何这种信件保存下来,他们两人也都没有在其他地方提到过这种通信。1844年8月底,恩格斯回到大陆时与马克思在巴黎共同渡过了十天,此后,这种通信开始了。至此,伙伴关系建立起来了。

青年黑格尔派方法论的某些方面在恩格斯的政治经济学批判著作中得到了显著体现,《政治经济学批判》后来成了马克思《资本论》的副标题。恩格斯那本著作的重点是先于经验研究的概念性分析。作者坚信这样的研究将会进一步巩固内在的理论成果,而不是科学假设的方法及其随之而来的试验。在这个批判中,恩格斯使用了熟悉的黑格尔派的解释,这种解释揭露了由自由贸易制度所产生的"矛盾",并产生了"两方面的结果"。实际上,恩格斯在《国民经济学批判大纲》中所讨论的"矛盾"后来在《资本论》中得到更具体的探讨。马克思试图挖掘隐藏在资本主义经济现象下面的东西时,恩格斯在《国民经济学批判大纲》中提出要做政治经济学家未能做到的事情,即考察政治经济学家的理论前提。这些前提"创造并发展了工厂制度和现代的奴隶制度,这种奴隶制度就它的无人性和残酷性来说不亚于古代的奴隶制度"[②]。恩格斯指责离我们时代最近的政治经济学家——麦克库洛赫和詹姆斯·穆勒——在逃避私有制的真实后果方面是最为诡辩和伪善的。政治经济学因此被恩格斯描述为从商人的"彼此嫉妒和贪婪中产生……在额角上带有最令人厌恶的自私自利的烙印"[③](一个比喻的说法,可能引自《启示录》,

---

① 《马克思恩格斯选集》第2卷,北京:人民出版社1995年版,第33页。
② 《马克思恩格斯全集》第3卷,北京:人民出版社2002年版,第444页。
③ 同上书,第442页。

后来在《资本论》中用来讨论价值和货币)的科学。

恩格斯《国民经济学批判大纲》的整个历史框架比黑格尔学派更为明显也更具有争议,因为他通过"矛盾"的方法追溯了社会革命转变的过程。在马克思的著作中,这个观点无疑是不甚相同的,尽管在马克思关于无产阶级革命和资本主义制度终结的某些较有启发性的论述中有一些它的痕迹。在刚刚完成的著作中,恩格斯把18世纪革命看做"片面的,停留在对立状态中"。经济上,这个时代没有克服"对立"和"伪善";政治上,社会契约和神权对立,共和国和君主国对立;哲学上,抽象的唯物主义和抽象的唯灵论对立,自然高于人,正像基督教的上帝把人看做低微卑鄙的罪人一样。① 借助费尔巴哈在《基督教的本质》以及其他地方对黑格尔唯心主义的批判,恩格斯的共产主义削弱了宗教和哲学的那些矛盾。他在1842年初批判谢林的文章中以及其他文章中对费尔巴哈的著作给予了赞扬;稍后在他的《路德维希·费尔巴哈和德国古典哲学的终结》② 中,费尔巴哈被特别引证为恩格斯的青年黑格尔派历史时期中一位重要的批判性人物。

当恩格斯把"私有制的合理性"③ 看做基本问题时,他关于共产主义的观点也涉及了经济和政治的矛盾。他的观点出自"纯粹人的普遍的基础";只有从这个基础出发,才能把政治经济学家"概念混乱"同他们的对手"口是心非的逻辑"区分开来。④ 因此"英国社会主义者"早就"在实践和理论上证明",反对私有制的人比作为自由贸易者和垄断主义者的政治经济学家更能比较正确地解决经济问题。⑤ 恩格斯分析道:在任何情况下,贸易自由的捍卫者都是比他们的对手重商主义者更为恶劣的垄断者。然而,在已确定的政治矛盾的精确解决方法上,他却缺乏翔实的资料,而只是格言式地说道,"当代的政治斗争"将变成"普遍的人类

---

① 参见《马克思恩格斯全集》第3卷,北京:人民出版社2002年版,第443页。
② 参见《马克思恩格斯选集》第4卷,北京:人民出版社1995年版,第220页。
③ 《马克思恩格斯全集》第3卷,北京:人民出版社2002年版,第443页。
④ 参见同上书,第445页。
⑤ 参见同上书,第446页。

斗争"。① 而他对如黑格尔历史必然学说的使用,甚至是更加模糊的:

> 有必要使私有制的理论抛弃纯粹经验主义的、仅仅是客观主义的研究方法,并使它具有一种也对结果负责的更为科学的性质,从而使问题涉及全人类的范围;有必要通过否定旧经济学中包含的不道德的这种尝试和通过由此产生的伪善——这种尝试的必然结果——而使这种不道德达于极点。②

在《国民经济学批判大纲》导论之后,恩格斯提出的话题就是马克思《资本论》开头讨论的话题:"资本主义生产方式占统治地位的社会的财富,表现为'庞大的商品堆积'"③(引自马克思1859年出版的较早著作《〈政治经济学批判〉序言》)。在一定意义上,马克思自己的说明提供了恩格斯早在《国民经济学批判大纲》中就要求的"意义":

> 国民财富这个用语是由于自由主义经济学家努力进行概括才产生的。只要私有制存在一天,这个用语便没有任何意义。英国人的"国民财富"很多,他们却是世界上最穷的民族。人们要么完全抛开这个用语,要么采用一些使它具有意义的前提。④

随后,恩格斯分析了商业,这种分析比马克思后来发表的评论中考虑的那些分析更加接近真正经济实践的表面现象。而如果考虑到恩格斯作为一个商人的实践经历,这就不奇怪了。在稍后出现的《共产党宣言》的言辞中,恩格斯评价了资本主义商业的影响,即它扩展了文明和人们之间的友爱,瓦解了民族主义,同时它也使整个世界从属于"一个巨大的、根本的垄断即私有制",加剧了个人之间的仇恨,破坏了家庭。如1842年底的方法论一样,恩格斯把所有这种影响都追溯至一个原则,即买者和卖者利益的彼此隔离,这是贸易自由制度的真正基础。因此,

---

① 参见《马克思恩格斯全集》第3卷,北京:人民出版社2002年版,第444页。
② 同上书,第444页。
③ 《马克思恩格斯选集》第2卷,北京:人民出版社1995年版,第114页。
④ 《马克思恩格斯全集》第3卷,北京:人民出版社2002年版,第446页。

他得出结论:"一种原则一旦被运用,它就会自行贯穿在它的一切结果中"①。这与马克思后来在《资本论》中推断的价值规律的社会—经济后果非常一致。在《资本论》中,马克思详细说明了恩格斯的隔离是怎样产生的。然而,恩格斯更显要地得出了结论,即政治经济学家的"全部利己的论辩只不过构成人类普遍进步的链条中的一环"②而已。

　　类似地,恩格斯对价值的分析是围绕"价格"③这一表面概念,而不是围绕马克思对之进行更深入理论研究的价值—劳动关系。在恩格斯那里,这一关系只有作为"财富的来源"时才被恩格斯(在引号中)提及。④此外,恩格斯对其他范畴的分析,即土地的"地租"、"资本及其利益"和劳动的"报酬"⑤成为马克思写于1844年4月至8月的《1844年经济学哲学手稿》的三个范畴:"地租"、"资本的利润"和"工资"。⑥在他的短篇著作中,恩格斯没有打算就主要政治经济学家对这些主题的论述进行这样一种沉思的、大段摘录式的研究。更有趣的是,他把自然科学作为工业中技术运用的一个范畴,这对于"超越利益的分裂——正如在经济学家那里发生的那样"的分析更是适当的。⑦在这样做时,他预示了《德意志意识形态》(1845—1846)——一部马克思在1859年的自传大纲中赋予特别重要意义的著作——的草稿中的"前提"。这些前提是马克思所有分析的先决条件。

　　　　全部人类历史的第一个前提无疑是有生命的个人的存在。因此,第一个需要确认的事实就是这些个人的肉体组织以及由此产生的个人对其他自然的关系……可以根据意识、宗教或随便别的什么来区别人和动物。一旦人开始生产自己的生活资料的时候……人本

---

① 《马克思恩格斯全集》第3卷,北京:人民出版社2002年版,第449页。
② 同上书,第449页。
③ 同上书,第452页。
④ 参见同上书,第458页。
⑤ 参见同上书,第453页。
⑥ 参见同上书,第223—252页。
⑦ 参见同上书,第453页。

身就开始把自己和动物区别开来。①

而恩格斯在《国民经济学批判大纲》中得出的较早评论从对政治经济学家独特假定——他认为的神秘和有缺陷的——的批判性调查中得出了十分相同的结果：

> 在经济学家看来，商品的生产费用由以下三个要素组成：生产原材料所必需的土地的地租，资本及其利润，生产和加工所需要的劳动的报酬。但是，这立即表明，资本和劳动是同一个东西，因为经济学家自己就承认资本是"积累起来的劳动"。这样，我们这里剩下的就只有两个方面，自然的、客观的方面即土地和人的、主观的方面即劳动。劳动包括资本，并且除资本之外还包括经济学家没有想到的第三个要素，我指的是……发明和思想这一精神要素……科学成果……这样，我们就有了两个生产要素——自然和人，而后者还包括他的肉体活动和精神活动。②

恩格斯的结论几乎就是他在马克思 1845 年初的《关于费尔巴哈的提纲》中发现的"新世界观的天才萌芽"本身。③ 然而，这些结论在马克思 1844 年起草《1844 年经济学哲学手稿》时就起了鼓舞作用。《手稿》正是在关于政治经济学家的笔记包括恩格斯的《国民经济学批判大纲》之后写作的。这些现在著名的 1844 年手稿展现了恩格斯对经济学家基本范畴的批判与《德意志意识形态》的更为明确的"前提"之间的概念性成果的中间阶段。马克思在 1844 年写道：

> 无论是在人那里还是在动物那里，类生活从肉体方面来说就在于人（和动物一样）靠无机自然界生活……在实践上，人的普遍性正表现为这样的普遍性，它把整个自然界——首先作为人的直接

---

① 《马克思恩格斯选集》第 1 卷，北京：人民出版社 1995 年版，第 67 页。
② 《马克思恩格斯全集》第 3 卷，北京：人民出版社 2002 年版，第 453—454 页。
③ 《马克思恩格斯选集》第 4 卷，北京：人民出版社 1995 年版，第 213 页。

的生活资料,其次作为人的生命活动的对象(材料)和工具——变成人的无机的身体。①

因此,我认为,马克思1845—1846年的"前提"是作为他对私有制的批判方法提出来的,这种批判方法是从对社会和政治哲学的思考转向政治经济学家更为明确的主张,即关于私自分配"财富"的生产。这些"前提"构成马克思以后所有著作的基础。没有它们,马克思1859的"指导线索"就没有多大意义,而处于更为庞大计划中的《资本论》之意图也不能被真正领会。

在《1844年经济学哲学手稿》、《德意志意识形态》和恩格斯的《国民经济学批判大纲》中也曾大量出现的"生产"范畴,在《关于费尔巴哈的提纲》中,被归纳为更为一般、更为抽象的"人的感性活动"、"实践的人的感性的活动"和"人的实践"——回应费尔巴哈哲学的抽象时,这些词汇比"生产"更恰当。② 在后期的《路德维希·费尔巴哈和德国古典哲学的终结》这本公开的哲学著作中,恩格斯赋予马克思的《关于费尔巴哈的提纲》特别重要的意义。这与《德意志意识形态》的精确性相比,似乎有点错置了,同时也过度贬低了他自己的著作《国民经济学批判大纲》的鼓动性。③

马克思在《资本论》的笔记中不少于四次地引用了《国民经济学批判大纲》,最显著的是在这部著作的开头部分,当马克思揭示商业危机之谜的答案时,他引用的就是恩格斯以生动方式提出的答案:

> 竞争的规律是:需求和供给始终力图互相适应,而正因为如此,从未有过互相适应……经济学家用他那绝妙的供求理论向你们证明"生产永远不会过多",而实践却用商业危机来回答……我们应该怎样理解这个只有通过周期性的革命才能为自己开辟道路的规

---

① 《马克思恩格斯选集》第1卷,北京:人民出版社1995年版,第45页。
② 参见同上书,第58—61页。
③ 参见《马克思恩格斯选集》第4卷,北京:人民出版社1995年版,第212—213页。

律呢?①

除了解决危机的（让他自己满意的）根源外，马克思还在《资本论》的这段话中设法压住了恩格斯比喻的说法：

> 在偶然的不断变动的交换关系中，生产这些产品的社会必要劳动时间作为起调节作用的自然规律强制地为自己开辟道路，就像房屋倒在人的头上时重力定律强制地为自己开辟道路一样。②

《国民经济学批判大纲》中的某些结论在马克思在《资本论》中对生产"有计划"进行的有意识③调节的看法中得到了反映，并在关于"资本主义私有制的丧钟"④ 这些话中被战略性地放在了这一长卷接近结尾的地方：

> 随着那些掠夺和垄断这一转化过程的全部利益的资本巨头不断减少，贫困、压迫、奴役、退化和剥削的程度不断加深，而日益壮大的、由资本主义生产过程本身的机制所训练、联合和组织起来的工人阶级的反抗也在增长。⑤

恩格斯在1843年底的观点实际上是与此相同的：

> 如果生产者自己知道消费者需要多少，如果他们把生产组织起来，并且在他们中间进行分配，那么就不会有竞争的波动和竞争引起危机的倾向了。你们有意识地作为人，而不是作为没有类意识的分散原子进行生产吧，你们就会摆脱所有这些人为的无根据的对立。但是，只要你们继续以目前这种无意识的、不加思索的、全凭偶然性摆布的方式来进行生产，那么商业危机就会继续存在；而且

---

① 《马克思恩格斯全集》第3卷，北京：人民出版社2002年版，第460页。
② 《马克思恩格斯选集》第2卷，北京：人民出版社1995年版，第141页。
③ 同上书，第142页。
④ 同上书，第269页。
⑤ 同上书，第268—269页。

每一次接踵而来的商业危机必定比前一次更普遍，因而也更严重，必定会使更多的小资本家变穷，使专靠劳动为生的阶级人数以增大的比例增加，从而使待雇劳动者的人数显著地增加——这是我们的经济学家必须解决的一个主要问题——，最后必定引起一场社会革命，而这一革命，经济学家凭他的书本知识是做梦也想不到的。①

特别是，在马克思不断谈到的未来社会关系方面，恩格斯也以他批判性的缄默独特地超越了马克思。马克思不太喜欢给予其他社会主义者好评，可能因为担心要负担起为他不能完全赞同的观念进行辩护的责任，因此，他当然决不会以如此彻底的方式介绍这些社会主义者关于未来社会的看法：

> 社会应当考虑，靠它所支配的资料能够生产些什么，并根据生产力和广大消费者之间的这种关系来确定，应该把生产提高多少或缩减多少，应该允许生产或限制生产多少奢侈品。但是，为了正确地判断这种关系，判断从合理的社会状态下能期待的生产力提高的程度，请读者参看英国社会主义者的著作并部分地参看傅立叶的著作。
>
> 在这种情况下，主体的竞争，即资本对资本、劳动对劳动的竞争等等，被归结为以人的本性为基础并且到目前为止只有傅立叶作过差强人意的说明的竞赛，这种竞争将随着对立利益的消除而被限制在它特有的和合理的范围内。②

然而，在认真地开始与马克思交往后，对被马克思视为空谈家的那些人以及被马克思在1873年摒弃的"为未来的食堂开出调味单"③，恩格斯都表现出了更为批判的方法。

一旦有了价值理论、剩余价值理论和剥削理论，那么几乎可以把

---

① 《马克思恩格斯全集》第3卷，北京：人民出版社2002年版，第461页。
② 同上书，第462—463页。
③ 《马克思恩格斯选集》第2卷，北京：人民出版社1995年版，第109页。

《国民政治学批判大纲》的后半部分看做是《资本论》第 1 卷的纲要。恩格斯考虑了失业状况，申斥了马尔萨斯的人口过剩理论（马克思在《资本论》中为恩格斯著作中的这个观点作了脚注）①；与马克思一样，在资本主义发展的动力的问题上，恩格斯把重要作用归于由于科学的运用所引起的技术变革。他摒弃那种在资本主义生产中，机器生产归根到底对工人有利的狡辩理论，因为成年工人在任何时候都根本不可能从一种职业转到另一种新的职业。这正是马克思在他的长篇章节"机器和大工业"中所作的结论：随着技术的变化，那些失去了工作的最初受害者们大部分被饿死和夭折了。②

在《国民经济学批判大纲》的结尾部分，恩格斯表明，他的注意力将从机器生产的影响转向对工厂制度"极端的不道德"的详细分析。在 1844 年调查、1845 年出版的《英国工人阶级状况》中，他就是这样做的。当恩格斯在 1888 年谈到该著作时，他写道："当时我个人独自在这方面达到什么程度，我的《英国工人阶级状况》一书就是最好的说明。"③ 马克思在 1859 年评论道，恩格斯"从另一条道路（参看他的《英国工人阶级状况》）得出同我一样的结果"④。这本书是恩格斯的杰作，在写作这本著作时，他无疑正沿着不同于马克思对当代社会理论批判的道路前进。如恩格斯所认为的那样，只凭经验对工人阶级生活的研究可能确实表现了马克思的"前提"，但如果考虑到马克思对恩格斯的素材和显著方法的运用，这种方法就是恩格斯提前使用的先决条件这一马克思"新"唯物主义——现实的个人、他们的生产活动以及这些活动发生的物质世界——的基本原理⑤，那么把更为理论性的《国民经济学批判大纲》从恩格斯本人的历史时期（而马克思却包含了它）忽略掉，好像就不太适当了。

---

① 参见《马克思恩格斯全集》第 23 卷，北京：人民出版社 1972 年版，第 185 页。——译者注。
② 参见《马克思恩格斯选集》第 2 卷，北京：人民出版社 1995 年版，第 206—214 页。
③ 《马克思恩格斯选集》第 1 卷，北京：人民出版社 1995 年版，第 257—258 页。
④ 《马克思恩格斯选集》第 2 卷，北京：人民出版社 1995 年版，第 33 页。
⑤ 参见《马克思恩格斯选集》第 1 卷，北京：人民出版社 1995 年版，第 67 页。

对马克思来说，恩格斯所走的另一条路具有非常重要的方法论意义。奇怪的是，在任何重要程度上，它却是一条恩格斯不曾再走的路。正如扉页中所大胆宣称的那样，恩格斯是"根据亲身观察和可靠材料"来考察当时英国工人阶级状况的。对马克思来说，这本著作向他呈现了另外一个世界，即议会对济贫、工厂状况以及童工问题的调查；激进英国报纸先驱性的新闻写作；以及当时对无产阶级生活的其他考察。这是一个完全不同于马克思当时正在钻研的经济理论著作的世界，虽然它们的联系是明显的。恩格斯和马克思都认识到了政治经济学家的判断和开出的处方与资本主义生产的真实世界之间的差异。这不仅在工业上比其他国家先进，而且甚至在准许发起政府和个人的调查方面也更自由的英国亦有大量的证据性文献。1844年8月至9月，当恩格斯再次见到马克思以及他们的合作开始时，他就已为他的著作收集了素材。他在德国写作初稿并于1845年3月完成。继1845年1月共产主义者被驱逐出巴黎，随着恩格斯在布鲁塞尔与马克思会合一个月左右之后，1845年5月，《英国工人阶级状况》出版了。该著作出版后不久，恩格斯就把马克思带到曼彻斯特目睹了英国工人阶级的这种状况。

《英国工人阶级状况》和《资本论》第1卷有许多共同的资料来源，包括童工调查委员会报告的皇家工厂、工厂视察员报告、英国议会议事录以及激进的和官方的期刊。当然，马克思在19世纪60年代比恩格斯在1844年有更多的资料来源可用，但是除去这个不同，他们所运用的方法论和所得出的结论是一样的。恩格斯著作的出版本身也为马克思建立自己的论述提供了一个重要来源，于是，作为对至1845年为止的状况的一种解释，马克思在《资本论》的注释中向他的读者热情地介绍了该著作。在《资本论》第1卷的"特定工业部门"中，不仅带着对它的历史相关性，而且对它的实际内容甚至工业的特定部门的许多赞同，马克思10次涉及了恩格斯的著作。因此马克思从最近的资料中得出结论，即在这两本书之间的20年中，状况并没有发生变化：

1845年以后发表的工厂视察员报告、矿山视察员报告等等，都说明了恩格斯对资本主义生产方式的精神了解多么深刻；把他的著作和过了18—20年以后才发表的童工调查委员会（1863—1867年）的官方报告稍加比较就可以看出，他对工人阶级状况的详细入微的描写是多么令人惊叹。童工调查委员会的报告所谈的恰好是1862年以前尚未实施工厂法的那些部门的情形，其中有些部门直到现在还没有实施工厂法。因此，恩格斯所描写的状况在这些部门内并没有受外因影响而发生大多变化。①

在《英国工人阶级状况》这本书中，恩格斯考察了工业革命前的工作状况、工农业无产阶级（在各种商业中）的出现、包含新工业工人的城市的增长、竞争（尤其在危机时期）对无产者的影响、移民，然后为具体的弊病编了一个目录：工作中身体和道德的恶化与堕落、对贫穷的厌恶以及拥有新的特殊力量的雇主对其他人生命的侵占。马克思经常涉及恩格斯对具体弊病的论述，尤其是那些新闻中持续抱怨（在马克思看来有点虚伪）却仍然重复发生的弊病。

在对工业中制造业代替手工业、最显著的是代替纺织业的一般过程的论述中，马克思也引用了恩格斯的著作。在认真阅读了恩格斯的《国民经济学批判大纲》和《英国工人阶级状况》之后，马克思概括出了最后出现在《资本论》第1卷中关于商品、价值和劳动的提法，于是，马克思认为，他从恩格斯的著作中为在自己的经济学著作中形成的具体理论找到了补充支持。当然，恩格斯的经济推理决没有上升到马克思所达到的抽象水平；他关于《资本论》那些章节的建议是与这个公认的复杂材料的描述惟一相关的地方。在《资本论》这一理论性著作中，马克思已经从《国民经济学批判大纲》的主要范畴——私有制和竞争——转向了他认为更为根本的价值现象，正如它在工业社会中发挥作用那样。在马克思看来，制造业"使为数不多的工人通过

---

① 《马克思恩格斯全集》第23卷，北京：人民出版社1972年版，第268页注释48。

追加相对少的活劳动,就能不仅把羊毛生产地消费掉,加进新的价值,而且还以毛纱等等的形式保存它的旧价值"。在这种方式下,马克思认为他已经了解了斯密、李嘉图和法国经济学家 J. B. 萨伊所不了解的具体方法是,通过在工业中引入制造业,以"刺激羊毛再生产的增长"。恩格斯只是揭露了 18 世纪末的这个过程,马克思却发现这个经验的经济历史在支持他的理论主张方面是有用的,这个主张就是"资本家对剩余劳动的不断占有"表现为"资本的不断自行增殖"。①

最显著的是,马克思引用恩格斯以支持《资本论》中关于资本主义社会中工厂制度本身特征的政治结论。马克思把工厂主描述为一个对他的工人们实施独裁专制的私人立法者,这与资产阶级在其他领域提出的政治形式:分权制和代议制,是十分不一致的。在现代机器生产之外,资本家已形成了一种社会调节制度,在这种制度下,"奴隶者的鞭子被监工的罚金簿代替了。"具有讽刺意味的是,马克思据此得出了结论,即工厂主的犯法"也许比守法对他们更有利",这一结论是从恩格斯那里得到详细证明的。恩格斯在 20 年前就指出在资产阶级用来束缚无产阶级的"奴隶制"下,"法律上和事实上的一切自由都不见了"。②

不管马克思在 1844 年 11 月对柏林"自由人"以及他们的朋友弗里德里希·恩格斯多么地冷淡,当恩格斯的文章持续出现在马克思主编的《莱茵报》上时,他对来自英国的关于共产主义精神报道的政治兴趣就表现出来了。因此,1844 年 8 月恩格斯在巴黎受到的热情接待,不能仅仅归功于他与柏林青年黑格尔派思想上的决裂,尽管这当然已经发生了。恩格斯在英国的实践活动使他投入到另外一个阶级中;对马克思来说最有趣的是,那些活动不只是报章杂志和工业调查,而且也包括了一种理论规划——《国民经济学批判大纲》——它表现出了完全超过马

---

① 《马克思恩格斯全集》第 23 卷,北京:人民出版社 1972 年版,第 666 页。
② 同上书,第 465 页注释 190。

克思当时成就的一些文学知识和分析技能。正是恩格斯著作的这个方面使马克思发现了一个最有前途的同事和合作者,即使这时或以后他们都没有在经济领域合著理论著作的计划。对马克思来说,从当代哲学和经济学向作为批判研究的最后对象的政治经济学的转移,是对一个同事决定性的思想考验。因为从 1844 年起,在他设计的工作计划中,对政治经济学的批判性解释就被视为关于"国家、法、道德、资产阶级生活等等"著作的基础。①

1844 年以后,恩格斯似乎已经完全把政治经济学放弃给了马克思,并且从未表示过后悔或另外独立的兴趣;马克思似乎也以一个 40 年工程所必需的充满活力的狂热担负起了这一理论重担,只是偶尔在一些较小细节上才寻求恩格斯的意见。他们最初约定合作的著作无疑是一部将黑格尔作为诡辩者、讽刺作家以及黑格尔派内部人士的才能运用到极致的著作。这是一部对他们以前的伙伴和青年黑格尔派的哲学探究进行批判性攻击的著作,一般被命名为《神圣家族,或对批判的批判所作的批判。驳布鲁诺·鲍威尔及其伙伴》。

正如马克思在 1844 年初所阐明的(《〈黑格尔法哲学批判〉导言》)那样,他的政治规划最初设想为一种对他认为根据不足且不严肃的德国思想激进主义进行的最后批判,这种批判是通过对他们的灵感——《法哲学原理》中的黑格尔本人——的批判性毁灭而进行的。因此,马克思在 1844 年手稿的序言中告诉我们,在这部著作的评论中,他意识到有必要把关于政治经济学(他已开始把它看做理解当代政治和社会生活的基础——作者注)的材料从他对国家、法、道德等等的批判性看法中区分开来,意识到有必要对即便是施特劳斯和费尔巴哈的读者所解释的黑格尔派的预设本身进行清理,这些读者反对对黑格尔哲学做任何随意保守的解释。在与当代问题的真正关联上,由于青年黑格尔主义令人气馁的政治影响,马克思显然认为它的毁灭是迫切而必要的。这个政治任务被明白地表述为将会迅速实现的,以使他可能自由地从事对资产阶级社

---

① Karl Marx, *Texts on Method*, trans. and ed. Terrell Carver, Blackwell, Oxford, 1975.

会解剖学的理论探究。这种资产阶级解剖学是被政治经济学家彻底评论所揭露了的。① 反青年黑格尔派的《神圣家族》原计划随《德法年鉴》（已经单独聘用稿件）发表，而不是以合写的大著作的样式出版。恩格斯凭借他在德国国内的声望、他现在对以前伙伴的公然反对，甚至可能是他与其他杂志之间的国际联系，在著作出版时，在扉页上恩格斯的名字出现在了马克思之前。相比较而言，尽管是一个资深编辑，马克思却多少有点黯然失色了。

恩格斯的著作《国民经济学批判大纲》和《英国工人阶级状况》对于马克思的影响，虽然被普遍承认，但到目前为止却没有被深入考察过。《资本论》中对理论材料的再利用、对经济和政治的趋势相似预测、对共产主义社会特定方面的相同看法以及最令人感兴趣的马克思前提本身的真正核心，都能从恩格斯的早期著作与马克思从《1844年经济学哲学手稿》到《资本论》的政治经济学批判的详细对比中寻找到踪迹。恩格斯不可能提供给马克思他本人没有的思想。不管恩格斯此时多么显著地领先于马克思，在马克思的著作中都有一种明显地朝着恩格斯表达的观点靠近的趋势。在恩格斯最有影响力的时期，他相当于马克思发展的一条捷径，是马克思进一步探索的巨大灵感，是马克思关于资本主义工业的历史和运作的支持材料的有用源泉。

马克思的思想，或者说恩格斯所见到的马克思的著作对于恩格斯的影响，与恩格斯大量地放弃了自己的经验研究以回应马克思，是完全不同的。恩格斯对《英国工人阶级状况》1845年的单独附言从未继续下去。类似地，他关于政治经济学的理论著作，就其兴趣被导向认真、独立的工程而言，也被突然放弃了。而马克思对马克思和恩格斯合作关系的这种回应与恩格斯几乎是相反的，因为马克思的理论和经验工作日益增长，以致控制了他的生活，至少基本生活本身完全不是他所关心的最重要的事。由此，结出了19世纪40年代的合著之花

---

① Terrell, Carver, *Marx's Social Theory* ("OPUS"), Oxford University Press, Oxford, 1982.

的著名合作开始了。在这些合著中,形成了马克思和恩格斯所称之为的"我们的观点"。

五 〔日〕山之内靖:《恩格斯的〈政治经济学批判大纲〉及其思想圈》①

现在没有必要对《政治经济学批判大纲》所具有的划时代意义进行深入探讨。在本书的视角看来,需要探讨的是"大纲"未能避免的各种制约。对于这样的制约,首先从经济学理论水准这样的侧面大胆地给予关注的是卢森贝的《早期马克思经济学说的形成》(1954年,莫斯科)。

卢森贝对"大纲"的批判基本上可以概括为两点。

第一,恩格斯认为斯密和李嘉图的价值论——规定各种商品交换是竞争,在这种竞争中,市场价格面临不断的变动,在其背后假设具有最终规定性的自然价格或者真实价值这样的价值论——是非现实的抽象。这一点意味着:之后,马克思采取了从古典派经济学那里继承价值论,在这种继承的基础上建构剩余价值论的理论展开;与此相对,这个时候的恩格斯还没有达到能够提供任何线索的水准。说实在的,不得不认为与其说恩格斯对古典派经济学理解的内容在继承劳动价值说这一最为重要的路线上开辟了其可能性,毋宁说堵死了其可能性。因为这一点的缘故,撰写"大纲"时的恩格斯不仅不承认从斯密到李嘉图的劳动价值说的发展,在将李嘉图的生产费用学说与萨伊的效用学说并列的基础上,将这两者都作为舍弃了竞争的抽象理论而给予排斥。就这样,"大纲"缺乏区分古典派经济学和通俗经济学的理论视角。

第二,恩格斯尖锐地指出:古典派经济学一方面犯了将作为人类活动的劳动作为财富的源泉而给予承认,另一方面又承认获得地租以及利息的正当性这样的前后矛盾的问题。限于这一点而言,恩格斯在马克思

---

① 该文选自〔日〕山之内靖:《受苦者的目光:早期马克思的复兴》,彭曦、汪丽影译,北京:北京师范大学出版社2011年版,第89—96页。

的问题设定之前就铺设了轨道。但是，恩格斯未能对古典派经济学所包含的矛盾在经济学理论中进行深入挖掘。应该说，这个时候的恩格斯没有考虑到将这个矛盾向经济学内在批判进一步深化这种做法是有意义的，而是立足于道德和正义的永远的法则性这样的观点来指出这一矛盾，并从这一立场对资本主义进行了外在的、超越的批判。在这里，大概可以看出英国的空想社会学的影响吧。英国空想社会主义者们将价值视为正义的体现，与之相对，将市场价格视为不道德的东西，认为那是对正义的破坏①。

对我们来说饶有趣味的是，对恩格斯的"大纲"进行了批判性整理的卢森贝指出："马克思在经济学研究的初期也持与恩格斯同样的意见，到后来好不容易……才真正在李嘉图的价值论中提炼出宝贵的要素。"② 卢森贝启示我们：在接触"大纲"时的马克思处于与恩格斯基本上相同的认识水准，因此在通过"大纲"而意识到问题的同时，也继承了"大纲"的理论制约面。但是，卢森贝所关心的，正如在开头介绍过的那样，主要是经济学批判的理论水准——也就是说，对劳动价值学说的批判性继承及其可能性——这一点。如果我们对"大纲"在作为主题而设定的市民社会认识的内容这样的水准进行稍微广泛一些的探讨的话，以卢森贝的方法未能汲取的一个饶有趣味的论点就会浮现出

---

① 卢森贝：《早期马克思经济学说的研究》，第二章"恩格斯的初期经济学研究"。

② 卢森贝指出：从对劳动价值学说进行否定而开始的马克思的经济学研究明确转换到了对此进行肯定性继承，剩余价值学说的开端见于《哲学的贫困》（同上书，第100、102、192页）。但是，卢森贝又指出：马克思对劳动价值学说的姿态在《哲学的贫困》以前就已经开始变化，即便在《经济学拔萃笔记》中，"穆勒评注"与"李嘉图评注"在论调上显示出了明显差异。与效仿恩格斯而否定劳动价值学说的"李嘉图评注"相比，在"穆勒评注"中"对在整个运动中……发现劳动价值进行了考察"。正如在本书的第一章第二节《经济学哲学手稿》的内在结构"中探讨过的那样，这两个评注都是在《经济学哲学手稿》第一手稿撰写完成之后整理的，在那之后，接着撰写了第二、第三手稿。这一点对于我们的分析来说，提供了非常有益的启发。在这里，浮现出了以下事实：第一，《经济学哲学手稿》基于对劳动生产过程的把握，"穆勒评注"基于对商品、货币论的把握这种形式上区分的论述带有片面性（在"穆勒评注"中，可以看到对劳动价值学说肯定地进行把握的视角的萌芽）；第二，《经济学哲学手稿》第一手稿是在与"李嘉图评注"没有大致相同的思路上撰写的，与此相对，第二、第三手稿是在与"穆勒评注"的劳动价值学说的新姿势相照应的认识下撰写的。

来。这个饶有趣味的论点实际上与卢森贝对"大纲"批判的第二点中显现的问题是有关联的。

卢森贝将恩格斯与英国空想社会主义者加以重叠,认为在那里呈现出来的是把资本主义市民社会视为正义的实现受到妨碍的状态而给予批判的道德主义者形象①。但是,将这种道德主义者恩格斯的形象只作为留下"空想社会主义的,特别是英国变种的烙印"的形象来理解显然是不公平的,从那里也应该看出虽然试图从黑格尔左派的圈子里摆脱出来,但明显地残留着"德国唯心主义"的烙印。另外,也不能忘记:特有的市民社会认识在这种"德国唯心主义"中留下了阴影。在早期马克思"与恩格斯[的'大纲']相同意见"的情况下,那不只停留在古典派经济学理论水准的认识的水准,也应该就德国唯心主义的市民社会认识这样的水准进行论述。那么,德国唯心主义的市民社会认识赋予了恩格斯"大纲"的框架以怎样的特色呢?

贯穿于"大纲"的对市民社会的认识在开头的几行中就体现出了特别的姿态。从对经济学的理论探讨到恐慌论的初步展开的"大纲"的整体构造无非是以开头的认识为基调的变形(Metamorphose)。恩格斯指出:

> 国民经济学的产生是商业扩展的自然结果,随着它的出现,一个成熟的允许欺诈体系、一门完整的发财致富的科学代替了简单的不科学的生意经(Schacher)。
>
> 这种从商人的彼此妒忌和贪婪中产生的国民经济学或发财致富的科学,在额角上带有最令人厌恶的自私自利的烙印。②

---

① 卢森贝:《早期马克思经济学说的研究》,第87页。在这里,没有具体说明对恩格斯产生影响的空想社会主义者是谁。在第101页中,举出了"李嘉图派社会主义者"的格雷以及布勒的名字,谈到了他们的劳动货币构想。但是,卢森贝又指出:马克思恩格斯决不会赞同与蒲鲁东也一脉相通的这种空想。另外,关于恩格斯就移居到美国的人在那里建设共产村落——震教徒(Shaker)、拉普、左阿——的关联,对欧文表示强烈共感的事例,请参见"成立于近代,现在依然持续的共产移居地的记述"(1845年)。

② 中译文引自《马克思恩格斯全集》第3卷,北京:人民出版社2002年版,第442页。——译者注

恩格斯对从货币主义到重商主义,进而经历了斯密以及李嘉图的古典派经济学,到马尔萨斯的近代英国经济思想的整体进行展望,认为在斯密的《国富论》之后,作为一个学派而展开的英国国民经济学在本质上也与货币主义、重商主义没有什么两样。对恩格斯来说,尽管斯密在表面上体现了人道主义、博爱主义的思想,但那是以私利、私欲为本质的私人所有的理论表现,只不过是被伪善地粉饰过了的形态。通过对重商主义进行批判,"政治经济学带上博爱的性质;它不再宠爱生产者,转而垂青消费者了;它假惺惺地对重商主义学说的罪行恐怖表示衷心厌恶,并且宣布商业是各个民族、各个人之间的友谊和团结的纽带。"不过,不久这种伪善的博爱无法维持下去,那种令人恐怖的马尔萨斯的人口理论出现了。马尔萨斯的人口理论"是过去一些学说中最粗暴最野蛮的一种学说,一种绝望的学说,它玷污了关于仁爱和世界公民的一切美妙言辞"。不过,应该说:政治经济学的马尔萨斯式的表述最终是立足于斯密《国富论》的伪善、不彻底、不道德揭开了面纱,公然暴露出来的东西。"新的经济学,即以亚当·斯密的《国富论》为基础的自由贸易学说,也同样是伪善、前后不一贯和不道德的。"就这样,恩格斯的国民经济学批判的课题将重商主义和斯密之后的经济学展开总括在一起,逼近两者的共同前提,立足于"纯人类的、一般的基础(rein menschliche, allgemeine Basis)",暴露了其伪善性,或者逻辑的颠倒性。①

不消说,在以上的展开中,费尔巴哈的立场即普遍的人性主义被当做立论的根据。"大纲"不仅采纳了李嘉图派社会主义的观点,同时还在德国思想中寻求根本基础。这一点从恩格斯的以下论述中也可以得到确认。"但是,这样一来,经济学中的一切就被本末倒置了:价值本来是原初的东西,是价格的源泉,倒要取决于价格,即它自己的产物。大家知道,正是这种颠倒构成了抽象的本质。关于这点,请参看费尔巴哈的著作。"②

---

① 《马克思恩格斯全集》第3卷,北京:人民出版社2002年版,第444页。——译者注
② 同上书,第452页。——译者注

在这里要反复强调的是，对于恩格斯来说，商品交换的关系不是依照价值法则的等价交换，那在本质上是欺诈、蒙骗。恩格斯指出："私有财产产生的最直接的结果就是商业，即彼此交换必需品。"在这种商业中，"每个人必然要尽量设法贱买贵卖"。在这种商品交换关系中，"两个人以绝对对立的利益相对抗"。这种绝对的对立关系带来两种事态。第一是相互不信任，第二是相互不信任的正当化。也就是说在这种关系中，"采取不道德的手段来达到不道德的目的"被当做前提，另外也作为结果体现出来。不得不说，"总而言之，商业是合法的欺诈。"①

对没有将贯彻价值法则与共同体的厚重障壁制约着的前现代社会的共同体之间的商业区分开来，而是将之理解为模仿了在共同体解体以后出现的近代市民社会的商品交换关系的"两面的剥削（beiderseitige Exploitation）"②（马克思）的恩格斯来说，斯密在将以上的欺诈、蒙骗商业作为人性的基础这一点上与重商主义没有本质上的区别。如果说有差异的话，那就是"重商主义体系在某种程度上还具有某种纯朴的天主教的坦率的精神，它丝毫不隐瞒商业的不道德的本质"。与之相对，"**经济学的路德**"即斯密以"新教的伪善代替了天主教的坦率"，只不过"人道也是由商业本质产生的"。斯密只是换了一种说法，只不过认为"商业主义是人道的"。的确，自由贸易制度打倒了重商主义垄断的野蛮，将文明带到了世界的各个角落。但是，那"以使一个巨大的根本的垄断，即私有制，更自由地、更不受限制地起作用……以便赢得新的领域来扩张你们卑鄙的贪欲"道德家恩格斯向经济学家们提出质疑。"你们什么时候做事情是纯粹从人道出发，是从普遍利益和个人利益之间不应的对立毫无意义这种意识出发的呢？"③

另外，让我们特别留意将斯密称为"政治经济学中的路德"的比

---

① 《马克思恩格斯全集》第 3 卷，北京：人民出版社 2002 年版，第 446—447 页。——译者注

② 参照《资本论》第 3 卷第 20 章"关于商人资本的历史考察"以及第 1 卷第 4 章"资本转化为货币"。

③ 《马克思恩格斯全集》第 3 卷，北京：人民出版社 2002 年版，第 447—448 页。——译者注

喻的理解方式，以及"政治经济学中的路德"与经济学上的旧教＝重商主义丝毫没有**本质上的差异**的理解方式。这是因为，这一比喻在《经哲手稿》第三草稿的时候，被马克思提到，而且，以**完全不同的意思**被重新解释。

在全社会规模以商品交换关系为媒介的就是竞争。就这样，在恩格斯的眼里，竞争在本质上是欺诈、瞒骗向整个社会的蔓延。在缺乏道德性的或者有意识的调整的情况下，在将人与人之间的交换关系托付给暴利商业（Schacher）的市民社会中，需求和供给总处于不均衡的状态，价格变动总是带来市场的动摇。恩格斯对竞争的法则进行论述，指出竞争"从未有过健全的状态，总是兴奋和松弛相更迭——这种更迭排斥一切进步——一种不到目的的永恒波动"①。"大纲"对构成早熟且先驱的资本主义社会特征的景气变动和经济危机的关注，是在以上认识框架内进行的，这一点不能忽略。对于这个在经济学上非常重要的问题，恩格斯先于马克思很多进行了彻底分析，对于这一做法的划时代意义应该给予认可，在这一点上应该给予恩格斯以充分的肯定。② 不过，如果因为这一点马上就理解为恩格斯对经济学的理解远远走在马克思的前面，那么则有些操之过急。③ 在对黑格尔的《法哲学原理》进行研究这样的迂回之路上耗费了工夫的马克思在接触到"政治经济学大纲"的前后，

---

① 《马克思恩格斯全集》第3卷，北京：人民出版社2002年版，第460页。——译者注。另外，关于经济危机的这样的认识，与没有继承价值论相反，包含着理论上的片面化。景气变动和经济危机确实是病态的现象，它本身是资本主义生产的运动法则的体现，但那无非是当从均衡的背离进展到一定的程度时，便通过经济危机这样的暴力过程来恢复均衡这种自然发生机制的体现。

② 恩格斯很早就对景气变动和经济危机进行了关注，在1842年底在《莱茵报》上发表的论文《英国工人阶级状况》中就显示出了开端。

③ 广松指出：恩格斯从1844年8月末至9月初，曾经住在马克思家里，从那个时候两个人的对话，可以推测马克思给恩格斯留下了很像是经济学初学者的印象。不过，这一推测是在"如果考虑当时两人通读的经济学著作的量和质的话，马克思占优势"这样的恰当的评价的基础上进行的。毋宁说，构成当时的马克思的理论内容的特征的异化论这一方法水准的幼稚程度曾经给恩格斯留下了那样的印象（前引《恩格斯论》，第226页）。这是与广松的恩格斯主导论相关的微妙论点。不过，正如在本书的论旨中所表明的那样，对此观点我不敢苟同。

着手对经济学进行深入研究，不久决定性地超越了"大纲"的水准。

话虽如此，很早就洞察到经济危机具有 5 年或者 7 年周期性的恩格斯的洞察力非同寻常。而且，在以这种经济危机的周期性为线索展开的对市民社会的方法认识当中，我们可以看到德国唯心主义的清晰烙印。恩格斯问道："我们应该怎样理解这个只有周期性的革命才能给它开辟道路的规律呢？"并论述说：

> 这是一个以当事人的无意识活动为基础的自然规律。如果生产者自己知道消费者需要多少，如果他们把生产组织起来，并且在他们中间进行分配，那么就不会有竞争的波动和竞争引起的危机的倾向了。你们有意识地作为人，而不是作为没有类意识的分散原子进行生产吧，你们就会摆脱所有这些人为的无根据的对立。但是，只要你们继续以目前这样的无意识的、不加思索的、全凭偶然性摆布的方式来进行生产，那么商业危机就会继续存在。①

将市民社会视为缺乏意识和思想的精神的各种原子的集合体这样的想法很显然是我们从黑格尔《法哲学原理》中看到的作为伦理的分裂态的那种有德国特点的认识。不过，在恩格斯的情况下，虽然以在黑格尔市民社会论中所见到的客观精神的分裂态这种局面（以下称之为黑格尔市民社会论的 A 局面）为基础，但是作为应该克服这样分裂态的主体，不是像黑格尔那样拿出客观精神的现实性即国家，而是以费尔巴哈的类意识来取而代之。那样的市民社会认识即便作为对黑格尔的解读方法也是很不充分的，忽略了黑格尔所包含的对古典派经济学的继承局面（黑格尔市民社会论的 B 局面），关于这一点已经论述过了。在这里应该确认的是，只要用以上的原子论市民社会观为基础来与经济学的各种

---

① 《马克思恩格斯全集》第 3 卷，北京：人民出版社 2002 年版，461 页。——译者注。另外，关于景气变动和经济危机，可以确切地看出把那当做一种具有规律性的现象来把握的认识。但是，即便在那种情况下，"很明显，这个规律是纯自然的规律，而不是精神的规律"（第 460 页）。也就是说，在由"精神的规律"支配的社会主义社会，景气变动和经济危机将被克服。

事情相对抗，那么就会忽略内在于市民社会自身内部的发展可能性，对市民社会的批判必然会成为立足于市民社会以外的某种东西——客观精神、国家（黑格尔）或者类意识（费尔巴哈）等等——的超越东西，因此又不得不朝在对市民社会从整体上进行否定的彼岸来描绘带有空想色彩的正义和道德的世界这样的做法倾斜。①

从以上论述可以清楚地看出这样一个事实，那就是：道德主义者恩格斯的形象与在他心中深深渗透的黑格尔或者黑格尔左派对市民社会认识是相反的。② 这个时候的恩格斯未能在理论上继承古典派经济学，那不仅是因为他的经济学研究理论水平还不够高，更为重要的是，恩格斯心中的黑格尔的 A 局面的市民社会观引起了他对市民社会的过敏反应，这一点形成了他在心理上不能继承古典派经济学的认识上的障碍。接触到"大纲"时的马克思在与古典派经济学的关系这一点上，另外在对市民社会的原子论的认识这一点上，如果有与恩格斯共通的东西的话，那么他究竟是怎样，又是在什么时候克服市民社会认识的原子论的制约，并通过那样做法开辟了继承古典派经济学的道路的呢？

---

① 广松对当时的恩格斯虽然在很大程度上受到了蒲鲁东的影响，却没有援引"财产＝掠夺，把被掠夺的东西夺回来这样的法律的观点"，认为"他的经济学分析具有在总体上把握社会构造及其内在机制，以阐明其内在的自我扬弃的法则性这样的志向"（前引《恩格斯论》，第 170 页）。这也是微妙的观点。正如在上一则注释中说明过的那样，恩格斯的确形成了将景气变动和经济危机作为内在的规律性来把握的志向，但不能忽略他将商品交换关系在本质上理解为欺诈和瞒骗这一点。恩格斯将蒲鲁东把财产视为掠夺的关联投射到商品经济中，将之理解为欺诈和瞒骗。

② 勿宁说，在贯穿于"纲要"的基调中相当明显地表现出了道德主义、人本主义的观点。可以说，在这一点上与黑格尔相比，恩格斯显然是主观主义的。众所周知，黑格尔的观念性正因为是以超越个人的客观精神为基调的，所以他对于市民社会的批判也不是基于装点"纲要"的露骨的正义感，而是更加冷静透彻，富于客观性。晚年的恩格斯对包括费尔巴哈在内的黑格尔左派的倾向重新进行了回顾，认为他们丧失了黑格尔的客观性，经历了朝主观性的倒退。参见《路德维希·费尔巴哈与德国古典哲学的终结》（1886 年）。

附录 II　延伸阅读书目

一　关于恩格斯的传记

恩格斯的传记作品对于了解《国民经济学批判大纲》的写作背景和主要内容是不可缺少的研究文献。这些传记作品中十分详尽地介绍了恩格斯青年时代求学、经商和参加政论活动的经历，对于进一步理解和研究恩格斯的早期思想大有裨益。在最早发表的恩格斯的传记文章中，有一篇是马克思写的，中文版发表在《马克思恩格斯全集》第二版第 25 卷中。马克思在去世前不久写的这篇短文里，将恩格斯推崇为现代社会主义最杰出的代表人物之一。19 世纪末也出版了一些恩格斯的传记，都是对恩格斯的活动及其最重要的论著加以简要评价的小册子。在传记文章中占有显著地位的是列宁于 1895 年秋天所写的《弗里德里希·恩格斯》一文，中文版见 2009 年出版的《列宁专题文集（论马克思主义）》。梅林在《德国社会民主党史》第一卷，及 1918 年出版的《马克思传》在研究恩格斯传记方面占有显要位置。迈尔的两卷本《弗里德里希·恩格斯传》是研究恩格斯生平及思想的重要文献，迈尔以历史事件为背景叙述了恩格斯的一生，还运用了引人入胜的和极为重要的新材料。苏联、德国、法国、保加利亚和其他一些国家撰写了很多版本的恩格斯传记，斯捷潘诺娃的《恩格斯传》流传很广，另外，弗·尼·萨拉比扬诺夫、叶·雅罗斯拉夫斯基、米·瓦·谢列不列雅科夫、海因里希·格姆科夫等都在传记中提到恩格斯的早期经历与思想。

〔法〕奥古斯特·科尔纽：《马克思恩格斯传》第 1 卷，刘丕坤等译，北京：生活·读书·新知三联书店1963年版。

〔德〕保尔·拉法格等：《回忆马克思恩格斯》，马集译，北京：人民出版社1973年版。

〔德〕海因里希·格姆科夫等：《恩格斯传》，易廷镇、侯焕良译，北京：人民出版社2000年版。

〔苏〕列·伊利切夫等：《弗里德里希·恩格斯》，北京：人民出版社1984年版。

〔德〕霍尔斯特·乌尔利希：《恩格斯的青年时代》，马欣译，北京：生活·读书·新知三联书店1980年版。

〔苏〕叶·斯捷潘诺娃：《恩格斯传》，中央编译局译，北京：人民出版社1955年版。

蔡恒安主编：《恩格斯传》，长春：吉林文史出版社1998年版。

肖灼基：《恩格斯传》，郑州：河南人民出版社1985年版。

二　关于古典政治经济学

古典政治经济学是恩格斯批判的对象，他直接引用或提到的古典经济学家包括：斯密、李嘉图、萨伊、马尔萨斯等，因此，这些经济学家的著述应该深入阅读，这样能够更好地理解《国民经济学批判大纲》。熊彼特和琼·罗宾逊的著作可以帮助读者了解和掌握古典政治经济学的概况。

〔法〕弗朗斯瓦·魁奈：《魁奈经济著作选集》，吴斐丹、张草纫选译，北京：商务印书馆1979年版。

〔英〕亚当·斯密：《国民财富的性质和原因的研究》（上、下），郭大力等译，北京：商务印书馆1979年版。

〔英〕约·雷·麦克库洛赫：《政治经济学原理》，郭家麟译，北京：商务印书馆1975年版。

〔英〕约翰·布雷：《对劳动的迫害及其救治方案》，袁贤能译，北京：商务印书馆1959年版。

〔英〕约翰·穆勒：《政治经济学原理及其在社会哲学上的若干应用》（上、下），北京：商务印书馆 1991 年版。

〔德〕弗里德里希·李斯特：《政治经济学的自然体系》，北京：商务印书馆 1997 年版。

〔德〕弗里德里希·李斯特：《政治经济学的国民体系》，北京：商务印书馆 1961 年版。

〔法〕萨伊：《政治经济学概论：财富的生产、分配和消费》，陈福生等译，北京：商务印书馆 1963 年版。

〔法〕西斯蒙第：《政治经济学新原理》，何钦译，北京：商务印书馆 1964 年版。

〔英〕彼罗·斯拉法：《李嘉图著作和通信集：政治经济学及赋税原理》（第 1 卷），北京：商务印书馆 1962 年版。

〔英〕彼罗·斯拉法：《李嘉图著作和通信集》（第 2 卷），蔡受百译，北京：商务印书馆 1979 年版。

〔英〕彼罗·斯拉法：《李嘉图著作和通信集》（第 3 卷），寿勉成译，北京：商务印书馆 1977 年版。

〔英〕彼罗·斯拉法：《李嘉图著作和通信集》（第 4 卷），蔡受百译，北京：商务印书馆 1980 年版。

〔英〕格雷：《格雷文集》，陈太先、眭竹松译，北京：商务印书馆 1986 年版。

〔英〕托马斯·霍吉斯金：《通俗政治经济学》，王铁生译，北京：商务印书馆 1996 年版。

〔英〕威廉·汤普逊：《最能促进人类幸福的财富分配原理的研究》，何慕李译，北京：商务印书馆 1986 年版。

〔德〕卡·洛贝尔图斯：《关于德国国家经济状况的认识》，斯竹、陈慧译，北京：商务印书馆 1980 年版。

〔英〕琼·罗宾逊、〔英〕约翰·伊特韦尔：《现代经济学导论》，陈彪如译，北京：商务印书馆 1982 年版。

〔奥〕约瑟夫·熊彼特：《经济分析史》第 1 卷，朱泱等译，北京：

商务印书馆 1991 年版。

〔奥〕约瑟夫·熊彼特：《经济分析史》第 2 卷，朱泱等译，北京：商务印书馆 2001 年版。

〔奥〕约瑟夫·熊彼特：《经济分析史》第 3 卷，朱泱等译，北京：商务印书馆 1995 年版。

三　已有的国外同类成果

目前，专门解读《国民经济学批判大纲》一书的专著还很缺乏，但是，在马克思主义哲学和经济学领域中的许多研究成果从不同角度、不同层面涉及《国民经济学批判大纲》，这一类著述值得深入阅读。

〔俄〕捷·伊·奥伊泽尔曼：《马克思主义哲学的形成》，北京：生活·读书·新知三联书店 1964 年版。

〔苏〕阿·伊·马雷什：《马克思主义政治经济学的形成》，成都：四川人民出版社 1983 年版。

〔德〕图赫舍雷尔：《马克思经济理论的形成与发展（1843—1858）》，北京：人民出版社 1981 年版。

〔苏〕卢森贝：《政治经济学史》，北京：生活·读书·新知三联书店 1959 年版。

〔苏〕卢森贝：《十九世纪四十年代马克思恩格斯经济学说发展概论》，北京：生活·读书·新知三联书店 1958 年版。

〔苏〕维戈茨基：《〈资本论〉创作史》，福州：福建人民出版社 1983 年版。

〔日〕山之内靖：《受苦者的目光：早期马克思的复兴》，北京：北京师范大学出版社 2009 年版。

〔德〕马·克莱恩：《马克思主义哲学史》，北京：中国人民大学出版社 1983 年版。

〔德〕弗·梅林：《德国社会民主党史》第 1 卷，北京：生活·读书·新知三联书店 1963 年版。

〔苏〕列·阿·列昂节夫：《恩格斯在马克思主义政治经济学形成和发展方面的作用》，北京：中国人民大学出版社 1982 年版。

〔英〕特雷尔·卡弗：《马克思和恩格斯：学术思想关系》，北京：中国人民大学出版社 2008 年版。

〔美〕莱文：《不同的路径：马克思主义与恩格斯主义中的黑格尔》，北京：北京师范大学出版社 2009 年版。

George Lichtheim, *Marxism*: *A Historical and Critical Study*, Praeger, 1961.

Shlomo Aviner, *The Social and Political Thought of Karl Marx*, Cambridge University Press, 1968.

Norman Levine, *The Tragic Deception*: *Marx contra Engels*, Clio Books, 1975.

J. D. Hunley, *The Life and Thought of Friedrich Engels*: *A Reinterpretation*, Yale University Press, 1991.

S. H. Rigby, *Engels and the Formation of Marism*: *History, Dialectics and Revolution*, Manchester University Press, 1992.

Manfred B. Steger and Terrell Carver (ed.), *Engels after Marx*, The Pennsylvania State University Press, 1999.

四 我国学者的研究成果

黄楠森：《马克思主义哲学史（修订本）》第 1 卷，北京：北京出版社 2005 年版。

张一兵：《回到马克思——经济学语境中的哲学话语》，南京：江苏人民出版社 1999 年版。

朱传启：《恩格斯哲学思想研究论稿》，北京：人民出版社 2012 年版。

朱传启等：《马克思恩格斯哲学思想比较研究》，郑州：河南人民出版社 1995 年版。

马绍孟等：《恩格斯和马克思主义》，北京：中国人民大学出版社 1985 年版。

徐琳：《恩格斯哲学思想研究》，北京：北京出版社 1985 年版。

孙荣：《恩格斯和马克思主义》，哈尔滨：黑龙江人民出版社 2005 年。

五 关于马克思经济学著作之间的内在关联

恩格斯的《国民经济学批判大纲》是经济学、哲学和社会主义思想初次融合的著作，其中，国民经济学是重要的理论来源。研究者可以阅读马克思 1843 年 10 月起，在巴黎期间所做的 9 本经济学笔记、1845 年 3 月至 8 月马克思在布鲁塞尔和曼彻斯特所做的经济学笔记。这些经济学研究笔记对于理解恩格斯对马克思的启示具有重要意义。

大体说来，到 19 世纪 50 年代后期，马克思在《资本论》的最初手稿，即《1857—1858 年经济学手稿》中，解决了价值规律与资本和雇佣劳动相交换的矛盾问题，创立起狭义的剩余价值理论。至于广义的剩余价值理论，则是在《资本论》的第二个手稿，即《1861—1863 年经济学手稿》中，随着生产价格理论的制定，在价值规律的基础上说明利润从而平均利润的形成后，才最后确定的。目前，《马克思恩格斯全集》历史考证版（MEGA^2）第二部分，即有关《资本论》及其手稿的卷次已经全部出齐，这是目前为止研究马克思经济学的最全面、最权威的参考文献。读者可以阅读《马克思恩格斯全集》中的《1857—1858 年经济学手稿》、《1861—1863 年经济学手稿》、《资本论》等经济学著作，这些文献对于完整理解马克思主义是必要的。

Gesamtausgabe（MEGA）. Abt. 1: Werke, Artikel, Entwürfe. Bd. 1: Karl Marx: Werke, Artikel, literarische Vesuche bis März 1843/Marx, Karl; Engels, Friedrich; hrsg. vom Institut für M—L. beim ZK der KPS und vom Institut für M—L. beim ZK der SEPD. —Berlin: Dietz Verlag, 1975. Text. 858 S. Apparat. 863 – 1337 S.

Gesamtausgabe (MEGA). Abt. 1: Werke, Artikel, Entwürfe. Bd. 2: März 1843 bis August 1844/Marx, Karl; Engels, Friedrich; hrsg. vom Institut für M—L. beim ZK der KPS und vom Institut für M—L. beim ZK der SEPD. —Berlin: Dietz Verlag, 1982. Text. 516 S. Apparat. 521 – 1018 S.

Gesamtausgabe (MEGA). Abt. 1: Werke, Artikel, Entwürfe. Bd. 3: Friedrich Engels: Werke, Artikel, Entwürfe bis August 1844/Marx, Karl; Engels, Friedrich; hrsg. vom Institut für M—L. beim ZK der KPS und vom Institut für M—L. beim ZK der SEPD. —Berlin: Dietz Verlag, 1985. Text. 644 S. Apparat. 649 – 1372 S.

Gesamtausgabe (MEGA). Abt. 2: "Das Kapital" und Vorarbeiten. Bd. 1. Tl. 1: Ökonomische Manuskripte 1857 – 1858. Text un Apparat/Marx, Karl; Engels, Friedrich; hrsg. vom Institut für M—L. beim ZK der KPS und vom Institut für M—L. beim ZK der SEPD. —Berlin : Dietz Verlag, 1976. Text. Teil. 1. 309 S. Apparat. Teil 1. 155 S.

Gesamtausgabe (MEGA). Abt. 2: "Das Kapital" und Vorarbeiten. Bd. 1. Tl. 2: Ökonomische Manuskripte 1857 – 1858. Text/Marx, Karl; Engels, Friedrich; hrsg. vom Institut für M—L. beim ZK der KPS und vom Institut für M—L. beim ZK der SEPD. —Berlin : Dietz Verlag, 1981. Text. Teil. 2. 315 – 747 S.

Gesamtausgabe (MEGA). Abt. 2: "Das Kapital" und Vorarbeiten. Bd. 1: Ökonomische Manuskripte 1857 – 1858. Apparat/Marx, Karl; Engels, Friedrich; hrsg. vom Institut für M—L. beim ZK der KPS und vom Institut für M—L. beim ZK der SEPD. —Berlin : Dietz Verlag, 1981. Apparat. 753 – 1182 S.

Gesamtausgabe (MEGA). Abt. 2: "Das Kapital" und Vorarbeiten. Bd. 2: Ökonomische Manuskripte und Schriften 1858 – 1861. Text und Apparat/Marx, Karl; Engels, Friedrich; hrsg. vom Institut für M—L. beim ZK der KPS und vom Institut für M—L. beim ZK der SEPD. —Berlin : Dietz Verlag, 1980. Text. 293 S. Apparat. 299 – 507 S.

Gesamtausgabe (MEGA). Abt. 2: "Das Kapital" und Vorarbeiten. Bd. 3. Tl. 1: Zur Kritik der politischen Ökonomie (Manuskript 1861 - 1863) /Marx, Karl; Engels, Friedrich; hrsg. vom Institut für M—L. beim ZK der KPS und vom Institut für M—L. beim ZK der SEPD. —Berlin : Dietz Verlag, 1976. Text. 328 S. Apparat. 171 S.

Gesamtausgabe (MEGA). Abt. 2: "Das Kapital" und Vorarbeiten. Bd. 3. Tl. 2: Zur Kritik der politischen Ökonomie, Manuskript 1861 - 1863/Marx, Karl; Engels, Friedrich; hrsg. vom Institut für M—L. beim ZK der KPS und vom Institut für M—L. beim ZK der SEPD. —Berlin : Dietz Verlag, 1977. Text. 331 - 668 S. Apparat. 132 S.

Gesamtausgabe (MEGA). Abt. 2: "Das Kapital" und Vorarbeiten. Bd. 3. Tl. 3: Zur Kritik der politischen Ökonomie, Manuskript 1861 - 1863/Marx, Karl; Engels, Friedrich; hrsg. vom Institut für M—L. beim ZK der KPS und vom Institut für M—L. beim ZK der SEPD. —Berlin : Dietz Verlag, 1978. Text. 671 - 1202 S. Apparat. 1150 S.

Gesamtausgabe (MEGA). Abt. 2: "Das Kapital" und Vorarbeiten. Bd. 3. Tl. 4: Zur Kritik der politischen Ökonomie, Manuskript 1861 - 1863/Marx, Karl; Engels, Friedrich; hrsg. vom Institut für M—L. beim ZK der KPS und vom Institut für M—L. beim ZK der SEPD. —Berlin : Dietz Verlag, 1979. Text. 1205 - 1539 S. Apparat. 133 S.

Gesamtausgabe (MEGA). Abt. 2: "Das Kapital" und Vorarbeiten. Bd. 3. Tl. 5: Zur Kritik der politischen Ökonomie, Manuskript 1861 - 1863/Marx, Karl; Engels, Friedrich; hrsg. vom Institut für M—L. beim ZK der KPS und vom Institut für M—L. beim ZK der SEPD. —Berlin : Dietz Verlag, 1980. Text. 37, 1543 - 1888 S. Apparat. 128 S.

Gesamtausgabe (MEGA). Abt. 2: "Das Kapital" und Vorarbeiten. Bd. 3. Tl. 6: Zur Kritik der politischen Ökonomie, Manuskript 1861 - 1863/Marx, Karl; Engels, Friedrich; hrsg. vom Institut für M—L. beim ZK der KPS und vom Institut für M—L. beim ZK der SEPD. —Berlin : Dietz

Verlag, 1982. Text. 11, 1891 – 2384 S.

Gesamtausgabe (MEGA). Abt. 2: "Das Kapital" und Vorarbeiten. Bd. 3: K. Marx: Zur Kritik der politischen Ökonomie (Manuskript 1861 – 1863). Apparat/Marx, Karl; Engels, Friedrich; hrsg. vom Institut für M—L. beim ZK der KPS und vom Institut für M—L. beim ZK der SEPD. —Berlin : Dietz Verlag, 1982. Apparat. 2389 – 3219 S.

Gesamtausgabe (MEGA). Abt. 2. "Das Kapital" und Vorarbeiten. Bd. 4. Tl. 1: Ökonomische Manuskripte 1863 – 1867/Marx, Karl; Engels, Friedrich; hrsg. vom Institut für M—L. beim ZK der KPS und vom Institut für M—L. beim ZK der SEPD. —Berlin : Dietz Verlag, 1988. Text. 432 S. Apparat. 437 – 770 S.

图书在版编目（CIP）数据

恩格斯《国民经济学批判大纲》研究读本／姜海波编著．
—北京：中央编译出版社，2014.12
（马克思主义经典著作研究读本／杨金海　李惠斌主编）
ISBN 978－7－5117－2414－4

Ⅰ.①恩…
Ⅱ.①姜…
Ⅲ.①《国民经济学批判大纲》－恩格斯著作研究
Ⅳ.①A811.26

中国版本图书馆 CIP 数据核字（2014）第 288896 号

恩格斯《国民经济学批判大纲》研究读本

出 版 人：	刘明清
责任编辑：	李媛媛
责任印制：	尹　珺
出版发行：	中央编译出版社
地　　址：	北京市西城区车公庄大街乙 5 号鸿儒大厦 B 座
电　　话：	（010）52612345（总编室）　（010）52612363（编辑室）
	（010）52612316（发行部）　（010）52612317（网络销售）
	（010）52612346（馆配部）　（010）55626985（读者服务部）
传　　真：	（010）66515838
经　　销：	全国新华书店
印　　刷：	北京汇林印务有限公司
开　　本：	720 毫米×1020 毫米　1/16
字　　数：	192 千字
印　　张：	14
版　　次：	2014 年 12 月第 1 版第 1 次印刷
定　　价：	48.00 元

网　　址：	www.cctphome.com　　邮　箱：cctp@cctphome.com
新浪微博：	@中央编译出版社　　微　信：中央编译出版社（ID：cctphome）
淘宝网店：	编译出版社书店（http://shop108367160.taobao.com）

本社常年法律顾问：北京市吴栾赵阎律师事务所律师　　闫军　梁勤
凡有印装质量问题，本社负责调换，电话：（010）66509618